时代楷模

王红旭

用生命托起师魂的"四有"好老师

中共重庆市大渡口区委宣传部 编

重庆出版集团 重庆出版社

图书在版编目（CIP）数据

时代楷模王红旭：用生命托起师魂的"四有"好老师 / 中共重庆市大渡口区委宣传部编 . —重庆：重庆出版社，2022.12

ISBN 978-7-229-17401-9

Ⅰ.①时… Ⅱ.①中… Ⅲ.①王红旭—事迹Ⅳ.①K825.46

中国版本图书馆CIP数据核字（2022）第251760号

时代楷模王红旭：用生命托起师魂的"四有"好老师
SHIDAI KAIMO WANG HONGXÜ: YONG SHENGMING TUOQI SHIHUN DE "SI YOU"
HAO LAOSHI
中共重庆市大渡口区委宣传部　编

责任编辑：谢雨洁
责任校对：杨　婧
装帧设计：何海林

重庆出版集团
重庆出版社　出版
重庆市南岸区南滨路162号1幢　邮编：400061
重庆三达广告印务装璜有限公司印刷
重庆出版集团图书发行有限公司发行
全国新华书店经销

开本：787mm×1092mm　1/16　印张：27.5　字数：450千
2022年12月第1版　2022年12月第1次印刷
ISBN 978-7-229-17401-9
定价：68.00元

如有印装质量问题，请向本集团图书发行有限公司调换：023-61520678

目录
Contents

报告文学 | 奔跑的那道光

故事集 | 愿做红旭暖人心

诗文选 | 阳光

悲痛泪别

温情寄语　　　　　　　　　　　　　　　/ 369

深切缅怀

报告文学

奔跑的那道光

引子

2021 年 6 月 1 日，两名重庆儿童于长江大渡口区万发码头段意外落水。危急时刻，青年教师王红旭百米冲刺跳江救人；江边十余名热心市民则用身体搭起"救命人链"接应。王红旭在救起一名女孩后，又立即转身游向被江水冲远的另一名男孩，回游途中的他已体力严重透支，仍以生命托举将男孩推向接应的市民。

两个孩子成功获救，王红旭却被卷入江水中不幸牺牲，年仅 35 岁。

在他的心里，教师是一个有神圣使命感的职业。

因为他面对的是孩子，是家庭的希望，是国家的未来。

他用尽一生的力量，付出所有的爱，照亮无数的孩子，勇敢前行。

第一章

挺身而出的平凡人

他，完成了人生最后一次百米冲刺，只为两个字——救人！

作为一名老师，他没办法在听到孩子呼救、看到孩子挣扎时无动于衷。

或许，这就是他的使命感，他的本能。

即使重来一次，他依然会义无反顾地冲过去……

（一）王老师，您在哪里

人生总有某个特殊时刻，让我们瞬间成长，并理解了生命。

2021年6月2日，星期二下午，孟俊帆拎起书包匆匆走出高二4班教室。结束了一天的文化课程，接下来他就要去完成风雨无阻的训练课。通向校园训练场的路上，他不经意地掏出手机，低头看向屏幕。

突然，孟俊帆顿住了脚步，捧着手机的双手止不住地颤抖起来。

手机满屏都是他的小学田径队老师王红旭在江中救童、至今下落不明的消息——"2021年6月1日，两名儿童于长江大渡口区万发码头段意外落水。危急时刻，大渡口区育才小学教师王红旭快速冲到江边，第一个跳入江中救人，江边十余名热心市民则用身体搭起"救命人链"接应。王红旭在救起一名女孩后，立即转身游向已被江水冲远的另一名男孩，回游途中的他已体力严重透支，仍耗尽全力将男孩推向接应的市民。两名孩子成功获救，王红旭却被卷入江中失踪，各界救援搜寻工作仍在进行中。"

意外的消息，就像一把尖刀，刺痛了17岁少年的心灵，令少不更事的他猝不及防。

五年前从育才小学毕业的孟俊帆，是王红旭发现并一手培养起来的育才田径队队员。毕业以后，当年的小队员们仍然与王红旭保持着联系，还不时地相约聚餐，在一起无拘无束地聊天。

孟俊帆小学二年级参加运动会时，被王红旭老师发现其60米短跑速度过人，他马上被邀请加入了育才小学的第一届田径队。在此之前，孟俊帆特别顽皮捣蛋，经常被科任老师批评罚站，而王老师会不断鼓励他坚持田径训练，在运动竞技中去拼搏成长，这让孟俊帆从体育的魅力中渐渐找到了自信，文化课学习也变得用心起来。

想到一直耐心引领他迈入体育世界的王红旭老师，给了调皮的他那么多的快乐与美好、鼓励与包容，更引领自己走上了一条全面发展的成长之路。

他心底是那么地喜爱王老师、感激王老师，甚至一直把他排在所有老师中的第一位，却还没来得及对老师说过一个"谢"字……

孟俊帆鼻子一酸，不由得用力抓住手机，把新闻里面的照片和视频看了又看，再三确认后，还是不敢相信——前不久才说好，等放了暑假回学校看他，怎么就出事了呢？

走到训练场外，泪水模糊了他的视线。

孟俊帆再也忍不住了，立刻请队友帮忙向老师请假，拔腿就往校外的车站跑去。他匆忙赶到位于大渡口区建设村的育才小学门口，正值学校放学，却少了往日的喧闹。

校门口的保安不让外面的人进去，孟俊帆急得满头大汗。一些家长陆续汇集在校门口，等着接自家的孩子。他突然听到旁边的家长在低声议论："希望这位老师平安！为了救娃儿，自己没能回来，现在还找不到人了。"

孟俊帆又跑上去问保安："学校是不是有个老师为了救人，被冲走了？"

保安看着他，迟疑了一下，说："是。"

孟俊帆噙着泪，一字一顿地说："那个老师，是我的老师！我要去找他！"

保安怔住，眼眶也红了，抬手指向路口的方向说："老师们马上要去江边的万发码头，你赶紧跟他们一块儿去！"

孟俊帆跑到校门外的路口四处张望，却没有看到熟悉的老师。一辆出租车经过，他赶紧拦下坐上去。

"往江边走，万发码头！"孟俊帆急匆匆地跟司机说，"看滨江路上哪儿人多，就在那里停！"

一路上，孟俊帆的目光透过玻璃窗，看到与往常一样热闹的街道，看到步履匆匆的行人，忽然有一种孤独的落寞。此刻，他多么希望那个身影能够突然出现在自己眼前，他在心底不断地呼唤着：王老师，您在哪里？王老师您在哪儿？

十来分钟后，出租车驶上大渡口滨江路（以下简称"大滨路"），转过一道九十度的急弯后，一条白练般的大江豁然跃入孟俊帆的眼帘。让孟俊帆不由得想到育才校园里那条最早的白色跑道，王老师每天清晨和黄昏都带着低年级田径队的孩子们在那里进行训练。

孟俊帆让出租车司机停车，他匆匆下车向前走着。恍惚间，前方响起王老师熟悉而温暖的鼓励声："小孟子，加速，抬腿！好样的，小孟子！"

滚烫的泪珠，大颗大颗地夺眶而出。孟俊帆不由自主地朝着那个声音的方向，奔跑过去。

万发码头上的滨江路人行道，约有上百人凭栏站着，眺望远处的江面。人群中有好多育才小学的老师，教语文的、数学的、书法的、音乐的……老师们都在学生放学后，不约而同地立即赶来江边，守候王红旭老师归来的消息。

孟俊帆在路边看到育才小学体育老师胡艺馨的身影，赶紧抹了一把脸上的泪水，跑了过去。

站在胡老师面前，高高帅帅的孟俊帆还未开口，已是泪流满面，双肩颤抖。眼睛红肿的胡老师忙拍着他的后背，伤心地安慰说："没事没事，孟俊帆，不要哭了。"

这时候，人群中突然有一个声音低喊着："起来了，起来了！"孟俊帆听了猛地精神一振，心想：王老师肯定被救起来了！他双手撑在栏杆上，拼命地向江上张望，目光飞快地搜寻着那个可敬可爱的熟悉身影。

孟俊帆突然听到人群中传来一阵更加悲伤的哭泣声，刚刚活跃起来的心情又凝重起来。

孟俊帆发现江边空地上，一群人肃穆地围着一个白色的人形袋子。

孟俊帆想看仔细一些，又不敢再去凝视那个"人形"。

他不相信冷冰冰地躺在那里的是王老师，是他心中永远排在第一位的王老师……

6月2日16时05分左右，救援队找到了见义勇为的王红旭，却再也没能唤醒他。此刻，距王红旭跳江勇救落水儿童，过去了 22 个小时。

以前王红旭老师带着小学田径队训练的时候，对学生们的承诺都是说到做到、从不食言。就在前不久，他还和 2015、2016 级育才小学田径队的同学们约好这次放了暑假，大家聚在一起吃火锅，说说以后各自报考什么学校。

这一次，孟俊帆深深地失望了，是第一次感到心痛的"失望"—— 王老师？怎么会是他？他怎么就这样冰冷冷地躺在那里了呢？

"我不信，不是王老师！我要去看看！"人生第一次直接面对生离死别，孟俊帆难以相信这一切，奋力想冲到江边去看一眼自己敬爱的老师。

刚还抹着眼泪的胡艺馨老师用力将他拉住，命令道："孟俊帆！冷静！不要冲动！"

孟俊帆仰着头努力调整情绪，却怎么也止不住奔涌的泪水。他后悔地责备起自己来：为什么不在想念老师的时候马上就去看看他，自己家离育才校园只有一站路的距离。人生无常，谁能想到，上一次相聚时与王老师说的再见，真的就成为了一生中最后的告别。

一串串泪珠从胡艺馨悲伤的脸上无声地流下来，没有一点儿哭声，只有眼泪不停地往下流。她轻轻拍着孟俊帆的背，给他递上纸巾。

"如果没有王老师发现我跑步速度快，我就进不了田径队。他总能发现学生的优点，总是鼓励我，无条件地支持我……"孟俊帆想起王红旭老师第一次与自己单独交谈的情景。那是 2010 年的全校运动会上，孟俊帆在 60 米短跑比赛中因动作犯规，本来已破校纪录的单项成绩被宣布作废。倔强的他心里一阵懊恼和沮丧。这时候，周围的人都在各自忙碌，只有体育老师王红旭细心地注意到他一副垂头丧气的样子，主动走过来，说了一句："小孟，你有一个得天独厚的强项，知不知道？"

来自王老师的关注和鼓励，让不到 8 岁的孟俊帆有了一点点的自信。他惊奇地抬头望着王红旭老师。王老师像对待大人一样，很专业地跟孟俊帆继续解释说："你的腿关节，有超出同龄孩子的爆发力哦！如果能够培养一下运动兴趣，比如坚持参加田径训练，一定会出彩的！"孟俊帆感觉似懂非懂，眼睛却一下亮起来了，心里记住了王红旭老师的样子。

　　第二天，孟俊帆在家长的支持下，听从王红旭的建议，正式加入了育才小学低年级田径队，由此开启了每天早起、不睡懒觉的训练生活。

　　训练的时候，王老师给田径队每个队员都制订了训练计划，必须完成了才能休息。但在训练中若听到谁"哎哟"一声，王红旭会飞奔过去，抱起学生仔细查看，满脸的心疼，就像看自己的孩子。小时候，孟俊帆十分淘气，只要大人稍微没看到，就会乱跑闯祸。每次出去比赛，王红旭就把他拉到身边，不让他到处乱蹦，还故意说"人太多，怕走丢"。看得出来，王红旭把学生都当成了自己的孩子。课外，学生们都叫他"旭哥"；后来我发现，连学校里比他年纪大的老师，也叫他"旭哥"。

　　孟俊帆还记得自己四年级时有一次觉得每天训练太辛苦，约着同学下午逃训，结果刚跑到校门口就被王红旭老师抓到了。孟俊帆心想：完了，肯定要被罚。可王老师把他拉到办公室，背着手，笑眯眯地讲了一句："是个男人，就要坚持。"十岁的孟俊帆第一次听到有人跟自己说到"男人"这个词，尽管懵懵懂懂，却感到一种被尊重、被期待的强烈自豪感，再没出现过逃训的念头。

　　"这下麻烦了，（殡仪馆的）车陷进泥沟了。"江岸上的人群中传来的声音，打断了他的沉思。

　　孟俊帆向江滩上看去，在半人高的蒿草丛中，一辆殡仪馆的中型车歪斜着卡在沟壑间，周围的人们正焦急地想办法推车。

　　他停住了抽泣，看向胡老师，坚定地说："胡老师，我想去帮忙推车，可以吗？"胡艺馨泪光闪闪地点了点头。

　　此刻天空竟飘下了几颗雨珠，孟俊帆鼻翼猛地一酸，那雨珠仿佛是王红旭老师伸出的手，跟以前一样温柔地揉揉他的头发。

　　有温度的雨滴，在这片江滩上星星点点地飘洒起来，跌跌撞撞奔跑中的孟俊帆突然之间有了一股力量，也在刹那间感到了一种责任。

　　在他身后，胡艺馨老师望着学生的背影，心中有了些许的欣慰。

　　走近江滩上忙碌的人群，孟俊帆看到他们当中不仅有身穿制服的民警和救援志愿者，还有好些育才小学的领导和教师，曾经教过自己的代宣老师和另外几位体育老师都在，顿时心里暖暖的。

殡仪车本是准备开到江边的出事点，但是江滩上杂草茂盛，雨水冲积的沟壑遍布，殡仪车司机十分小心地行驶，车辆右侧仍然陷进一个半米多深的土坑中，车身歪斜着无法动弹。

斜坡路上，青翠的蒿草和盛开的雏菊被沉重的车轮和脚步压倒，孟俊帆跟在代宣老师后面，帮着一起用力地向上推车。

经过十几分钟的努力，人们终于将殡仪车推出坑道，小心停到了一块确保安全的平地上。

殡仪车准备妥当之后，留在江边的育才小学老师拉开了彩条篷布，有人抬起了担架，往堤岸上等候的殡仪车走来。

刚才抬车的人们，一个个不自觉地在殡仪车尾空地上分成两列，笔直地站着迎接英雄王红旭。

一公里，30米，20米，10米，5米……

孟俊帆的眼泪"哗哗"地淌下来，肩膀止不住地颤抖，终于近距离见到了"王老师"。

"如果没有王老师督促我努力学习，我就上不了中学。从小学到高中，我每个成长阶段的回眸中，都有王老师的身影。王老师，你快起来啊！"恍惚间他甚至猜测，眼前这一幕又是王老师跟大伙儿开的一个玩笑。孟俊帆还记得自己读五年级时，有一次王老师到外地出差，过了很久才回学校。那天孟俊帆和同学正在操场上训练跳远，看到王老师走了过来，双肩下面只有一只胳膊在外面。孟俊帆一下就紧张起来，上前问："王老师，你怎么了？"王红旭却故意云淡风轻地说："没啥，就是在外面出了点事故。"当同学们都担心地围到他身边时，王红旭突然得意地把藏着的另一只胳膊从衣服里抖出，逗得孩子们发出一阵笑声，孟俊帆和两个男同学都跳起来吊在王老师肩上、脖子上，大笑着玩闹。

孟俊帆幻想着，王老师或许又像五年级那次装扮的"事故"一样，会突然站起来，笑眯眯地揉着他的头发说："小孟，你这臭小子，是不是又逃课了？你是不是学了新课文，快背给我听听！"

与此同时，大渡口区育才小学2015、2016届毕业的罗晗、谢林巧、潘文琪、巫佳颖、文思予等，都在各自的学校里，焦急地打探王老师的消息——

重庆第三十七中学训练场上，高二年级的文思予趁训练休息时，拿起手机看时间，不经意间看到育才小学田径队队友罗晗发来消息：王老师遇难了。

育才小学田径队的体育生，跟所有体育老师的情感都很深厚，尤其喜欢博学多才、寓教于乐的王红旭老师。进入中学学习后，同学们还时常相约抽空回学校看望老师。文思予前不久还跟妈妈说起，自己心中最理想的老师，是王红旭那样的老师。

最初看到这样的消息，她以为是曾经的体育委员罗晗在跟自己开玩笑，根本不相信。当她试着点开罗晗发来的重庆上游新闻、大渡口发布等公众号时，眼里的泪珠就止不住地滚落下来。

文思予脑子里顿时旋转的，全是王老师眯着眼笑起来的样子，全是被王老师单手举起的同学们笑起来的情景。

她实在不愿相信那些新闻链接是真的，在微信里接连问了好几个育才小学的同学、教练和队友，得到的反馈无一例外，他们都处于与她同样的悲伤情绪中。

这一切，是那么地令人难以置信。

这个快乐的六·一儿童节，大渡口江边到底发生了什么？

（二）呼救声中的百米冲刺

2021 年 6 月 1 日，星期二，重庆主城区一片蓝天白云，天气晴朗。

按"六·一"儿童节惯例，各地的小学都会放一天假，很多家长为了满足孩子的愿望，也会想办法请假带孩子出去，开开心心地游玩一番。

下午，大渡口滨江路沿线江滩上，随处可见五颜六色的帐篷、带孩子游玩的人群，远近闻名的义渡古镇一带更是游人如织。

在清朝道光年间，长江北岸设有义渡，该渡口为沿江数十里渡口之首，大渡口由此得名。

就在古镇上游约 1 公里的万发码头，有一片白色细沙岸滩，沙滩呈弧形与江水相接。站在沙滩上，视野开阔，风景甚佳，平日里就很受市民青睐，每到周末常有人到此休闲玩耍，更何况今天是"六·一"，数百米的岸坡上，到处都是三五成群结伴出游的男女老少。

时针指向 17 时 40 分，夕阳渐斜，阳光依然耀眼。平阔的江面上一片波光粼粼，恍若一条金色的大道。时有载重的驳轮，缓缓地逆流而上，船尾拖出两道长长的水纹，暗淡了金灿灿的光。

王显才和老邻居杨定祥、王素芳夫妇坐在岸边礁石上，吹着江风，惬意地闲聊。他们两家人今天特地约在一起，带着孩子来江边过儿童节，不知不觉三个小时就过去了。

江畔沙滩上，大大小小的一群孩子在家长的视线观照下，翻跟斗、筑碉堡，欢笑追逐，玩得不亦乐乎。

一对学龄前的小兄妹光着上身，在沙地里跳来滚去，玩得特别开心。个子高一点的男孩满脸沙粒，突然站了起来，踩着水往江里走去；旁边年轻的母亲立刻大声呵斥进行阻止，玩得正嗨的男孩儿却充耳不闻。年轻的母亲于是跑了过去，将孩子狠狠地拽了回来。

男孩挣脱母亲的手，转身又蹦蹦跳跳地跑回沙堆里，拉着妹妹在沙地上打着滚，弄得一头一脸的沙土。

"走！我们回家，回家了！"年轻的母亲有些生气地朝男孩儿喊，抓起两个孩子汗湿的衣服，径自转身回到半坡上的帐篷，准备在回家前找出干净的衣服，给孩子们穿上。

此刻，微波荡漾，上游方向又一艘装载着集装箱的大型货船拉响汽笛，穿过即将合龙的白居寺长江大桥，顺流而下，经过这片江域。

微浪轻逐着沙滩，表面上看似平静的大江，水下却暗藏着无处不在的巨大危机。母亲去帐篷那边了，留下小兄妹在水边低头嬉笑着踩沙。

涌浪无声地一波接着一波向岸上席卷，水线一节节地向江岸的沙滩上攀爬……

顷刻之间，波澜不惊的江水，释放出肉眼难以看到的内卷力，将身高只有一米一二的兄妹俩冲得跌跌撞撞、摇摇晃晃，终是没能站稳，双双跌入了江水之中。

"糟了，那娃儿落水了！"

"有人落水了，有人落水了，快救人呀！"

"是有娃儿，刚才还在水边上！"

"小娃儿站不稳，一会儿就卷远了！"

惊慌而尖厉的呼救声接连响起，而更多的人还沉浸在江滩休闲的惬意中，完全没意识到灾难会在身边发生，只是茫然地抬头向四面张望。

王显才听到呼喊，忙向 8 岁的孙女儿看去，孙女儿和邻居家的男孩都在帐篷里玩着。他转头向江中望去，在距离岸边约十米的江面上，只看到两双小手在浪涛中挣扎。

他紧张地站了起来，想跳下礁石，往前面水中赶去。旁边七十岁的杨定祥忙拉住他说："不行，你刚出院，身体不行！"

这时，眼前闪过一个身影，从几十米外的岸坡上冲下来，"嗖"地跃入江中，如一道给人希望的光，向落水的小孩游去。

看到这一幕，王显才稍微舒了一口气，心里琢磨着：孩子的父亲反应这么快，是个负责任的父亲，救起这俩孩子应该没问题！

"跳水的，是孩子爸爸吧？"

"不是，他孩子还在沙滩那边喊'爸爸'哩！"

"不是？那他咋跑这么快？"

沙滩上不同方位的人们看到有人跳水后，才回过神来，不由自主地向着小孩落水的沙滩江边靠近。

大家的视线焦急地追随着那个勇敢的身影，投向江面，可是谁也无法穿透江水，看到下面的危险——就在沙滩前沿不远的水下，有一片急剧收缩的"喇叭口"，到处是隐形陡坎的滩涂伸入江中。本是平缓的江流，冲进喇叭口，断崖落差间流速骤然激增，江中很快就形成了让人难以察觉的漩涡和乱流。水性再好，乱流中几个来回就会耗尽体力，那男子飞奔入水后，双脚奋力一蹬，大开双臂，快速游向不远处的落水小女孩。短短几秒钟，后面又有第二个男子跟着跳下水去援救。

冲在前面的男子很快抓住了落水小女孩的手臂，迅速地侧转过身躯，改变了姿势，一只胳膊用力托起小女孩背部，让孩子平躺在江面上，另一只胳膊挥动着划游。

第二名男子迎上去接过小女孩，两人大口吐水换气，一前一后奋力地往回游，护送小女孩上岸。

看到小女孩化险为夷，很快被救回，大人们高兴地迎上去，欢呼起来。

这时候，年轻母亲惊慌地跑回水边，看到4岁女儿被抱上了岸，6岁的儿子却不知去向，顿时面色惨白，惊喊起来："我儿子还在水里！"

人群中也传来几声惊呼——"还有一个！还有一个！"

"那边，那边！娃儿，还有一个娃儿！""快点，快点！"

王显才紧张地寻望江面，只见江心处有一个小黑头时隐时现。

这时候，人们才看清楚有个男孩儿已被冲到了数十米外的江流中。

江水几乎淹没了男孩的嘴，只看见那黑色头发随着水流，一冒一冒地挣扎沉浮。江水骤然回流，水里仿佛有一股无声的力量源源不断地将他往下卷。

情况紧急，第一个跳水救人的男子决然转身，义无反顾向命悬一线的男孩追了过去。

第二个跳水的男子本已上岸，此时也快速脱掉衣裤，紧随着前面那个勇敢的身影而去。

岸上的老老少少驻足仰头，紧盯着江面上几个黑点起伏。这时候，王显才敏感地观察到，那个男子双臂挥动的节奏，显得迟缓了些。

王显才生了几分担心，皱了皱眉，使劲攥着小孙子的手臂，焦急地望向远处的水面。

"还有没有人？再去一个！"沙滩上有人大吼起来，"他们体力不行了，快去帮帮他们！"

时间就是生命，营救还需合力。人群中，一位中年男人站了出来，毫不犹豫地将手机塞到旁边一个陌生人手里，两步上前就跳进水里，向江心游去。

站在水边礁石上的王显才和老邻居目光一触，同时呼喊起来："他们有点费力了，大家一起来，帮着拉一把！"

"拉人墙！拉人墙！"

或许是被奋不顾身跳水救人者的勇敢精神所感染，或许是听见身边人声嘶力竭的呼喊，江滩不同位置上的男人、女人，青年人、中年人，纷纷踩进了浅水区的江水中，手拉手组成人墙，一直延伸到水深处，配合开展施救。

年轻母亲抹了抹眼泪，从沙滩上爬起来，激动地冲进浅水区的人链中，连接上自己的双臂。她心底祈祷着："求老天爷保佑，保佑这些勇敢的好心人，保佑孩子，都平安，都平安！"

远处，一艘大船鸣笛而上，江水中线浪一波追着一波。

浪花飞溅，激流汇涌，平缓的水面突然变得汹涌起来。前面的男子把头埋进江水里，拼命用力划水，向着那个挣扎的小生命靠近。

两米，一米，半米……他双臂轮划，快速前进着。

终于，他触到了小男孩的头发，进而一把抓住了小男孩的手臂！

"这人好勇敢！"

"是哪个崽儿哦，勒么勇敢！"

岸滩上有人在议论，王显才表情严肃，没有说话。

他目不转睛地凝望着，感觉自己的心跳，也随着水中那位勇者沉浮的节奏而跃动。只见水流开始翻腾，浪花一次次盖过男子的头，他又一次次挣扎出来，动作明显慢了下来。

猛然间，一波更大的浪卷劈头盖过，男子咬牙托举着男孩，顽强地浮出水面；紧接着又是一波大浪扑面而来，淹没了他的头，又挣扎着露出水面……

他奋力挣扎，几经沉浮，把头颅深深地埋进江水之中，又冒出头来换一口气，用一只手臂托起男孩后背，让孩子的脸仰对着天空。

时间似乎凝固了，沙滩上空弥漫着不同寻常的紧张气氛。

此时，第二个男子还有两三米的距离，正奋力靠近接应。

江流骤然变化，甚至出现大漩。而前面那个男子一直没有放弃，努力将男孩的头部托出水面，对抗着激流。

那男子高高抬起手臂，以全身的力量，以顽强的意志，奋力托举着手中的孩子。

目睹了江中的惊险，岸滩上的人们大声赞叹着，相互询问——

"这是哪个，好勇敢！"

"为那个娃儿，他真的在拼命！"

"刚才还看到他牵起他娃儿要回去，转眼就冲去救别个的娃儿！"

"他娃儿呢？帮到看好哈！"

……

这个奋不顾身跳江救人的小伙子，到底是谁？

他，就是王红旭，重庆市大渡口区育才小学（建设村校区）体育老师。

家住附近江洲康樾小区的王红旭和妻子陈璐希，下午带着他们3岁的儿子团团，来到万发码头江边玩沙，就是想陪孩子过一个快乐纯粹的儿童节。与他们一同来江滩陪孩子玩耍的，还有平时要好的两家人：王红旭的好友许林盛、张亚和他们的儿子小言午，谭北京、杜利娟及他们的女儿小砚台。三家人的孩子年龄接近，又都在同一个幼儿园，节假日常常相约带着孩子一起出来玩，也让孩子们相互建立友谊，从小有个玩伴。

第二个跳进江水，和王红旭一起救起小女孩的，正是巴南区典雅小学体育老师许林盛。许林盛跟王红旭一样，持有救生证，但从没到长江里游过水，更没有在江里救过人。他看到王红旭像箭一样奔跑着冲向江中，也毫不犹豫地沿岸滩跟着冲了过去。

这时候，江水很快涨起来，比刚才沙滩边的水岸线高了一大截。陈璐希也着急地跟着追到水边，为王红旭疾声助威："快点儿！快点儿！娃儿，娃儿！"

张亚等人也跑向沙滩前沿处，想去帮着救援孩子。

"水里很冷，他冲在前面，不顾一切的样子，我有点担心。"回想起那一刻，江水的冰冷仿佛还刺激着许林盛的神经，救人的呼喊还响彻在他的耳畔。

许林盛把救回的第一个女孩儿交给岸上的人，立刻把全身湿透的衣服裤子脱掉。听见人们高声呼救，他本能地回头去看，发现王红旭已转身去营救那个危在旦夕的男孩儿。于是他立即折返跳入水中，快速向江心的王红旭游去救援。

再度下水的许林盛明显感到江流骤然变化，从各个方向搜着自己急旋下卷。他急忙观察前方，看到江水始终在推着王红旭偏离方向，只有使出很大的力气才能修正。

许林盛发现王红旭明显有些吃力了，更加奋力挥臂，加速追去接应。

紧急时刻，江滩上出现了第三个挺身而出的勇敢者。

他，就是45岁的张广荣。当天正在江边散步的张广荣第一次听到呼救时，所处位置离落水处还有一段距离。他跑过去时，看到小女孩已经抱了上来，以为人救上来了，刚松了口气，突然又听到有女人撕心裂肺地呼救。

平时一直坚持游泳锻炼的张广荣，自觉水性还行。他没有迟疑，把手机塞给旁边一个陌生人，来不及脱掉身上的衣裤，就跑着冲进水里。

张广荣奋力游了几十米的距离，看见游在最前面的男子终于抓到了落水的男孩儿，但奔腾的江水把他和男孩儿越推越远，始终靠不到浅水这边。

大浪突然扑来，王红旭托住男孩儿的头部，顽强地钻出水面。

许林盛快要靠近的时候，看到王红旭已经没多少力气了，小口地吐着水，抱着奄奄一息的男孩儿。

王红旭在激流冲击下，拼命地逆流而上，将男孩儿往回托送——

终于等到许林盛靠近。

千钧一发，王红旭把孩子用力推到许林盛手里。

许林盛伸手接过孩子的瞬间，明显感到整个身子被拖着往水下坠去，紧接着，又有一股坚定的力量，将自己和男孩儿向光明的水面托起。

他来不及多想，趁此深吸了一口气，托着孩子下巴就转身往岸边回游。平日里，他对自己的游泳技术很有自信，在游泳池里救两三个人也不在话下。现在第一次在江中游，感觉到水流太混乱，游着非常吃力；尤其是要托孩子，哪怕是体重并不太重，也感到特别费力。

许林盛回游一会儿，看到张广荣很快迎了上来，于是将男孩儿交给张广荣，自己歇一歇。

张广荣很少到江里游泳，也从没在江水里救过人。他从许林盛手里接过男孩，不假思索地转身回游。

仅几秒钟，张广荣就感到本不太重的男孩儿，在水中托起特别沉，加之下水前未脱衣裤，游起来阻力非常大，自己的力气很快就耗光了。他转身用仰泳的方式歇了一下，节省了一点力气，托着男孩儿努力往岸边靠。这时候，许林盛稍微缓过气来，又把小孩接过去，奋力向浅水区的人链那边游去。

筋疲力尽的张广荣突然看到王红旭还"停"在那边，几乎人都没前进了，猛地意识到此刻处境极度危险。

"其实我们最近的时候，离岸边也就2到3米的距离，但是当时我都感觉自己游不过去了。"张广荣后来回忆，自己几乎是用尽了最后一口气往岸边靠近。

与此同时，许林盛一头扎进水里，拼命往回游，把孩子使劲朝前推。但是不管他怎么使劲，都很难前进。他第一次产生了恐惧，甚至有一个闪念划过心头：恐怕回不去了。

就在绝望之时，水中有人递来一根竹竿，许林盛仿佛看到了希望，精神一振，奋力向前，想抓住那根近在咫尺的救命竹竿。

因为受力太大，竹竿竟在被抓住的瞬间断裂。

生死关头，浅水区手拉手的人链前端那人勇敢地向前移动了半米，一把抓住了许林盛的手，把他连同男孩儿一起拖了上去。

夕阳辉照，在无数双大手的拥抱下，小男孩被传递到沙滩上，很多人围了上来，为小生命组成了一道温暖的围墙，协助男孩儿的妈妈采取急救措施，把孩子腹中的江水，尽快吐出来。

男孩儿很快化险为夷，双眼慢慢睁开了，生命得救了。

然而王红旭还在江中，命悬一线。

他拼尽了所有力气，在旋流中送出孩子，江水的反卷力，将他拽入极度的危险中。

许林盛回头寻找王红旭的身影，却发现湍急的江水已将他冲得更远了。他立刻跑回水中，急急地想要再次跳入深水江中救援，但被旁边的人紧紧拉住，让他不能再去。

此时的许林盛也因两度下水，严重透支了体力。

情急之中，岸上的人们四处寻望，希望能够找到救助的工具。有人撕烂了床单，把它抛向江中；有人递来了树枝木棍，有人抓来了帐篷的绳索……

无情的现实是，尽管把床单、树枝、绳索都接续在"救命人链"之中，但距离王红旭还是差了二三米远的距离。

江岸上，人们痛心地望着江中那无畏的身影，一点点地被旋流冲远，几经浮沉，最后消失在茫茫江水之中。

许林盛猛力地拍打着头，使劲抓扯着自己的头发。他想歇斯底里地大吼，发出的却是一阵痛苦的嘶哑。

天地之间，此时此刻，他第一次真切地感受到，在大自然面前，自己是何等的脆弱渺小、微不足道！

"旭哥几乎是靠着本能和下意识，好不容易才把第二个孩子朝我推了过来。"回忆江中接过孩子的那一刻，许林盛哽咽不已，"那个地方的旋流很危险，如果他放开娃儿，自己应该能游回来的。但是，他没有放弃孩子，始终没有松手。那一刻，旭哥不仅是推出了孩子，也推了我一把，帮我避开了那片险流。"

　　许林盛后来才明白，王红旭将男孩逆水推到自己手里的那一把力，不仅是在送出孩子，也意在帮助他脱离危险水域；而王红旭则因为推送的反作用力，被卷入了致命的漩流中。

　　王红旭35岁的生命，永远定格在了大义托举的那一瞬间。

　　现场目睹了王红旭舍身营救两个落水儿童的全过程，王显才内心久久难以平静，数日来辗转难眠。

　　生死攸关的那一刻，任何人都有自保的本能，然而，发生在"六·一"江滩上的生命托举，是那么地令人不可思议。

　　"如果不是一个品德高尚、心有大爱的人，绝不会有这么强烈而坚定的意志，以宝贵的生命支撑着一个素昧平生的孩子！"历经人生风浪的王显才，被这个年轻人勇敢的精神所深深折服。

　　好几个黎明来临的时刻，他身不由己地重返万发码头，久久地徘徊在江滩上，凝望着奔流不息的滔滔江水，追念那个勇敢无私的年轻人。他甚至恨不能再年轻一些、强壮一些，能像王红旭那样勇敢一跃，向危难中的人伸出自己的手臂！

（三）各方彻夜援救，亲人泪洒江滩

2021 年 6 月 1 日 18 时零 9 分，大渡口区公安分局茄子溪派出所值班平台铃声大作。

正在值班的治安内勤一级警长沈海宁拿起电话，110 指挥中心传令——大滨路万发码头江边有群众报警，称情况为"一位成年人为救两名落水小孩，现无法上岸"，告 119 已知，请求救援。

沈海宁刚放下电话，一同值班的同事雷祖兵已站起身来等待出发。两人视线一触，默契地起身戴好警帽，迅速跑向停在门前的警车。

两人上车后，沈海宁拉响警笛，驾着车冷静地抄了一段数米的单向行驶的近道，雷祖兵欲言又止，用沉默表示了理解。从放下电话到上车的过程中，两人简单交谈了应急对策——出事地点在码头江滩，尽管按划分的责任区域，不属于他们所在的派出所管理，但是涉及人民群众生命安全、情况紧急，派出所离万发码头江边公路，开车不到十分钟时间，而且出勤警车后备箱里常年配备有救生圈和救生绳索，如果能够抢先一分钟到达，说不定就多一分生的希望。

"雷哥，你会不会游泳？"车头向左一个急转，沈海宁两眼盯住前方，用他浓厚的山东普通话，向坐在副驾驶位的雷祖兵问道。

沈海宁还记得自己刚来重庆读大学时，曾在朝天门下长江里试过一次水，但游了不到十分钟，就知道长江水下很是凶险湍急，此后再也没敢下长江里游泳。

雷祖兵有些尴尬，说："我不会。"1986 年出生的雷祖兵，在茄子溪派出所做社区民警已有 9 年，多次帮助遇险群众脱离危险。

年近不惑的沈海宁马上说："我会。一会儿就让我下水，你在岸上负责联络。"

雷祖兵虽然不会游泳，但是前不久才在江边救助过一个陷入泥沼的女士，也清楚这个季节下水的危险，不由得特别提醒说："到现场看情况。救援，还是要看条件。"

此时，两位警官都神情凝重，接警时距离群众报警所述的落水时间已过去了20多分钟，水里的情形不容乐观，但是两人心里都打定主意：无论如何赶快到现场去看看，哪怕能有一线希望，也要义不容辞下水施救。

几分钟后，沈海宁、雷祖兵将车停在万发码头附近的滨江路边。雷祖兵抓起一捆救生绳索下车，下意识地摁了摁腰间佩带的执勤手枪；沈海宁抱起救生圈，迅速把车门锁上。两人顺着岸堤上的斜坡往下冲。

为了尽快赶到准确位置，雷祖兵一路小跑，一路问着迎面走来的市民："是哪里出的事？救人出事的地方在哪？"

"那边！沙滩那儿！"路上的人纷纷指向江边沙滩方向。

下滩的路坑洼不平，杂草丛生，两人为了抄近道，直接跳过沟渠，穿过及腰的蒿草，跑向出事的岸边。

此时，站在水边的许林盛、张亚等人看到两位身着制服的警察跑来，还扛着救生圈和救生绳索，像是看到救星一样围了上来。

沈海宁观察着水势，又环顾了四周，江滩上聚拢着上百人，却没有任何有助于水中救援的物品。大家都手足无措地望着滚滚江水，没有办法去帮助捞救。

江滩上，一位瘦弱的年轻女子无力地瘫坐在地上，仍挣扎着喊道："人在水里，人就在那里，我要去救他！我要去救他！"

沈海宁看到哭瘫在地的年轻女子，想必就是那位没能回来的义士的妻子。那一声声悲戚绝望的哭喊，甚是令人心酸难受。

他从小在河边长大，懂得夏季江河涨水瞬息万变的危险。15年前那次在朝天门下水的经历，让他深切感觉水中有一种非常可怕、难以抗拒的力量，对此一直心有余悸。

沈海宁默默将手里的救生圈放下，开始脱掉衣服裤子准备下水。旁边的雷祖兵忙着解开手中紧捆的救生绳。此时，许林盛、谭北京等人都跑了过来，帮着抓紧解绳结，讲述遇险经过、出事情况。

张亚难过地守护着想要追随旭哥而去的陈璐希，阻止她往水里扑，以防再出险情。

很快，沈海宁脱掉外面的衣裤，身上只留下了裤衩，看到那边救生绳索还没有解开，他推了推近视眼镜，拿起救生圈套在肩上，扑通一声跳进水中，向前游去。

江面看上去好似平缓，沈海宁抱紧救生圈沉进水里游了几米，就感到江水还是比较凉。

他皱了皱眉，继续向江中游去。

雷祖兵手里抓着救生绳索，眼睛紧盯着江中沈警官的一举一动。想到沈海宁说很久没有下过水了，就忍不住喊道："海宁，你感觉怎么样？一定要小心啊！如果有不适应，就赶紧回来！"

陈璐希全身微微发抖，仰起头，眼巴巴地望向江面。大家围站在她身边，一起翘望江上浮沉的沈警官，期待能够出现转机。

沈海宁也抱着些许希望，在附近水域奋力搜寻。

他心里早已计划好救援方案——如果幸运地找到了失踪的英雄，就把手里的救生圈给他，自己推着救生圈，借助浮力应该可以回到岸边。

一直等到沈海宁远远地向人群挥了挥手，表示自己状态良好，岸上提心吊胆的雷祖兵，才慢慢转过身来，开始对周围的目击群众进行登记。

时间一分一秒过去，雷祖兵忙着对两个被救小孩及其家长的身份进行查验落实，又一一确认现场人员的名字。随后，雷祖兵向值班室报告了现场情况，又抓紧催请卫生、消防部门协同援救。

不一会儿，120急救车匆匆驶来，停在码头上的滨江路口。身着白大褂的三位医护人员提着急救箱匆匆赶来。医护人员在现场为下水救助的许林盛、张广荣进行了心率、血压等基础检测，所幸两人身体指标都比较正常。

看到许林盛冷得全身发抖，一名医护人员将身上的白大褂脱了下来，让他披上。

由于落水男孩呛水严重，需要进一步观察治疗，120急救车的医护人员便将两位被救小孩及他们的妈妈接往医院，进行全面检查治疗。

登记完毕的雷祖兵，看到同事沈海宁警官下水 20 多分钟还没有回来，又着急起来，朝着江心大喊：海宁，海宁，你怎么样？天晚了，赶紧上来吧！

之前雷祖兵出勤时遇到过紧急情况，有市民就在附近的滑石滩落水，虽然最终幸运漂至下游数公里外被救上来，但毕竟是九死一生。目前进入夏季，江流变化无常，水势随时涨落、尤其凶险，何况在水中救援的时间太长了，身体稍有反应不过来，就可能产生危险。

旁边的陈璐希情绪再度崩溃，雷祖兵不时观察着她的动静，唯恐再出新的意外。负责守护三个小孩的谭北京担心团团再受刺激，想把孩子抱到帐篷那边去，可团团不肯离开，天真地说："我不走，我要等爸爸回来！"

孩子稚嫩的童声，天真期盼的眼神，让雷祖兵再也忍不住，泪水夺眶而出。

他也是三岁孩子的父亲，他也期盼着江上能有什么消息，同时又不想听到消息。按经验来说，如果人在水中消失这么长时间，多半是凶多吉少，可是，这样的结果，谁也不愿意去想，更不会说出口来。

雷祖兵心里明白，岸上的每一个人都盼着奇迹能够发生，救人英雄王老师能够归来。

在沈海宁、雷祖兵现场援救之际，从下游滑石滩江边回家路过的大渡口区冬泳队队长赵世伟，听说万发码头附近江中有人失踪，马上叫同伴将车停在路边，飞快跑到了出事江滩。

得知出事缘由后，赵世伟连连叹惜道："唉，我们就在旁边！知道得晚了点！这江中哪怕半米之远，要抓住也是很困难的……"

赵世伟话音未落就跳入江中，奋力游向沈海宁，协助一起进行救寻。

听说冬泳队队长下水救援了，江边等待的人们感觉又有了新的希望。

内心悲痛与自责纠结的许林盛，甚至想象着旭哥从水边突然冒出来，对大家说："哈哈，我跟你们捉迷藏呢！我出来了！"

此时，江水越来越冷，沈海宁感到有些乏力；但看到赵世伟没戴任何救生设备游了过来，马上去提醒他注意安全，水有些冷。

长期在江水中游泳的赵世伟踩水经验丰富，一边回答自己没事儿，一边稳健地踩着水在周围寻找。赵世伟注意到这位警官神情有些恍惚，就催促他赶紧上岸，否则身体失温抽筋，可能产生危险。

沈海宁点了点头，带着些许的遗憾，小心缓慢地往回划去。

回到岸边，得知派出所几位同事因为听到他下水了，都焦急地赶了过来探望，沈海宁心里暖暖的；但此刻他更担心王红旭老师的下落，也为自己没能救助到他，感到一种无形的失落。

阵阵江风吹来，沈海宁穿上衣服，仍感觉到身上冷，想到如果自己下水前没有脱掉衣裤，如果不是冬泳队队员过来及时提醒，在水里时间久了真的出现身体失温，腿脚抽筋，可能自己今天也回不来……

很快，水上派出所的出勤人员赶到现场，4艘专业船只展开搜救；大渡口消防支队官兵赶到，看到疾速奔流的江水和江边家属的崩溃模样，大家心里都很着急。

晚7时零3分，大渡口区育才小学党委书记、校长毛世伟的手机响起。

"毛校长，旭哥，旭哥他……"青年教师张亚在电话中断断续续哭述，"他跳进江里去救两个落水的小孩，孩子都得救了，但他被冲远了，还没有上岸，已经一个多钟头了……刚才有民警下水去找，但也没找到。"

"王红旭？他素来做事细致稳妥，正是学校重点培养的青年骨干，怎么突然出事？"毛世伟带着疑问听完电话那头哽咽的述说，立刻嘱咐道，"你们等我，我马上就到。"

毛世伟挂断了电话，立刻拨通学校党委副书记、副校长兰凤成的手机，通知兰副校长马上组织力量，火速赶赴现场，组织参加搜救。毛世伟紧接着又分别拨响学校领导班子另外几位负责人的电话，针对"六·一"突发事件，安排组织救援。

兰凤成刚吃完晚饭，此时正在书房铺开纸墨，准备开始长期坚持的书法练习。突如其来的教师江中救人未归的消息，让从小熟悉水性的他顿感形势严峻。他一边换衣拿钥匙，匆匆出门，一边提醒自己此刻要保持冷静，注意驾驶安全。

晚7时10分，兰凤成率先找到了义渡古镇旁边的滑石滩处，这里已经聚拢了不少群众。停车跑向沙滩时，兰凤成迎面碰见37中教师，同时也是大渡口区冬泳队队员的陈春洪。陈春洪告诉他，出事地点还在上游一公里处，自己正要赶去，让他一起搭车前往。

赶到通往万发码头的大滨路开"口"处，两人沿着石梯路下行到江边沙滩。兰凤成找到王红旭出事的具体位置后，立即向毛校长发送准确定位。

沙滩上人头攒动，隔很远就听到一片悲戚的哭喊。临水的沙地上，躺坐着一个满脸泪痕、五十多岁的中年女人。张亚难过地低着头介绍：这是王红旭的母亲。

听说学校负责人赶到现场，女人转头绝望地抓住兰凤成的腿，狂喊："我要儿子！我要我的儿啊！"

兰凤成眼眶湿润了。如此痛不欲生的场面，如此痛彻心扉的哭喊，任是铁石心肠也不免掉泪。

此时，王红旭的母亲，岳父岳母都赶到了出事的江滩上。陈璐希再度崩溃痛哭，几次想要冲进江水中，被她的父亲牢牢抱住，人也几度晕倒。

兰凤成含泪俯身扶着王妈妈的肩膀，却难过地说不出任何话语来予以安慰。

紧接着，接到通知的学校总务处副主任黄开保驾车前来，接上校长毛世伟向大渡口万发码头一路疾驰，应急灯一路闪烁，以最快速度赶往江边。

毛世伟心急如焚，在路上接连向大渡口区教委主任伍平伟、副主任张宁作了情况汇报。

很快，育才小学副校长唐婕、赵红，总务处主任黄雷、副主任代宣，办公室主任叶郑，教师谭国强、陈建、龚佳樵、杨卫等十多人，陆续赶到江边事发现场，了解情况，安慰王红旭家属，积极处理相关事宜。

为了防止意外，特地安排联系大渡口区人民医院派来救护车，停靠在大滨路边值守，随时准备参与救治。

天色渐渐暗了下来，听到消息赶来参加救援的单位和人员越聚越多。

在场的每一位同事都心情沉重，把一线希望寄托在江面和江岸上忙碌的水上公安干警与消防队队员身上。

此刻离王老师被江水卷走，已过了一个多小时。常识告诉祈盼中的人们，英雄生还的可能性微乎其微。但人们仍盼望着听到江上搜救的船只突然大喊："找到了！英雄还活着！快准备好救护车！"

人世间，最痛心的莫过于来不及告别，生命就骤然消逝。可意外的发生，是那么地让人猝不及防。

大渡口区实验小学体育教师张杨怎么也想不到，快乐美好的六·一黄昏，会接到这样一个令他震惊的消息——

6月1日晚，张杨妻子班上的学生家长传来一个消息，义渡古镇江边有一名育才小学的体育教师为救孩子被江水冲走了。

张杨心里一沉，立即拿出手机给挚友王红旭打电话，同时叫妻子给陈璐希打电话。电话反复打了多次，王红旭与陈璐希都没有接电话。

一种不好的预感让张杨心里紧张起来，默默祈祷：不是他，希望不是他……

通过深呼吸平息情绪，张杨又赶紧联系大渡口区育才小学代宣等人进行求证。

听到电话那头传来的一字一句，证实江中救人失踪者正是王红旭，张杨顿时眼泪直流。

他用手掌抹了一把眼泪，马上给胡正军打电话说：王红旭在江边被水冲走了。我现在开车过来接你，先去看看孩子……

来不及对妻子多说什么，张杨拿起车钥匙就往外冲去。坐在方向盘前，他启动汽车，眼前浮现出王红旭眯缝着眼睛的笑脸，提醒自己千万冷静。一路缓慢地向前行驶，张杨一个人也忍不住自言自语："希望没事，希望有奇迹。"

张杨接上胡正军，直奔万发码头江边。张杨什么话也说不出来，只是沿着江岸一直往前走。紧随身后的胡正军忙着打电话咨询水上出事的寻人方法，试图联系更多的组织参与救援。

灯影幢幢，江水呜呜，张杨、胡正军深一脚浅一脚地走着，无能为力地一直走着。

王红旭、张杨、胡正军同是重庆师范大学体育学院 2008 届的学生，张杨还是王红旭所在的二班的班长。在张杨心头，王红旭是他一生佩服、值得交往的益友。从大学时代开始，他就发现这个开朗爱笑的大男孩，经常尽心尽力帮助身边的人，无论是陈家桥天桥上乞讨的残疾人还是校园里做临时工的师傅，王红旭都会解囊相助，与同学们关系非常融洽。

胡正军眼里，王红旭为人乐观积极、慷慨大方、正义感强，身边许多同学都对他的热心助人印象深刻。每次见面，他总是露出一张标志性的笑脸，眼睛笑得眯成了一条缝，乐呵呵的。身为体育老师的王红旭，还是一个爱读书，对历史、地理都很有研究，能引经据典讲故事的人，很受孩子们喜爱。胡正军的孩子每次见到王红旭，就特别高兴，总要拉着他一起玩游戏。

"王红旭，你快出来……"

"红旭，我们来找你了，你坚持住！坚持住啊！"

所有的牵挂都化作万千泪珠，一颗颗掉在沙滩上，浸入了夜色下的江水中。两人沿江边一路寻找，感觉一切像是在做梦，又好像是在拍电影，他们一路狂喊。

胡正军紧紧地握住手机，期待着奇迹的出现，嘴里也不断地喊着。他们都希望挚友红旭能够听到，也盼望着挚友红旭能尽快回到他们的身边。

这个"眼中有笑，心中有爱，行中有善"的"超级暖男"，平日里总是给身边人温暖、帮身边人解难，从不麻烦身边人，然而，这一晚却让大家心痛流泪、苦苦寻找，仍是一无所获，让人心碎。

夜深了，江边渐渐安静下来，汩汩江水依旧无情地向东流逝着，远处搜寻的船只在江面游动着；消防队队员沿岸搜寻的灯光在江面和岸边闪亮着，划破死寂的夜空。

毛世伟站在大滨路的路灯下，为现场教职员工明确了分工，要求大家全力以赴推进搜救工作。

摇曳的灯影中，一位白发苍苍的老者跌跌撞撞来到搜救现场。原来，是获救小兄妹的爷爷执意摸黑一路找来。他告诉现场领导和搜救人员，被救的小兄妹已经住在医院里，目前正在康复。对于舍生取义的王红旭老师，他们一家人心中的万千感激与愧疚实在是无法言喻。由于孩子父亲还在外地，两个小孩需要母亲照看，想到英雄的下落尚未有消息，老人于心难安、无法安睡，独自来到江边，希望能够守望到他们全家的恩人、英雄王红旭的一线生机，也尽一份心意，表达无尽的痛惋。

时至凌晨，星月凄清，江水呜咽，现场守候的人们仍在沉默中守候，不忍离去。

他们静静地站立着，直盯盯地循着光亮，苦苦地守望着，谁也不愿说话，谁也不愿挪步，谁也不愿离开。或许，就这样默默地守候在江边，也算是对红旭的一种陪伴，算是对红旭老师的一种致敬。

然而，理性告诉人们，明天还得继续。毛世伟与江边的人们商议，一些人先回家休息，一些人做好亲属抚慰工作。他带着几位老师赶去看望和劝慰王红旭父母和远道赶来的亲属，唐婕副校长带着几位老师陪护王红旭老师的妻子，黄雷、陈建负责 24 小时守候在楼下外围应急。

部署周全后，大家仍然无法释怀，心中都牵挂着红旭，牵挂着红旭的家人，真不知道红旭的父母、红旭的妻子，还有每晚由爸爸抱着入眠的团团，这一晚该怎么熬过……

其时，已是 6 月 2 日凌晨 2 点过。

无数认识和不认识的人们都在心里一遍遍呼喊——

王老师，你在哪里？

（四）以最高礼遇，痛迎红旭魂归

在等待的煎熬中，时针跃至空气更加凝重的 6 月 2 日。

育才小学建设村校园的绿茵场上，田径队的孩子们和往常一样，依然自觉地坚持早练。赭红色跑道却比往常安静了很多，奔跑中的学生们很少高声喊叫，似乎心中都揣着一份沉甸甸的期盼。

这是一个看似寻常的星期三。对于育才小学全体教师来说，却是一个非比寻常的工作日。

时近中午，经过多方联系、电话邀请到巴南区蓝天救援队、沙坪坝区应急救援协会两支专业从事水上救援的队伍。

这时候，工作部署中的"搜救"二字，已经改变成"搜寻"二字。个中痛楚，育才小学的同仁们不言自明。

重庆蓝天救援队接到育才小学的求助电话，短时间内召集了 16 名志愿救生员奔赴现场。

这些年轻的志愿救生员在现场得知，被水冲走的王红旭老师在事发紧急时刻，丢下自己的孩子，飞奔百米跳入江中救人，却再也没有回来。他们深深为王红旭老师奋不顾身的义举所震撼，当即成立了救寻王红旭老师的临时指挥部。

与此同时，沙区应急救援协会接到求救电话，也来了 2 艘救生艇及全套探寻设备，协同蓝天救援队在沿线水域进行搜寻。

沙区应急救援协会在组织搜救人员及专业装备的同时，特地通知了心理总督导吴秀英赶至大渡口江岸，现场展开危机干预和安抚工作。

来到万发码头江边，作为重庆大学心理危机干预中心专家组成员的吴秀英发现，一直守在出事地点的几位施救者都情绪激动、表现异常。特别是一起下水救人的许林盛，产生了严重的自我否定反应，用力拍着脑袋，反复自责愧疚：我为什么那么没有力气？我为什么不能再坚持一下去救他？

见此状况，吴秀英警觉地意识到，这些现场目击者需要马上进行危机干预，把他们的心理重建起来，才能开展后续工作量非常艰巨的王红旭亲属的心理疏导。

"先引导他们学会在愧疚中接纳，接纳在拼尽全力后的无能为力。"吴秀英说，"因为他们都有游泳教练证，确实是拼尽全力、专业施救。在救回男孩的慌乱中，突然发现王老师一个人没能回来，他们是非常愧疚难受的。必须让他们把所有堵住的情绪，在现场完全释放出来。"

一句句抽丝剥茧般的分析、抚慰，让事发当天一起参与救童的几位王红旭好友逐渐接受现实中的人力有限、无力回天，情绪慢慢恢复了理智，冷静下来。

江滩上进行着心与心的疏导，江水中忙碌着专业的救援。

时间一分一秒地飞逝，下午四时许，蓝天救援队第二组队员驾着救生艇，倚靠专业设备，在出事地点附近的江底发现了失踪的王红旭，令人痛心的是——

王红旭老师已经停止了心跳，再也听不到人们深情的呼唤。

这样的结果，这样的时刻，虽是心中也有些许准备，但残酷的现实，依然让现场守候的育才同仁们感到戳心般的疼痛。

育才小学的同事们又隐隐担心着，红旭的至亲们面对这样打击，又该是怎样的绝望与心碎啊！

在英雄王红旭老师的家人到达前，吴秀英带领助手进行了一番部署准备，要求对英雄的亲属进行分开"隔离"——吴秀英带领助手和工作人员去滨江路上拦截，把家属有序地"隔离"在远离江水的一个安全地带，然后组织进行危机干预。

回到滨江路上的吴秀英抬眼看到，从一辆商务车上下来一位身着居家衣裤、五十开外的中年妇女，抬脚意欲冲下江滩，被旁人紧紧拉住阻拦。

"旭儿旭儿，我的旭儿，你回来呀！"那位中年女人几乎丧失了理智，一阵狂哭狂笑后，无力地瘫倒在地上，朝着江上一声声呼唤着。

吴秀英经历过很多次重特大危机处理案例实战，面对这样的场面，她非常警觉地判断，眼前的妇女就是遇难者母亲。

对于母亲，失去儿子，就是灭顶之灾。得知儿子救人没能回来，王红旭母亲的心理防线已临近精神分裂前兆，情势非常危急。吴秀英立刻作出心理督导应急反应，安排助手一起组织周围的市民尽量保持安静。

此刻，无论是工作人员还是普通群众，当时在场的每个人都非常配合，不折不扣地听从心理师的现场指挥。只要吴秀英和助手上前一招呼，关切王红旭老师下落的群众立刻就鸦雀无声，一直安静地等候着消息。

吴秀英迅即靠近王红旭的母亲，毫不犹豫地躺在地上扮作王红旭，双臂拥抱着王红旭母亲，嘴里不停地喊："妈妈，我是旭儿啊，我在。我就在您身边啊，妈妈！我就是您的旭儿啊！我在！我在！"

一声声的"妈妈"，一点点地唤回，在王红旭母亲意识崩塌的绝望之际，为她点亮了生命的微光与暖意。

突然间，公路前方又传来撕心裂肺的哭喊。吴秀英转头一看，几个年轻人围护着一名面色惨白的年轻女子，哭得晕厥过去的她，每一次苏醒过来总想要冲向大江，不顾一切地追随丈夫而去。

不用问，这悲伤的年轻女子，就是王红旭老师的妻子陈璐希。

吴秀英赶紧把王妈妈交托给身旁的助手，起身跑过去，用力将陈璐希抱在自己怀里，在公路边静静地坐下。

"希希，你想想孩子怎么办？要将孩子抚养长大！"为了唤醒王红旭的妻子，吴秀英陪着陈璐希全身都趴在地上，反复说到，"希希，不用怕，我们都是团团的爸爸妈妈，我们永远在一起！"

这时，现场等待的市民们都聚拢过来，默默地围坐在两旁。吴秀英全身湿透，努力带引王红旭的母亲与妻子度过巨大的心理冲击。

想到孩子团团，心如刀绞的陈璐希终于有了几分理智，心底升起一线期盼和勇气——

儿子需要我，红旭的家人需要我！

我要重新站起来，要勇敢活下去，要帮助红旭的父母共渡难关。

陈璐希在清醒过来的瞬间，看到痛失独子的红旭母亲崩溃绝望的情状，善良的她勉力支撑着胳膊，在地上一点一点地爬了过去。

几近虚脱的陈璐希跪伏在红旭母亲跟前，泣不成声地说："妈妈，我是您一辈子的女儿！您的女儿永远在。"

王红旭的母亲李永兰顿时放声大哭起来，和陈璐希久久地拥抱在一起……

面对这一幕，一直强压着内心悲痛的王平（王红旭父亲），终于朝向长江，号啕大哭起来。

大滨路上站立的人们，无不潸然泪下。

义渡江上，红旭的遗体缓缓浮出水面，救援队全体队员整齐列队，肃穆地低头默哀，以庄重而简洁的仪式，向舍身救人的英雄王红旭致以最高的敬礼！

岸边的人们也同时就地肃立，庄严默哀，对王红旭老师表示最高的敬意……

孟俊帆目睹了这一切，内心受到极大的震撼，同时又为自己的老师感到无比的骄傲。

此时，在数位育才小学教职员工牵开的彩条篷布遮护下，救援志愿者恭恭敬敬地收殓好水中的遗体，一丝不苟地放在岸边担架上。

几经波折的接运殡仪车，无法驶进沙滩，只能等候在一公里外的坡岸上。

怎么办？一起抬！

毛世伟站了出来，兰凤成站了出来，黄雷、邹鑫、谭国强都迈步上前，张杨、胡正军、梁睿等人大步跟上。

十余人轮换着扛起担架，一步步护送英雄遗体上车。

脚下的路坑洼难行，大家没有气馁，默默地努力保持担架的平衡、英雄遗体的安稳。坡陡路窄，有人鞋被淋湿、使不上力了，后面的人迅速接力扛起；有人脚下踩滑，眼看担架要倾斜下去，马上有人抢着上前托平……

此刻，殡仪车的车尾两旁，所有的人都不约而同地分成两列，笔直地站立，准备迎接红旭。

帮着推车的孟俊帆与龚佳樵老师肃穆地并排站着。他怎么也没想到，这辈子与王老师最后的道别，会有这样庄严的仪式感。

100 米，50 米，30 米……扛起担架的步履，似乎越到后面，越是沉重而缓慢。

10 米，8 米，5 米……一步步、一步步地接近。

王老师，王老师！

终于到自己跟前了。

第一次近距离面对遗体，孟俊帆一点也不感到害怕，只是难以自己地双肩抖动，哽咽起来。

曾在大学时期与王红旭同一个寝室的胡正军，趁着抬送遗体的机会，看到挚友红旭仍然双手握拳相抱在胸前的样子，想到红旭以前总说最怕冷，现在他却为救孩子，一直留在冰冷的水下……

从今以后再也看不到他那开朗、自信的笑容了，再也不可能在绿茵场上打球，再也不可能痛快地喝一场夜酒。

命运如此无情，它让成年之后各奔东西的兄弟如此残酷地相逢，也让曾经同甘共苦的兄弟过早地承受离别之痛。

"但是，我为你骄傲，你是我心中最完美的老师。"胡正军回望那一片义渡江滩上，王红旭留在这里的身影，竟然是如此的伟岸而辉煌。

云层低压压地飘在空中，天边突然亮起的一抹红色，像是红旭与人间作最后的告别。

大滨路上，数百名群众满怀崇敬地挥泪目送王红旭老师魂兮归来，志愿者们将红旭的遗体小心地护送上殡仪车。

警笛声响起，警骑在前方开道，殡仪车缓缓向南驶去，以最高礼遇敬送王红旭老师去到宝山堂安寝。

现场群众自发地依次驾车跟随殡仪车后，一路护送英雄。

（五）悼念堂里，母亲俯身的最后一吻

2021年6月3日，重庆市大渡口区宝山堂悼念中心二楼祈福厅布置得特别庄严肃穆。

灵堂内，哀乐低回萦绕，如泣如诉。

王红旭安详地躺在白色的鲜花丛中，正厅上方悬挂着黑底白字的横幅"师魂永驻"。

堂墙两侧垂悬着巨幅黑白挽联，左右分别以遒劲的毛笔字题写着："舍身有义古渡英杰救幼童，江水无情育才园丁铸大爱。"

苍劲的翠柏与高洁的白菊花、白玫瑰、百合组成盛大的花丛，花丛背景以变形的山水组成，意为恩重如山。

鲜花、花圈布满灵堂，走廊两旁摆满了各界人士送来的花圈和挽联，灵堂里也摆满了花圈，寄托着大家对红旭的无限哀思。宝山堂殡仪馆里里外外站满了男女老少，有的抱头痛哭，有的暗暗拭泪，有的低声叹息，有的自发捐款，还有人写下送别诗句或祭语。

当天，中共中央政治局委员、中共重庆市委书记陈敏尔向王红旭的英灵赠送了花圈，表示哀悼。

教育部部长、党组书记陈宝生，重庆市委副书记、市长唐良智，教育部副部长、党组成员孙尧，重庆市委副书记吴存荣，副市长熊雪等领导同志，也赠送了花圈。

云山苍苍，江水泱泱，红旭之光，映照四方。

当日上午，大渡口区冬泳队的30多名队员从大滨路滑石滩赶到红旭罹难的万发码头江滩，举行了简单的悼念仪式后，又来到宝山堂悼念中心，集体为王红旭老师敬献了花圈，并列队鞠躬致哀，表达心中无限敬佩之情。

中午一时，重庆市 37 中高三学生罗晗不顾还有三天高考，趁中午休息时间，特地从学校赶来宝山堂悼念中心送别王红旭老师。

罗晗曾是育才小学 2015 届学生，一直在班上担任体育委员。王红旭，是罗晗在小学期间最喜欢的老师，师生情深。6 月 2 日晚 10 点多，在下晚自习的路上得到王老师罹难的消息后，罗晗怎么也擦不完接连涌出的眼泪。她一夜未眠，脑海中不断回现小学校园里王老师带着大家训练、游戏的情形。

上午是高三年级的自习时间，罗晗也坐立不安，就想见王红旭老师最后一面，哪怕在他面前鞠个躬、说句话，也让心里有所安慰。

相约一同前来的 37 中高二年级的体育生文思予，比罗晗小一届。两人下车走进宝山堂大门，看见高高悬挂的电子屏上、花圈上、告示牌上，到处都写着恩师王红旭的名字。

死亡，就是这样突如其来，让人猝不及防。

一刻的对视，文思予忍不住趴在罗晗身上，两人抱头大哭起来。

午后时分，自发前来悼念的学生，还有育才小学 2016 届田径队的孟俊帆、谢林巧、潘文琪、巫佳颖等 6 位同学。

踏进悼念厅，孟俊帆他们一眼就看到王红旭老师的巨幅遗像。相片里，久违的王红旭老师身着条纹短袖衫，还是那副可爱的招牌式微笑，还是那么温暖、亲切，一如往常。

而相框下，王老师太累了，一个人，静静地，躺在那里……

大屏幕上循环播放着王红旭生前的照片和视频：与妻子甜蜜的结婚照；一家三口的合影；他带着儿子骑自行车、坐小游船、玩布袋跳；他还躺在地上装病人，儿子拿着玩具听诊器给他看病……和自己的孩子嬉戏阅读，和心爱的妻子有说有笑，陪着长辈们出游，一家人相亲相爱，其乐融融，彼此温暖。

重庆体育学校高二体育生潘文琪看着看着，不禁脱口说出："好幸福喔！"但很快意识到王老师再也回不来了，眼前的幸福美满都化作乌有。

潘文琪的眼泪哗哗地流下来："眯眯眼走了，他的遗像还在笑。最后一次聚会见面，他还说，潘文琪，你成绩还这么差？学习、训练都要抓起来。"

这时候，王红旭的妻子陈璐希在亲人搀扶下，看到曾经相亲相爱的一幕幕从眼前划过，伤心欲绝地低喊着："我想他回来……"

是啊，如若英雄能归来，一家人齐齐整整，哪怕平平淡淡、简简单单地活着，也好啊！

"为什么要做这么勇敢的人呢，我的老师！"身着校服的孟俊帆一步一步往前走去，呆呆看着躺在那里的恩师，觉得自己有很多的话要说给王老师听，可又什么都说不出来。

他抬起头，凝视着墙上那温和谦逊的笑容，似乎与沙滩上丢下自己的孩子、百米冲刺的义勇有些许的违和，突然间，孟俊帆心中有了一道闪电般的懂得——

那不是一般的微笑，而是一个人用心灵散发出的，对这个世界无限热爱的笑靥。

一直以来，在稚幼的学生们面前，王老师总是放低身段，平等地赞美和鼓励每一个孩子、尊重并且呵护每一个生命，对身边的每一个人都给予着这样的微笑。

"我很荣幸，这辈子成为你的学生！"泪珠在眼眶里滚动，孟俊帆强力控制着心里的难过，对着画像中的王老师露出了几乎同样的微笑。

时间如燃烧的蜡烛一般，在哀伤的沉思中一点点地流逝。

宝山堂殡仪馆内，不断地有更多学生和家长自发前来，悼念英雄王红旭老师。

已经毕业三年的育才小学2018届2班，有三十多个同学从各自的学校请假赶到悼念中心。

"因为王老师，我们又重新聚在了一起。"正在重庆第94中学读初三的李磊说，王老师虽然只是他们的体育老师，但是教给他们的，远远超出了体育课里的运动知识，而是更宝贵的，让他受益一生的乐观向上、热心助人的品格。

"我们还跟旭哥约定，毕业后要踢场球，可惜他永远失约了。"李磊语带哽咽。其实，在很多孩子们心里，更愿意把王红旭老师当作自己的朋友。

小学毕业刚一年、现在是育才中学初一年级的罗眷言，与自己的妈妈一起赶来宝山堂，只为见王红旭老师最后一面。

"王老师就是那样浑身正能量的人，别人遇到困难和危险，他一定会挺身而出，绝不退缩。"罗眷言的妈妈说，王红旭是孩子的小学体育教师，他侠肝义胆却脾气温和，乐观豁达又严谨自律。看到消息后，她先是不敢相信，那么好的一个人怎么会遇到这种事情，但是仔细了解了王红旭跳水救人的经过后，又觉得并不意外。

夜幕悄然降临，王红旭生前的亲属、同事、学生、挚友以及不少素昧平生的市民有序进入告别厅，肃立、默哀，与他作最后的道别。

心理师吴秀英搀扶着面容憔悴的红旭母亲李永兰，一步步走进宝山堂悼念大厅。

看到门口挂贴着王红旭生前的照片，李永兰张开双臂走上前去，一遍遍抚摸儿子的脸颊，突然朝照片中的儿子俯身一吻：

"我的儿呀，妈妈心里太痛了。"

吴秀英心底一震：这无疑是世间最令人动容的一个吻！

晚上八点，追悼会正式开始。

宝山堂二楼的祈福大厅内，站满了王红旭老师的亲友、同事。厅外还等候着近千名素不相识的市民，他们自成队列，神色肃穆，怀着敬意与悲痛，依次轮候着向王红旭老师鞠躬表示哀悼。

追悼会上，重庆市大渡口区委副书记陈中举怀着沉重的心情，致上告别辞——

"王红旭同志工作中是一位充满激情，勤勤恳恳，尽职尽责，谦虚谨慎，和气友善的好老师；生活中，他是一位好儿子、好丈夫、好父亲。对父母，他倾注孝心，箪食豆羹，仁义慈孝，常怀感恩。王红旭同志作为一名光荣的人民教师，他凭着崇高的理想信念、高尚的道德情操、炽热的仁爱之心，在危急时刻，舍自我而勇救他人，坚定践行了教师的光荣职责和神圣使命。

"王红旭同志35年的人生路，是所有相知、相识之人永远的遗憾、永远的伤痛。但是，他对工作的敬业、对父母的孝敬、对家庭的负责、对儿子的慈爱、对朋友的真诚，特别是对党的教育事业的无限忠诚、对孩子们的大爱无疆，则永远铭刻在亲朋好友、同事学生的心中，永远铭刻在大渡口人民心中。"

一时间，现场参加追悼会的人们，面对英雄红旭的遗体，思绪万千，泣不成声。

王红旭的舅舅，万州区百安移民小学副校长李永奎代表英雄的家属致答谢辞，向参加告别仪式的领导、亲朋好友及市民表示衷心感谢。

李永奎强忍悲痛，噙泪说道："6月1日，是我们都难以忘怀的日子，王红旭用自己的牺牲换回来两个稚嫩的生命。他是我们的好孩子！"

旁边的追思墙上，前来悼念的学生和市民拿笔写下许许多多的深情寄语。

孟俊帆这样写道："你是一个英雄，走得悄无声息，但是你那舍身救人的身影却给我留下了深刻的印记。你用生命告诉了我什么叫舍生取义，你教会了我最重要的精神，我很庆幸能成为英雄的学生。你一路走好，王老师。从此之后，我会努力成为像你一样的人！"

谢林巧寄语："从一年级到六年级，基本上每天都在一起训练。我们说好今年放了假一起吃火锅，考上哪个大学和你讲……真没想到发生了这种事情。王老师，一路走好。我会好好学习、训练，考上好大学，以你为榜样。最爱你的巧儿！"

潘文琪写下："王老师，距上次见面有两年了。你跟我们说，好好训练的同时，也要好好学习，考个好大学。现在，我们都在变得更好……没想到，再见面是这样。无以回报您对我的恩情，但是，我会在漫长的道路上一直坚持。感谢您，让我走上体育路，我也一定不会辜负你对我的期望……"

追思墙上贴满的寄语，有很多没有留下姓名，或者只是写下"育才学子""市民""普通市民"等落款，但是每一段泪痕模糊的句子背后，都跳跃着一颗真诚敬仰的心——

"王老师，你用生命上了一节最珍贵的课，一路走好，下辈子你一定要享福。"

"难忘的您，是我见到的最好的体育老师。"

"致敬英雄 用生命托起生命！"

"王老师，你我不曾认识，却以这种方式让我认识您，您是一个好老师，也是一个好父亲、好丈夫。愿您在另一个世界还能干你喜欢的事，天天开心快乐。"

"大爱长存。王老师，您的事深深打动了我们。您是英雄，您是天使！您的精神将化为繁星在星空中永垂不朽！"

……

悼念厅里，人们戴着口罩，手持白菊，围着红旭的灵柩默默走过，鞠躬敬礼，犹如一条无声的泪河在英雄王红旭身边流过。

这里面，有王红旭的同事、同学、学生，他们每人都有一段对于英雄的难忘记忆；这里面，有素不相识的职员、商人、打工者，他们从媒体上知晓了王红旭这个名字，今夜从各处赶来亲自送别。

现场视频中，王红旭86岁的奶奶范信秀眼里的泪珠像断线的珍珠不停地往下掉，虽白发人送黑发人，却强忍悲恸，一字一顿地说："从内心出发，我确实感到可惜！但他，救起了两条小生命，我感到自豪！我的孙儿没有白死，他死得光荣！"

在源源不断的悼念人流中，看着长跪不起的被救儿童及父母，李永兰声音嘶哑地说：

"我不会恨的。那是两条生命，也是国家的未来，是国家的接班人！我们都是教孩子的教师，我们一辈子都是爱生如子。"

我们都是教孩子的教师，一辈子爱生如子……多么朴实的话语，多么伟大的心灵！

这个平凡的教师家庭，给我们现实社会中有良知、有正义感的人们，以最温暖的情怀、最有力的鼓励！

第二章

岁月磨砺的读书人

　　王红旭出身于教师世家，祖辈和父辈都扎根山村教师岗位数十年，深受学生和当地群众尊敬爱戴。长辈们"教良心书、教清廉书、教公平书"的家风家规，深深影响了年幼的王红旭，从小就立下"当好老师"的志愿。2004 年他考入重庆师范大学，2009 年考入重庆市大渡口区育才小学，成为一名体育教师，终于圆了儿时的教师梦。

　　春夏秋冬寒窗苦读，风雨洗礼镌刻心中。从山村走向城市，与亲人的温馨记忆，与朋辈的美好时刻，赛场上拼搏的身影，对陌生人解囊相助的慷慨，透显出这个青年如旭日初升般的温暖力量。

（一）山村校舍，儿时浸润着油墨香

1988 年深冬，一个寻常的夜里，重庆市万州区余家镇硝水村村小简陋的校舍屋顶上，瓦片被呼啸的寒风吹得哗啦作响，屋内昏黄的灯光下，民办教师王平带着刚满两岁的幼子王红旭，刚刚刻完了蜡纸，准备马上油印试卷。

刻写蜡纸是一个精细活，高中毕业就在硝水村村小任教的王平已是轻车熟路。他凭借手中的一支铁笔，就能够独当一面地完成任务。

然而，进入"油印"这道工序时，王平独自操作起来，就有一些难了。他试着一只手不停地推动滚筒，另一只手紧跟着配合翻动印好的试卷，以前刻印卷子，都是他和同为硝水村小学民办教师的妻子李永兰一起做，两人配合印起来要快捷得多。王平不时留意着身旁小红旭的动静，有条不紊地做起来，开始的时候还有一种成就感，但是时间一久，翻动试卷那一只手就不那么灵便了。

这时，安静乖巧的小红旭摇晃着脚步，向爸爸王平靠近，先是歪着小脑袋，两眼滴溜溜地打量着油印机，又怯生生地伸出小手，去摸了摸油墨未干的期末试卷。

王平没有呵斥孩子，而是灵机一动，向小红旭发出了鼓励的号令："来，来，拿开这张纸！我的旭儿，是想给爸爸当助手呀?!"

小红旭果真伸出稚嫩的小手，在王平的"指导下"，开始了人生的第一次"义务劳动"。

虽然小红旭翻动卷纸的动作笨拙，甚至出错添乱，但是王平一直很有耐心地等待着儿子一下一下地去做。一页，两页，三页，王平一次又一次地推动着滚筒，小红旭一页又一页地翻动着，父子俩的配合越来越像模像样了。红旭的小手很快被沾上了乌黑的油迹，又自然地在额头和脸颊上一抹，马上就变成了一个"小花脸"。

看到儿子弄花的小脸，王平哈哈笑起来，抱起儿子鼻子一酸，更加想念起远在开州进修的妻子李永兰来。

李永兰本和王平一样，同在硝水村村小担任民办教师，在王平及王平父母的支持下，几个月前考上开州师范，只身前往开州脱产学习，只为今后能成为一名真正意义上的教师。

王平与李永兰在志同道合的村小教学路上，幸福地结为夫妻。两年前的腊月间，夫妻俩有了他们这辈子的第一个，也是唯一的孩子——王红旭。

硝水村位于万州区余家镇西北部的高山上，是一个海拔标高达到 1270 米，西与重庆市开州区长岭镇接壤，北与开州区五通乡连界，南与重庆市梁平区复平乡牵手的小山村。由于海拔较高，硝水村常年云雾缭绕，进入冬季，山上气温尤其寒冽。

"哇哇哇……"1986 年 12 月 6 日晚，硝水村小学旁边一排篱笆墙筑的两层土屋二楼传来一阵洪亮的新生婴儿的啼哭。

50 岁的余家镇铁炉小学兼硝水村村小校长王世才，喜不自胜地搓着双手自言自语："王家有大孙子了！我也当爷爷了！"

长孙的出生，给王平的父母王世才和范信秀心中带来了巨大的快乐与慰藉，毕竟王家有了第三代传人了。

喜得贵子的王平自然是笑得嘴都合不拢，心疼地望着疲惫不堪的妻子。此刻，第一次做母亲的李永兰根本没有注意到丈夫的表情，全神贯注、万般爱怜地盯着怀中的儿子——黑黑的头发，宽宽的额头，眯缝着的眼睛……

"瞧，儿子多可爱啊！"李永兰情不自禁地说道。旁边的王平连连点头，应和说："是，是，我们的儿子，当然可爱啦！"

孩子的出生，给这个平凡家庭带来无限希望和欢乐。爷爷王世才主持召开家庭会，为长孙定名：王红旭。取于梁启超的《少年中国说》：少年智则国智，少年富则国富；少年强则国强，少年独立则国独立；少年自由则国自由；少年进步则国进步；少年胜于欧洲，则国胜于欧洲；少年雄于地球，则国雄于地球。

红日初升，其道大光。河出伏流，一泻汪洋……

"红旭，意为红日初升。"王平赞同。

李永兰也点着头，为孩子默默祈福："红日初升，其道大光。愿红旭健康成长，有好前程，为世界发光发热。"

晨曦初绽，摇篮中的小红旭微微睁开眼睛，眼前只有奶奶范信秀的身影。王平和李永兰一早就跨出了家门，在硝水村小学简陋的教室间忙碌起来。

王世才也在山下的铁炉小学讲台上，只有每个月月末的星期六下午，才能回到硝水村，看看襁褓中的长孙红旭。身为共产党员的王世才，在铁炉小学校长岗位上有着 25 年的行政经历，在 1983 年因气管炎、肺气肿等重疾缠身，才退居二线；但他从没离开"三尺讲台"，一直坚守着教育事业。

红旭的奶奶范信秀知书识礼、风趣健谈，也是中共党员，也在硝水村民办村小任教了 17 年。二十世纪八十年代初期，中国农村普遍实行了联产承包责任制，耕地和田土都承包下了户，家里不能没有劳动力做农活。无奈之下，范信秀默默回到家里，一个人挑起耕种土地的重担。

但无论是 17 年的执教岁月，还是辞教务农后的平凡日子，范信秀都用她那双握过粉笔、满是茧疤的手，托负着山里的孩子、牵引着山里的孩子、温暖着山里的孩子，把无私的爱，播种在了孩子们的心里。

王家居住的土墙屋外，是一条坑坑洼洼，乱石遍地，杂草丛生，拖拉机也很难通过的步行小路。每到深秋季节，不期而遇的瓢泼大雨，就会从清晨开始，毫不气馁地下个不停，在小路上汇聚成了一条狂奔的湍流，使得年幼的学童们无法及时走到学校去上课。

这个时候，范信秀总会出现在路边的高坡处，对孩子们说："不要害怕！来，我背你们过去……"一个个孩子顺从地趴在范信秀老师的背上，紧抱着范老师的脖子渡过激流，平安地到达学校。整整 17 个年头，大家都不知道范信秀背过多少个孩子上学。

1984 年 8 月，年仅 19 岁的李永兰，怀着献身教育事业的一腔热望，告别了熟悉的万县桥亭区铁炉乡，告别了众多的兄弟姐妹，来到了硝水村民办村小，在大山深处担任了代课老师，不久，代课的身份变成了"民办"。

王平比李永兰大两岁，高中毕业后进入硝水村民办村小执教。从相识、相知到相恋，王平成为李永兰心中的如意郎君，他们在硝水村民办村小喜结良缘。

硝水村民办村小是一所设施简陋的乡村小学，四间泥土夯建的教室，见证着大山深处的春寒、夏暑、秋雨、冬雪……好在村小离家只有300余米的距离，王平和李永兰里里外外，还算忙得过来。

由于硝水村地势不平，田里的稻谷和地里的瓜菜，常年没有好的收成，村里的青年人、中年人都争相外出打工，由此衍生了不少"留守儿童"。"留守儿童"普遍缺失应有的父爱、母爱，缺乏应有的管教和约束，即便被送进了民办村小读书，而小小教室也关不住孩子们贪玩的天性。于是硝水村村小总有一些考试成绩惨不忍睹的低差生。

面对这些前途堪忧的低差生，怎么办？

李永兰的口头禅是：孩子们成绩再差，也是我的学生呀，我绝不能放任不管。

于是，村小的低差生，就成了李永兰下决心要"开小灶"，要"拉一把"的补课对象。

村里的留守儿童范和利，就是这些幸运儿中的一个。多年后，已经成为一名优秀教师的范和利还记得当年李永兰老师为自己补课的往事。

星期天上午，11岁的范和利如约来到老师家中。

看到他拘谨的样子，李永兰和蔼地鼓励说："你的数学成绩还有希望，就是语文差得比较多。如果你不想留级，每个星期天上午10点，准时到我家来补课。"

范和利感激地望着老师，使劲点头。

又一个星期天，范和利来到老师家时，李永兰正忙着将一只装满水的新锑锅放在炉灶上，看到他站在门口，忙招呼他进屋。此后的时间里，李永兰全部注意力都落在为范和利讲解课本上：记单词要入脑，造句子要用心，写作文要顺句……

堂屋里小闹钟的时针，不知不觉就指向了 12 点。

突然间，小红旭的哭叫声从院坝里传过来，一股焦煳味也从厨房里扑鼻而来。李永兰霍地站起身来，心疼地大喊着："糟了，我的猪脚杆萝卜汤！"

李永兰为王平准备的一锅猪脚杆萝卜汤早已被烧干，锅底已经被烧穿。李永兰无可奈何地看着那锅香喷喷的猪脚杆，成了黑糊糊的一片，而那只刚买的锑锅也只能报废。

时至今日，心存感激的范和利还常常念叨：没有李永兰老师就没有我的今天！说起来，我还欠着李老师一锅猪脚和一个锑锅哩！

进入二十世纪八十年代中期，国家开始鼓励在山村民办小学执教的老师通过考试，择优进入"民师班"学习，毕业后获得"公办"的身份。

喜讯传来，李永兰激动得好几个夜晚睡不着觉，她要借助国家政策带来的难得机遇，她要沐浴国家政策吹来的和煦春风，去登临一次人生道路上的特殊"考场"，去实现梦寐以求的自我"救赎"。

1987 年 6 月中旬，由四川省开县师范学校寄来的《录取通知书》，送到了李永兰手中。此后两年时间，李永兰告别了硝水村民办村小，开始了在开县的"民师班"住读，攻读她梦寐以求的学业。

王平则是心甘情愿地默默担负起村小教学和照顾儿子的全部重任。

进入 1988 年 12 月底，硝水村民办村小期末考试的日子临近了，小红旭的妈妈李永兰就读于开县师范学校的"民师班"，离开了硝水村民办村小也已有一年多时间了。因为硝水村民办村小没有足够的资金和设备采用"铅印"方式或者"打印"方式，来制作学生们期末试卷的试卷，于是，只有用钢板刻字，再辅之以"油印"，才能完成各类试卷的制作过程。所以，制作试卷的担子，就压在了王平一个人的肩上。王平终是独自一人，赶在期末考试前刻印完了村小全部学生的语文、数学、自然三大类必考科目试卷。

很多个时日，由于奶奶范信秀忙着在坡上种地不能分身，都是王平用一条长布带，把小红旭绑扎在背上，走进教室去履行他的教师职责。

这一天，时任万县桥亭区区长助理的王顺培，到硝水村民办村小检查工作，轻轻地推开教室门一看，眼前的场面让王顺培大吃一惊。小红旭在王平的背上平静地睡着了，王平正在朗诵课文，教室里鸦雀无声。

王顺培心里顿时一阵发热，上前一步紧握着王平的手说："真的委屈你们这些村小老师了！"

王平朴实地答道："没什么的，总不能看着村里的孩子都成文盲呀……"

王顺培关切地盯着王平背上睡熟的小红旭，接着说："背着孩子讲课，肩上承担的是育婴和育人两副担子哟！"

王平打趣说："不是提倡幼教么，幼教、幼教，这是对背上的婴幼儿进行学前教育呀！"

陪同检查的工作人员都赞许地一起笑了起来。

很快到了月末，李永兰归心似箭地从开县师范学校回家"探亲"。回到家中，李永兰连忙把一件用绒线编织的"毛衣"，穿在儿子红旭身上。绒线是她在"民师班"用节约的饭菜票，置换成现金购买的。

晚饭后，李永兰跟王平谈起了在民师班的学习见闻，王平也向李永兰讲述了王顺培到村小检查工作的场景。李永兰顿时热泪涌动，沉默了一会，终于忍不住开口说出埋在心底许久的话来："要不，我还是退学吧，回来你轻松些……"

王平生气地嘶吼起来："胡扯！好不容易考上'民师班'，怎么能随便放弃、说退就退呢?！"

"哎，孩子和你在家受苦受累，我于心何忍呀！"李永兰讷讷而语。

"苦? 有啥苦不苦的? 你不要胡思乱想。要明白，争取'公办教师'身份执教，是你自己的理想，也是为我和儿子做出好榜样！"

（二）铁炉乡小学，分享即快乐

1989 年 7 月，经过两年刻苦攻读的李永兰以优异的成绩，从开县"民师班"毕业，被安排在了山下的桥亭区铁炉乡（现为余家镇）铁炉小学执教，担任语文老师兼班主任。

为了弥补两年来儿子缺失的母爱，不到三岁的小红旭，被李永兰执意带下了硝水村，她要把小红旭带在自己的身边生活和接受教育。

"山村下来了一个小孩子，这个小孩子叫王红旭！"一时间，铁炉小学的教职员工，把很多的关注投向了小红旭。

天真无邪、活泼好动、结伴游玩、看图识字……不到一年时间，小红旭孤僻的性格变得开朗了，小红旭求知的欲望变得强烈了，小红旭清瘦的脸蛋变得红润了。

铁炉小学用自己的校训，定位了穷则思变的发展前景：

给孩子们一个空间，让他们自己往前走；

给孩子们一个条件，让他们自己去锻炼；

给孩子们一个困难，让他们自己去克服；

给孩子们一个权利，让他们自己去选择。

这个校训集全校教师的智慧提炼而成，同样寄托了已经卸任的校长、小红旭爷爷王世才的炽热心愿。

小红旭在全新的环境中释放着天性，小红旭在书香的氛围中寻求着快乐，小红旭身上发生的每一丝细微变化，都被爷爷王世才、奶奶范信秀、爸爸王平、妈妈李永兰看在眼里，喜在心中。铁炉小学的老师、家长、叔叔、阿姨，也通过自己的观察，不断发现小红旭的优点，夸奖小红旭是一个人见人爱的"开心果"。

——最想看见奶奶和爸爸

每到农忙季节，硝水村的大人们都沉浸在耕种与收获的喜悦之中，奶奶范信秀和爸爸王平，便没有时间下山来看望小红旭，于是，每个月月末那个星期六放学后，小红旭几乎都要跟在妈妈身后，回一趟硝水村，去看望还留在山上坚守"阵地"的奶奶和爸爸。

当时，从铁炉小学回到海拔标高有1200多米的硝水村，没有修通公路，没有汽车可乘，只能面对一条陡峭的山路，凭借双脚吃力地攀行。山路上布满了滚动的碎石，石缝里生长着不死的杂草，草丛中显露出晶莹的水珠……山路蜿蜒漫长，成年人徒步登山，也要走上两个小时。

这一天是星期六，下午五时许，小红旭跟着下班后的妈妈，又踏上了重返硝水村的归途。

妈妈和蔼地问小红旭："这个时候，你最想看见什么人？"

一连串充满童真的话语脱口而出："最想看见奶奶和爸爸了，没有下山时，奶奶经常喂我吃饭，爸爸背着我上课，我现在好想好想他们哟！"

一路上，小红旭总是低着头一直往上窜，他想把妈妈甩在身后边，可是妈妈却寸步不离，想法没有实现。一会儿是妈妈牵着小红旭的小手迈步，一会儿是妈妈背着小红旭向上攀行，夜幕降临的时候，小红旭终于看见爸爸王平站在山崖上的身影了。

小红旭是坐在爸爸王平的肩膀上，平安地到达家门口的。站在家门口的梧桐树下的奶奶看着小红旭，早已笑得合不拢嘴。

王平把小红旭刚放在地上，小红旭就直端端扑进了奶奶的怀里。小红旭把嘴巴贴在奶奶的耳边说起了悄悄话："奶奶，我给你带了好东西……"

"什么好东西？"奶奶笑得更加开心了。

"礼物，小礼物，好吃的。"小红旭指着自己的小荷包说道。

"嗯，好吃的，奶奶一定吃下去。"

"那你先闭上眼睛，不许看。"

奶奶果然闭上了眼睛，没有看。

"可以睁开了！"

就在奶奶睁开眼睛的一瞬间，几颗大白兔奶糖，捧在小红旭手中，出现在奶奶眼前。紧接着，小红旭撕开大白兔奶糖的包装纸，把洁白如玉的奶糖，送到了奶奶的嘴边："奶奶刚才说了，好吃的，一定吃下去。"

原来，这几颗大白兔奶糖，是小红旭昨天晚上做完作业后，妈妈给小红旭的奖励。小红旭没舍得吃，特地给奶奶带回来的。

——大家都排队上"车"

为了增添小红旭的生活乐趣，为了助益小红旭锻炼单薄的身体，妈妈李永兰和爷爷王世才早就商量好了，一定要节衣缩食，信守诺言，为小红旭买一辆"儿童车"。在当时物质紧俏的条件下，"儿童车"算是一件奢侈品。

这一天，一辆红色的"儿童车"，在小红旭的驾驶下，从余家镇街上的青石板路上，开进了铁炉小学的校园里。"儿童车"有一个前轮，两个后轮，小红旭脚踩"儿童车"的小踏板，转弯灵活，进退自如，一下子吸引了校园里不少的小玩伴。这些小玩伴，几乎都是同小红旭年龄相仿的小男孩、小女孩，他们也都是铁炉小学教职员工的子女。

小红旭骑着红色的"儿童车"，在校园的院坝里慢慢转悠，小玩伴们个个伸手动脚，都想挤上前去，骑上"儿童车"，体验一下当个小驾驶员的快乐情绪。

然而，小玩伴确实太多了，小红旭细心数了一下，共有七八个熟悉的名字，可他们不能同时都骑上"儿童车"呀！咋办呢？

小红旭眨了眨眼睛，想起了妈妈李永兰的叮嘱："'儿童车'要大家骑！"于是，他把"儿童车"停在了小玩伴们的面前，同时稚声稚气地宣布了一条纪律："大家都排队上'车'，每人骑三圈，不能插队，不能拥挤！"

一转眼，小红旭又从裤袋里掏出了一张白纸，把它几次对折后，撕成了不规则的八张碎片，一张一张分发到小玩伴们手中："这是车票，凭票上车……"

"儿童车"前排起了小小的长队，小玩伴们举起了小小的"车票"，小红旭当起了小小的收票员和小小的"交警"。

第一个骑上"儿童车"的是小女孩，她把"车票"交到小红旭手中后，小红旭平伸出右手，做了一个"放行"的手势。"儿童车"开始在校园院坝里行驶，小女孩俨然如一个小驾驶员，一圈、两圈、三圈，没有违反纪律，到"站"下车，一张小脸笑得看不见了眼睛。

第二个骑上"儿童车"的是小男孩，第三个骑上"儿童车"的又是小女孩……他们把"车票"交到小红旭手中，同样得到了小红旭平伸出右手，示意对骑上"儿童车"小玩伴"放行"。

轮到最后一个小玩伴上车了，最后一个小玩伴是小男孩。大概是已经没有小玩伴在排队等待上车的缘故，一圈、两圈、三圈，"儿童车"到达了终点，但是小男孩没有停车，反而继续行驶了第四圈。

小男孩的"违规"行为，引起了已经下车的小玩伴们的不满，小红旭立即挡在"儿童车"的过道上，又稚声稚气地宣布："我是警察，你今天违反了交通规则，明天，只能骑两圈……"

从此以后，"儿童车"成了小玩伴们大家的"儿童车"，小红旭也成了小玩伴们心目中，那个执法严格的小"交警"。只要有小红旭执法，"儿童车"行驶的校园院坝里，就有严谨的秩序，就有童真永驻的欢笑声。

——爷爷看病需要钱

小红旭跟随妈妈李永兰下山来到铁炉小学时，爷爷王世才因为身患气管炎、肺气肿等多种疾病，已经于1983年退居二线，不再担任铁炉小学校长职务了，但是，出于对师德境界的守望，出于对三尺讲台的挚爱，王世才始终坚持以普通教师的身份，执教在培育英才的岗位上。

妈妈李永兰对爷爷王世才的病体，少不了日有所思、夜有所梦的牵挂，妈妈李永兰也曾多次告诫小红旭，由于长年累月的粉笔板书，站立讲课，熬更守夜，加上收入微薄，营养不良，才使身体并不强壮的爷爷，患上了气管炎、肺气肿这些难以治愈的疾病，因此，妈妈要把不少的精力，用来照顾爷爷的起居、治疗爷爷的疾病、调养爷爷的身体。

小红旭把妈妈的告诫，牢记在了心里，小红旭也依稀懂得：妈妈对爷爷的细心护理中，深藏着一个"孝"字。

一日有三餐，妈妈都要用灵巧的双手，变出很多花样，做出一份"特殊"的饭菜，给爷爷补充营养，让爷爷增强体质。平常难得一见的肉类和蛋类等食品，小红旭没有"享受"的资格。每一次看见爷爷吃饭时，小红旭都要坐得远远的，不是看书，就是做作业。

有很多个夜晚，爷爷上气不接下气的咳嗽声，夹杂着吐痰不畅的喘息声，长时间不绝于耳，妈妈听见了，总是默默流泪，小红旭听见了，总要悄悄起身下床，给爷爷端去一杯开水，要爷爷喝下去，同时用小手给爷爷轻轻捶背，他知道爷爷的呼吸顺畅了，才能够安稳地入睡。

进入盛夏，气温高涨，热得难受，冰糕和雪糕就成了孩子们降温和解馋的见效饮品。每临这个季节，妈妈总是到了星期天晚上，把三角钱放在家中的柜子里，这是小红旭一周的冰糕钱，每天一支，每支五分，不能吃雪糕，因为每支雪糕需要一角五分钱。

奇怪的事情，还是被心细的妈妈察觉到了。这一天是星期三，妈妈打开柜子一看，整整三角钱一分未动，于是，妈妈决定解开这个结在心中的疑团。

吃过晚饭，妈妈把小红旭叫到了身边，亲切地问道："这么热的天气，一支冰糕都没有吃，是积少成多要买雪糕么？"

"妈妈，从前天开始，我就不吃冰糕了。"

"为什么？"妈妈大惑不解。

小红旭的回答令人心碎："爷爷身体不好，爷爷看病需要钱……"

两行热泪从妈妈的眼眶里流了出来。果真是从那个星期一开始，小红旭就很难与可口的冰糕再见上一面了。

——老师没叫我回家

1990 年 12 月，小红旭满四岁了，妈妈把他送进了铁炉小学托儿所的大班跟班学习，目的是增强小红旭今后的课堂适应能力。当时的大班就如同现在的学前班，接受大班教育的孩子，年龄普遍在五岁以上，老师对大班的孩子传授小学一年级的语文、算数等知识，是顺应家长们"望子成龙"的愿望，不希望孩子输在人生的"起跑线"上。

妈妈把小红旭送进大班接受学龄前教育，大概也有不希望小红旭输在"起跑线"上的良苦用心。

这是一群从小就享受着充分"自由"的小孩子，这是一群从小就得到了百般"呵护"的小孩子，课堂纪律对他们而言，是一个从未听闻的新名词，所以，能不能遵守课堂纪律，便成为判断大班学生"乖"与"不乖"的代名词。

这一天下午四时许，语文老师给大班学生上听写课，或许是孩子们的"记性"还停留在"拼图"的阶段，或许是孩子们对"听写"二字还不是十分熟悉，总之，当场检查听写的效果，成绩都不是很理想。于是，语文老师就告诉全班同学：下课放学后，都留在教室里，暂时不能回家，每一个同学都要反思一下，为什么昨天教过的生字，今天就听写不出来了。

放学已经快一个小时了，李永兰发现小红旭还没有按时回家做作业，便来到大班教室寻找小红旭，还没走几步，她发现小红旭的小脑袋，在教室门口晃了一下，就不见了，走进教室一看，小红旭同大班其他同学一样，正襟危坐，还在看书，但是闷闷不乐、一言不发。

李永兰缓步走到小红旭身边，拍着小红旭的肩膀问道："放学这么久了，怎么还不回家做作业？"

小红旭低下了头，红着小脸蛋回答："妈妈，上了听写课，同学们都留下来了，老师没叫我回家。"

李永兰立刻明白了缘由，她立即来到语文老师办公室，笑着对语文老师说："我家小红旭，看见同学们不走，也不肯离开教室。"

语文老师顿时开心地笑了起来："他是在跟班学习，没有叫他也留下来反思，暂时不能回家呀！这孩子真的守纪律，没把老师的话当耳边风……"

很快，语文老师出现在大班教室里，直呼小红旭"起立，可以回家了"，小红旭才抢在妈妈李永兰的前面，放开脚步跑回了家。

——获得数学联赛二等奖

小红旭出生在一个两代长辈都是老师的教育世家，他获得的教育资源还算是"近水楼台"，他占有的学习环境也算有天时地利，所以，在小红旭升入铁炉小学二年级学习之后，李永兰就暗自下了决心，除了德育这个重点科目外，还要对小红旭的智育加压、加码。

社会上不是广泛流传着"学好数理化，走遍天下都不怕"的吉言么？李永兰并非"不食人间烟火"，也并非麻木愚钝，她也认定了"学好数理化"，今后对小红旭有百利而无一害，因此，她就必然要将加压、加码的思考，付诸对小红旭严加管教的具体行动。

1994年的暑假来临了，从放了暑假的第一天开始，小红旭就没有了多少放任"自由"的空间，妈妈给小红旭制订的暑期学习计划，让他也进入了那个与人的智育结下不解之缘的数学天地。

李永兰严肃地告诉小红旭：给你加压，就是要求你在数学成绩上实现突破，去参加外面的联赛，得到好名次。

李永兰亲切地鼓励小红旭：给你加码，就是不能局限于课本的数学知识，要广泛演算有难度的数学练习题，不断提高自己的解题能力。

小红旭是一个听话的孩子，他和妈妈一起商定，把加压的动力、加码的目标，定位在参加1994年12月，由万县市天城、龙宝、五桥三区联合举办的"第二届小学数学联赛"那个走上赛场的日子。

整整一个暑假，妈妈把小红旭的每一天，划分成了三个时间段，上午，集中精力演算数学题；下午，对照答案理解数学题；晚上，聆听妈妈分析数学题……直到9月1日新学年开学，小红旭又积极"备战"，参加了铁炉小学对报名参加联赛学生的筛选和测试。

小红旭也很争气，他在初赛、复赛的选拔中没有中途止步，在铁炉小学的代表队名单中，让自己的名字占有了一席之地。

出发参加联赛的那一天，小红旭起了个一大早，他要妈妈和爷爷，等候赛场上传来的好消息。

联赛成绩公布的那一天，小红旭高兴得跳起来，因为《获奖证书》写明了是"二等奖"，他要妈妈兑现不会失信的新奖励。

妈妈微笑着问小红旭："不就是奖品么，你自己说，要什么……"

小红旭习惯地举起了右手："运动服，一套打球穿的运动服！"

李永兰没有让小红旭失望，一套红色运动服穿在小红旭身上，使小红旭感受到了获胜的喜悦和惬意。

——他们冷得一身打抖

1994年10月，小红旭戴上红领巾，进入了小学三年级学习。

这一天，气温猛降了 11 度，不少从大山深处走到铁炉小学上课的同学，由于始料未及，都穿着单薄的衣衫，冷得瑟瑟发抖。

下课铃声响了，小红旭一下子从教室座位上冲了出去，急匆匆地跑进了楼上的一间教师办公室。正埋头批改学生作业的李永兰抬头一看，小红旭不停地跺着脚、搓着手，嘴里喊着："好冷！妈妈，好冷！"

李永兰皱了皱眉头："你闹什么？穿了毛衣，还冷？"

小红旭着急地摆着双手，随即用手指着楼下说："妈妈，是班上的同学，他们穿得少，他们冷！"

"走，看看去！"李永兰站起身来，迈步出了办公室的门。

小红旭紧跟在李永兰身后："妈妈，妈妈，我们回家拿些衣服，给同学们穿！"

李永兰连连点头，带着小红旭下楼向旁边的教师宿舍楼快步走去。

回到宿舍楼二楼的家中，李永兰打开衣柜门，对红旭说："红旭，衣柜里的，班里同学能穿的，都拿去！"

长袖衣、长腿裤、围巾、棉帽……不一会，小红旭就抱出了一大堆。李永兰拿出了一条长布带，正准备把这一堆衣物打捆，方便小红旭扛送，没料到小红旭抱起一抱衣物就往门外跑，"噔噔"地跑回了教室。

在课桌上放下衣物，小红旭又一件件送到需要的同学手中，才长长地舒了一口气。

猛然间，小红旭发现一位站在教室角落的女同学，正眼巴巴地望着他，可他手中已经空无一物了。小红旭又转身跑出了教室门口，跑回到了家中。

"妈妈，还有一个女同学没衣服，冷得打抖，拿你的衣服哟！"小红旭亮开了小嗓门。

"好的，好孩子，快拿去！"望着小红旭转身跑下楼的小小背影，李永兰欣慰地摇了摇头。

——班上有个同学没有带饭

1996 年 3 月，春暖花开，万物复苏，年满九岁的小红旭，进入了铁炉小学四年级下半期学习。

如果仅从外表上看，小红旭茂密的黑发、高挺的鼻梁、快乐的天性、得体的衣着……可以证明与大山深处那些常年打猪草、三餐喝稀粥的同学相比，他已经提前"脱贫"，提前享受到了衣食无忧的"小康"生活。

"小康"生活是妈妈李永兰打造的，"小康"生活也是妈妈李永兰精心安排的。李永兰在倾心关注小红旭德、智、体、美全面发展的同时，也保持着勤俭持家、节省开支的习惯，因为过去的苦日子刻骨铭心，李永兰走到哪里也不会忘记。

妈妈经常告诫小红旭：穿旧的衣裤不能扔掉，翻新处理后还可以再穿；中午的剩菜不能倒掉，晚上加热后还可以再吃；每天的米饭要多煮一点，第二天就不用再次煮饭……

言传的作用可以立竿见影，身教的效果却在潜移默化。直到有一天，妈妈李永兰看见小红旭也能够体贴同学的饥饿了，她对懂事的小红旭更是倍加喜欢。

这一天中午，小红旭回到家里，正常情况是洗手后，先吃中饭，再睡午觉。但是，情况出现了反常：桌上的米饭冒着热气、盘中的粉蒸肉发出召唤、碗中的豆腐汤飘着清香……可是，小红旭望着李永兰的"杰作"却一言不发，默默深思，没有动筷子。

"咋个搞的，不舒服么？"妈妈伸出右手贴在小红旭的前额上，她担心小红旭反常的举动，是不是遭受了风寒，患上了感冒，没有了食欲。

"妈妈，还有多的米饭吗？"小红旭怔了好一会，才轻声问道。

"多得很，明天吃的都足够了，你平时的饭量中午就一大碗，怎么，今天不够吃了？"

小红旭终于鼓足了勇气："妈妈，班上有个同学没有带饭，我想给他端过去，不知道你……"

"我当然同意，快点，端上这碗饭，多撰一点菜，你给他送过去。"

"妈妈真好！"又是一次稚声稚气的道谢。在妈妈欣慰的目光下，小红旭小心翼翼地端着热饭和热菜，向着那间熟悉的教室走去。

（三）雏鹰离巢，成绩滑坡少年遇挫

1998 年 9 月 1 日，又是一年新生入学的日子。

12 岁的王红旭以优异成绩考入了市属重点中学——万县沙河中学（后改名为万县中学），开始了人生第一次离家住校生活。

从地域相对狭窄的余家镇，来到视野相对开阔的万县中学；从空间相对闭塞的铁炉小学，走进信息相对迅捷的万县中学，对于年龄尚小的王红旭而言，这座耸立在长江边上，有着"小山城"美称、历史悠久的县城，就成了他展开"单飞"的翅膀，快意飞翔的天地。

毕竟是一个心智尚未成熟的少年初次"单飞"，爱子心切的王平夫妇心中自然是充满牵挂与不安。好在王平的幼弟，也是小红旭的幺爸，刚成家不久，小家就安顿在万县周家坝，离万县中学一公里左右。幺妈崔小玲是个勤劳善良的女人，在原万县第四人民医院当医生，主动说可以帮着照看一下红旭，也就减轻了王平夫妇对儿子独自在外求学的种种担忧。

个子瘦小的红旭因为读书早、年龄小，难免欠缺诸如季节变换之际的自理能力……虽然每个星期天可以到幺爸幺妈家里去改善伙食，但是雏燕单飞的懵懂少年，仍然有些孤独与失落，红旭常常想念还在大山深处的奶奶。

在深秋的一个星期日，红旭来到幺妈崔小玲家里，因为走热了刚刚脱下外衣，崔小玲立即提醒他说："快把外衣穿上，你这小身体单薄，会感冒的……"

红旭心里一阵温暖，答道："幺妈真好，以前在家里，妈妈也是这样说我哟。"崔小玲愣了一下，笑着说："幺妈也是妈妈呀，你也是我们家的孩子呀！"

渐渐地熟悉了陌生环境，班级内各具个性的同学，校园里丰富多彩的课余生活，渐渐走进了小红旭的初中生活，带着一种崭新自由的强大"魅力"，填补了小红旭内心的孤单。

初一上学期的一个下午，放学后的操场上，红旭呆呆地看着一个男同学抱着足球走进学校操场，开始在沙土地上来回滚动追逐。

"来！王红旭，过来一起玩！"那位同学喊道："大家都来，分成两队，踢足球！"

红旭立即应和道："好的，踢足球！"

于是，小红旭与同学们分成了两支队伍。他们奔跑着，追逐着，投入了拼搏的游戏中。

一场没有裁判的足球比赛踢下来，虽然说不出谁输了球，谁赢了球，但是同学们共同的感受却是手脚暖和了、浑身出汗了、相互熟悉了。

小小足球很快使红旭忘掉了孤独，产生了难以抗拒的亲近感。从此以后，放学后的这一群小伙伴，变成了足球场上的一群"小野马"。

渐渐地，班上同学都知道红旭是个足球迷。

一天晚自习的上课铃响过了一会儿，红旭怀中抱着足球，汗流浃背地冲进教室，红扑扑的小花脸上被汗水冲出了一道道沟痕。

见班主任唐运琼老师正背对大家在黑板上书写，红旭踮起脚尖，蹑手蹑脚地想趁机溜回自己的座位。唐老师转身发现了他，又好气又好笑地叫红旭在讲台前站着，故意说："同学们，大家评判一下，这个'小花脸'要上课，大家同意不同意？"

"同意！"

"不同意！"

50 多个同学分成了两派。

其实，唐运琼老师刚好听班里同学说王红旭有一门"绝技"——吹口哨，据说还能吹出好些歌曲，就想在此试一试他。

"这样吧，如果他能用口哨吹一首歌曲，今天就饶过他！"这时候，唐老师抛出了底牌，同学们一下子明白过来，大笑着鼓起掌来。

红旭愣了愣，乖乖地用双手掩住了嘴巴。一瞬间，经典歌曲《爱就一个字》的优美旋律，从"小花脸"嘴角飞了出来。

自从临场表演吹口哨之后，王红旭与足球更加形影不离了。他把全部课余时间，都心甘情愿地"赔"了进去；有了这个"专场"，再加上充满激情的"碰撞"，小红旭对足球的痴迷，几乎到了废寝忘食的程度。

然而，让红旭想不到的是，痴迷也会付出沉重的代价。

一天放学后，红旭和十多个球迷，又开始了在足球场上的征战。他们依旧分成两支队伍，向着对方的球门进攻，同时也有并不成熟的"小配合"，都想以快速的盘带、过人，尽快地把球打入对方的球门，直至赢得最后的胜利。

那时候的校园足球场条件简陋，没有绿色的植被，只有一块仅仅经过辗压的土操场，地面上就铺了一层炭灰和砂石。这样的足球场经过几场雨后，到处都坑洼不平。

因为红旭身板单薄，万中足球场上的前锋线没有他的位置，他的位置往往在中场。开赛哨音吹响之后，这小个子，灵活地进行着中场组织。突然，对方的前锋队员盘着球冲了过来，眼看就要越过他负责的中场防线。没时间考虑后果了。红旭不顾一切地飞身做出一个凌空斜铲，用左脚钩过对方队员脚下的足球。球铲飞了，对方的进攻被瓦解了，然而，身体凌空的红旭却倒在地上，爬不起来了。刚才翻滚时左手猝然触地，"啪"的一声手腕骨折。

红旭被抬进了学校医务室，校医对他进行了简单的包扎。红旭被送到了附近的医院，医生在他左手腕皮层绑上了石膏，说是需要复位治疗。

负责监管红旭的幺妈崔小玲接到学校电话，急急忙忙赶来，第一句话便问道："红旭啊，你，这么大的事，怎么不告诉我们?!"

小红旭低着头说："幺妈，对不起，我又闯祸了。"

小红旭的妈妈李永兰闻讯赶来，上前一把把红旭揽在怀里，心疼地问："旭儿，痛不痛?"

小红旭怕妈妈难过，忍着痛回答："不痛，妈妈，不痛!"

在医生的建议下，为了不影响红旭左手腕的复位治疗，妈妈含泪替红旭向学校请了长病假。

小红旭带着初识足球的负疚感，闷闷不乐地回到了余家镇疗治腕伤。

心生挫折感，算是对小红旭痴迷足球的一次小小打击；心生挫折感，没有让小红旭对心爱的足球轻言放弃。因为在小红旭看来，虽然在足球比赛中左手腕骨折了，但这并不是足球惹的祸，恰恰相反，是足球场上的拼争，是足球比赛的魄力，给他带来了无穷的兴趣和快乐。

兴趣一旦在心田里扎根，它就一定要发芽、长叶，结出向阳盛开的花朵；快乐一旦在脑海里固锚，它就一定会执着、铭记，不能随意地对内心毁约。

不久之后，小红旭左手腕的骨伤治好了，小红旭回到已经在百安坝更名的万州中学，他课余时间的身影，更加勤奋和频繁地出现在足球场上，有整整一个暑假，他都是在足球场上度过的。他把积攒下来的零用钱，更加慷慨和豪爽地奉献给了足球报刊和杂志，也正是因为痴心不改地迷恋足球，一场巨大的挫折，不期而遇地降临在了他的头上。

因为痴迷足球，小红旭的自控能力出现了缺陷。有一次，天都黑尽了，同学们已经安静地在教室里晚自习，小红旭才满脸灰尘地回到教室，等待他的当然是特殊待遇：罚站！

因为痴迷足球，小红旭的立足点发生了错位。学习成绩出现了下滑，课外作业也不能按时完成，课堂上总是心不在焉地望着窗外。半期测验、期末考试，获得的成绩和评语，也是大不如以前。

因为痴迷足球，小红旭的科任老师出现了怨言。小红旭在课堂上偷看足球杂志，被科任老师毫不留情地收缴；小红旭在书本下藏着足球报刊，被科任老师点着姓名警告：王红旭，你的足球比赛已经拖累了数理化成绩，这是本末倒置，如果不加克制，发展下去非常危险！

如何帮教已经陷入小足球"泥坑"难以自拔的小红旭，召开学生家长会，就成了班主任老师对小红旭负责任的不二选择。

这一天下午，通报"掉队"学生情况的家长会，在万州中学校园里召开了。小红旭的二舅李永奎出席了家长会，会上，班主任老师批评小红旭的话语很重，声声入耳，李永奎脸色铁青，难受得汗颜。

　　小红旭当然知道二舅李永奎出席家长会的原因，如今"大祸"临头，他的内心也深感不安。他看见二舅李永奎走进了校门，不敢迎上前去打一个照面；他看见二舅李永奎走进了教室，只能躲在离教室不远的树荫下，踮起脚尖，向着教室内诚惶诚恐地观看。

　　家长会结束后，李永奎把小红旭带回了家里。李永奎指定小红旭站立在客厅的角落处，面无表情，抽着闷烟，一言不发；小红旭顺从地站在客厅的角落处，头颅低垂、眼含泪花、双腿颤抖……此时的小红旭，就这样默默无语地、长时间地等待着，等待着，等待着那个难堪的时间"点"到来。然而，让小红旭万万没有料到的是，一场预想中的暴风骤雨，并没有铺天盖地向着他劈头盖脑地压下来。

　　小红旭微微侧过头，悄悄地看了一眼二舅李永奎，小红旭发现，两颗晶莹的泪珠，已经从二舅李永奎的眼眶中流了出来，第一次看见二舅李永奎这么难受地流泪，小红旭心灵的堤坝，一瞬间也崩塌了！

　　李永奎当然不能把班主任严厉批评小红旭的话语，原汁原味地转告给小红旭，在他看来，小红旭经历了一次"掉队"的挫折，或许就能够积累起一笔成长的财富，小红旭只是在小足球与数理化之间，作了一次"错位"的倾斜，只要能够及时"复位"，就能够从挫折的磨砺中吸取教训，脚下的道路就不会走入绝境。

　　解除了对小红旭的罚站之后，李永奎检查了小红旭的作业本，趁着小红旭转身去拿湿毛巾抹眼擦泪的时候，李永奎把一张小纸条，夹在了小红旭的作业本里面："红旭，你都快进入低差学生的行列了，再不把学习成绩重视起来，对得起妈妈、爸爸、奶奶、爷爷的疼爱和期待么？"

　　响鼓用了重锤，这一重锤敲下去，敲到了小红旭内心的痛点，敲得小红旭刻骨铭心，一整夜不能入眠，直到这时，小红旭才心生了悔意，才开始了醒悟，才感觉到痴迷足球的后果太严重了，代价太大了。

　　第二天一早，他要回到学校上课去了，临行前，他恳求二舅李永奎：不要把班主任的严厉批评告诉妈妈，因为妈妈听了会非常伤心，他也请求二舅李永奎看他今后的表现。

有了家长会敲响的警钟，有了夹在作业本里的那一张小纸条，有了与二舅达成的"保密"协议，小红旭对待学习的态度，果然有了明显的变化。

足球场上，不是每天都能看见小红旭狂奔的身影了，他把很多课余时间，投入到了补习功课、完成作业之中；

走进课堂，不是每时都能看见小红旭沉默的表情了，他积极地举手发言，能把老师提出的不少问题回答出来；

回到寝室，不是每次都能看见小红旭懒散的状态了，他学着自己洗衣服，再不将汗臭的衣服到处乱扔了……

在全班同学中，就数小红旭年龄最小，老师们爱叫他"小不点"，小红旭也很单纯，同学们就常常议论他还没有"长醒"，但就是这个"小不点"和没有"长醒"的小红旭，在一次与大同学的对垒论辩中，也和在足球场上一样，破门得分，收获了引以自豪的成就感。

事情的起因是，出于爱生心切，为了及时掌握全班学生在教室中的各种表现，班主任老师唐运琼有时会在教室外举起望远镜，透过明净的玻璃窗，对准敞开的教室门，观察全班学生的课堂纪律、回答提问、安静自习等情况。

没想到这个小小举动，被一位同学不经意间发现了，于是，一传十，十传二十……在同学之间引起了不小的议论，议论的焦点是：班主任老师可不可以在教室外，暗中"观察"全班同学的各种表现？不少同学说不可以，理由是初中学生也有"隐私"，也有言论和行动的"自由"，他们希望老师今后不要暗中"观察"全班同学的一举一动了；但也有少数同学说可以，小红旭就是表达"可以"观点的同学之一。

就因为表达了"可以"的观点，小红旭就同几个表达了"不可以"观点的大同学，展开了面对面的争执、论辩。

小红旭解释自己的观点时，话语中很是善解人意："如果不可以暗中'观察'全班同学的现实表现，唐老师对每一个同学的认识和评价，就会心中无数。"

几个大同学反唇相讥："那你的隐私呢，你的自由呢，不要了？"

小红旭强势地回应："我就愿意唐老师随时在暗中'观察'我，我在教室里没有'隐私'，也不愿意在教室里有'自由'，我认为唐老师对我们的暗中'观察'，是爱生如子，望生成才的心愿表达。如果没有这种暗中'观察'，教室处于无序状态，无组织、无纪律现象就会翻天！"

一席话怼得几个大同学也憨笑起来："你以为是在足球场，你是裁判……"

（四）幸遇良师，艺体班重拾自信

2001 年 9 月，怀着对未来无限的绚丽憧憬，王红旭跨入了万州区分水中学读高中。一年后，酷爱足球运动的王红旭，又转学来到了万州区上海中学艺体特长班继续深造，他把自己的人生坐标，定位得更加明确，描绘得更加清晰了。

分水中学始建于 1956 年，坐落在万州与梁平接壤的万州西大门百年古镇——分水镇，1958 年扩办成完中。1997 年重庆直辖后，分水中学升级为万州区重点中学，有"山乡明珠，育人摇篮"的赞誉。

上海中学的前身，是我国著名教育家、诗人杨吉甫于 1945 年创办的鱼泉私立学校，1952 年更名为万县第三初级中学；1982 年升级为万县市第五中学。由于地处三峡工程淹没区 126 米水位线以下，第五中学被确定为移民二期搬迁学校。1998 年 8 月，第五中学被整体搬迁到五桥百安坝上海大道。为了纪念上海市政府和人民对整体搬迁的对口支持、无私援助，第五中学更名为上海中学，第五中学也成为了重庆市重点中学。

无论是在分水中学或是在上海中学，王红旭的体育爱好和运动专长，都得到了老师们的支持和同学们的认可，他的集体荣誉感和求知进取心，也在质地优良的土壤中，迎来了生根、发芽、开花的季节。

在分水中学一年级 8 班，王红旭认识了他一生的挚友喻旭，或许是两个年轻人的名字中都有一个"旭"字，或许是两个"旭"字能爆发更大的热能，他们以诚相待，一见如故。

喻旭性格内向，天生好静；王红旭性格外向，天生好动。性格上的反差也成了他们性格上的互补，他们因此成了形影不离、无话不说的好朋友。

王红旭和喻旭所在的高一 8 班，是一个语文、数学、英语等成绩，都普遍较好的"强项"尖子班，但唯独在体育运动方面实力并不强大，尖子还没发现，这就注定了王红旭的出现，必然成为巩固尖子班荣誉的"救星"。

喻旭在回忆与王红旭长达近二十年的友谊时说道：我们在同一间教室接受新知识，在同一条跑道上交传接力棒，很难忘那一场接力赛。

那是一场在全校迎春运动会上，举行的男子 4×100 米接力赛，那是一场在全班同学的呐喊声中，反败为胜的男子 4×100 米接力赛。王红旭和喻旭身为 8 班的运动员，参加了男子 4×100 米接力赛。

接力赛队员们脚穿跑鞋，摩拳擦掌，依序站在各自的起跑线上，发令枪鸣响的那一瞬间，你追我赶的竞争就开始了。8 班接力队的主要竞争对手，是由 10 班 4 名学生组成的接力队。进入前两个 100 米的奔跑时，王红旭所在的 8 班接力队，被体能略占优势的 10 班接力队的两名选手，拉开了近 10 米距离。喻旭跑的第三棒，他在接棒区接过第二棒同学递来的接力棒，迈开双脚奋起直追，明显地缩短了被 10 班选手拉开的距离。

喻旭跑完了自己的 100 米，把接力棒迅速地交到跑第四棒的王红旭手中后，看见王红旭如箭一般，飞身冲了出去。飞身卷起的风涛，在喻旭的耳边呼呼作响，场边此起彼伏的加油声，使王红旭浑身热血上涌。

环形跑道上，王红旭与 10 班跑第四棒选手的差距在迅速地缩短，5 米、4 米、3 米、2 米……已经并驾齐驱了。

这时候，跑道旁边助威的拉拉队员们，发出了惊叹的声音："跑得好快呀，是 8 班哪个哟？"

"王红旭，是我们班的王红旭！"8 班拉拉队员的呼叫声，盖过了周围的议论。

在大家共同的欢呼声中，王红旭拼尽全力，不负众望，第一个冲过了终点。不一会儿，赛场上的高音喇叭宣布了竞赛成绩："高 2001 级 8 班，获得男子 4×100 米接力赛第一名。"听到广播里宣布的比赛结果，王红旭和喻旭激动得跳了起来。毕竟，是他们的努力，为体育较弱的 2001 级 8 班赢得了难得的荣誉。

快到晚自习时间了，王红旭回到寝室换下湿透的运动服，同喻旭一路兴奋地回味着下午最后奔跑的时刻。当他俩走进教室门口时，教室里的同学竟同时向他们鼓起掌来。这真挚热情的掌声，让两位 15 岁的少年感到了从未有过的荣耀和自豪，直至多年以后，仍会谈起高一教室里感动的一幕。

就是在 4×100 米接力赛跑道上崭露头角，把接力赛"第一名"的奖状高挂在班里"荣誉墙"上的时候，就是在释放了巨大的能量和热情，把"夺冠"的信心付诸"起跑线"上的拼搏之后，王红旭那颗青春激昂的心，又开始"不安分"地跳动起来。他觉得与"数理化"相比，体育运动才是自己能力所及的"专长"，参加比赛才是自己价值体现的"强项"。因此，他日复一日地提醒自己：分水中学并非是自己的久留之地，还有一个地方，或许能够成就自己不曾泯灭的梦想。

这个地方就是上海中学。因为在上海中学，艺术和体育的氛围非常浓厚，艺术和体育的师资也名声响亮。

还是在与小足球产生最初亲近感的沙河中学时，王红旭就知道了，上海中学是一所被国家教育部命名的全国校园足球特色学校，上海中学还持续多年地开办了一个艺体特长班，全区许多在艺术和体育方面有着一技之长、有着发展潜力的初中学生，都把能够就读于上海中学艺体特长班，作为获取新知识、增长新才干的目标。

于是，王红旭就壮起胆子，向妈妈李永兰提出了转入上海中学读书，进入艺体班深造的要求，态度十分诚恳，话语十分坚定。

"转学"的要求，无疑是一场不大不小的家庭风波；转学的要求，无疑是王红旭日思夜盼的那份渴望。

知子莫如母，为了成就儿子的心愿，在红旭刚刚完成高一年级的学业后，李永兰当机立断，决定将红旭转入上海中学读书，进入艺体班学习。

对此，王红旭调皮地对妈妈说："妈，您太懂我了。数理化，可能是与我缘浅，我的梦想就在奔跑的足球场上！"

王平严肃地告诫儿子说："红旭，没有数理化打下的基础，考大学就没有多少希望哟！你必须给我考上大学！"

王红旭似乎胸有成竹："爸，成功的路千条万条，只要勤奋专注不放弃，一样可以好好生活！您放心！说不定，我能够像你们一样成为一名老师呢！"

听了王红旭的话，王平当即采取激将法，说："红旭，既然你有了目标，就一定要去努力！那敢不敢现在就立下军令状：如果进了艺体特长班，你就没有回旋的余地了。高考只能成功、不能失败哟！"

王红旭果真站起身来表了态："请爸妈放心，我也不是小孩子了，知道你们对我期望值很高。我会在自己选择的道路上，勇敢地走下去，为你们争气！"

2003年10月，王红旭经过体质考查和特长实测，跨入了上海中学的大门，进了2001级艺体特长班。

上海中学的艺体特长班，是一个有别于同年级其他"文理科班"的集体。在这里，王红旭有幸遇到了他的恩师谭鸿博。

谭鸿博是2001年6月毕业于四川师范学院体育系的高材生，也是一位资深的"铁杆"足球迷。他进入上海中学任教后，司职艺体特长班的班主任和上海中学的足球教练。

身为班主任老师，谭鸿博一见面就告诫王红旭：你是中途转学的"插班生"，不能在文化知识的学习上拖全班成绩的后腿，各科必须均衡发展。

身为校队足球教练，谭鸿博看到王红旭在球场上奔跑起来像一道光似的出彩，得知王红旭在足球场上有过手腕骨折的经历后，谭鸿博更欣赏王红旭的那一股不怕失败、敢于拼搏的精神了。

一个"球"字，拉近了师生之间的心理距离，一个"球"字，延伸了两位球迷的共同话语。王红旭鼓起勇气，向谭鸿博表达了内心的愿望："谭老师，能不能让我加入学校足球队。"

对王红旭的这个请求，谭鸿博早有预料，故意说："这个要等等。加入校队是有条件的……"

王红旭听班主任老师言外有意，立刻急了起来："谭老师，你直说，我怎么才可以?!"

"你得做到文化课的每一科都不能偏废。"谭鸿博接着说，"我定的规矩，达到基本的学习成绩，是加入校队的硬指标。"

接下来的日子，经过好几次课堂测验，王红旭的文化成绩都在全班同学中名列前茅，获得了科任老师的"达标"认可。于是，王红旭如愿以偿，成为了上海中学足球队的一员战将。

足球比赛是一项讲究分工合作、战术配合的强对抗运动，王红旭最熟悉、最钟爱的场上位置是中场，以前的每一次足球比赛，王红旭都是不知疲倦、不惧不怕地奔跑在中场。因为中场队员发挥的是组织进攻、协调联防的核心作用，王红旭骨子里就有那么一股不服输、敢冲撞的狠劲，所以一旦选定了自己的场上位置，他的使命感，他的荣誉感，便会油然而生。

拍摄足球比赛的众多长镜头，见证了王红旭这个绿茵新秀的高光时刻。那一天是万州区中学生足球联赛，王红旭在中场凶猛的斜身铲球，成为化解对方进攻的"绝招"，他精准的长传调度，又成为了撕破对方防线的法宝。由于王红旭在中场组织了有效进攻和积极防守，几轮比赛打下来，上海中学足球队获得了冠军奖杯。

王红旭一时兴起，又亮开了嗓门，唱起了自己最爱的那首《光辉岁月》。

是的，在青春年少的"光辉岁月"，王红旭参加足球比赛的过程，就是一个充分享受足球乐趣，严酷磨炼意志品质的过程。

谭鸿博观看了王红旭参加的每一场比赛，他为每一场比赛制定了周密的战术配合方案，他对王红旭在足球场上的突出表现也非常满意。此后，在很多个场合，在很多老师和学生面前，他都对王红旭有着关爱有加的评价："王红旭以自身的性格特征、价值取向，选择了接受体育专长培养的发展方向，这个选择是正确的。王红旭对足球的悟性，有着很高的素质沉淀，现在基本上可以肯定，他今后的前程，就与体育结缘了！"

每一次倒地铲球时候，都是王红旭在足球场上，呈献给观众们的一个"亮点"，都能使王红旭获得一片热烈的掌声。

每一位科任老师心中，王红旭也留下不少令人称道的"亮点"，特别是地理老师张茂怀和历史老师何天成，他们经常谈及王红旭没有违背向班主任谭鸿博许下的承诺，学习上也没有"偏科"，这在艺体特长班的同学中并不多见。

张茂怀在课堂上是王红旭的地理老师，在课堂外却是王红旭的一位兄长。张茂怀老师回忆说："在艺体特长班的 50 多名学生中，我同王红旭是灵犀相通的神交之友，由于课堂上和课堂外的频繁交往，我对他的了解由表及里，由浅及深，他是同我最有共同语言的学生，没有之一。

"王红旭的阅读兴趣非常广泛，阅读能力也非常强，在我的记忆中，正常的课堂地理知识学习，他从不分心、从不请假、从不缺课，课堂上也经常主动地举手提问。王红旭的课外地理知识读物也很多，包括《国家地理》《图文详解》《地理教育》《看天下》等书籍和杂志，这些书籍和杂志，都是他用节省下的伙食钱购买的。有很多个星期天，他的身影都会出现在附近的新华书店和街边的报刊亭，在那里去寻求自己中意的课外读物，开拓自己更宽的视野。由于能在教室里认真听课，也由于地理知识积累得很扎实，长期以来，王红旭的地理成绩在班上名列前茅。

"同王红旭面对面交谈，他的知识面让我暗暗吃惊，他能够一口气讲出很多涉及天南海北的地理趣闻，例如，北极圈为什么有极光？南极圈为什么会融雪？他还能讲出华夏大地上的很多地理奇观，包括黄河源头的壶口瀑布，包括安徽境内的黄山云海……总之，小小年纪就成了我的知己。"

让张茂怀老师印象最深的是一次地理课上——"那天我正在讲解地理测验试卷中一道关于'地球运动'的原理题，这本来就是高中地理难度最大的部分，里面有很多的计算公式，一般都没有要求艺体特长班学生能够解答。

"没想到下课后，王红旭不声不响地跟在我身后。我纳闷地回过头问他有什么事。他有些不好意思地对我说，'张老师，我做了那道地球运动原理题，结果就差了那么一步，没有得到满分。'"我惊讶地看着他腼腆又有些兴奋的表情，至今想起来，也感到特别诚实和可爱！

何天成是艺体特长班的历史老师，他对王红旭这个有着浓郁家国情怀的学生，无论是在课堂上的表现，还是在毕业前的话别，都有着深刻的印象。

何天成对往事的回首，如同涓涓细流，是从他心田的沟渠中，一路愉悦地奔涌出来的："同艺体特长班的学生相处久了，对每一个学生的天赋和秉性认识加深了，就会产生知根知底的感觉，就会产生难舍难忘的思念。王红旭就是我知根知底、难舍难忘的学生。

"王红旭的求知欲特别旺盛，王红旭的记忆力也特别了得，一部中华民族苦难深重、繁衍生息的悲壮历史，上下五千年，唐宋元明清……在他的脑海中，都有着明确的划线，都有着清晰的断代。很多人都有一个恰如其分的比喻，说老师讲历史课就是在照一面能回溯往昔的镜子。我在艺体特长班讲历史课时，就希望学生们能从这一面能清晰地回溯往昔的镜子中，看见中华民族和中国人民昨天的流血奋斗、前赴后继、自强不息。

"特别是我讲中华民族的近代史时，讲到了西方列强对中国人民的压榨、对中华民族的欺凌、对中华国土的侵占，王红旭都听得十分专注、十分上心，不停地做笔记。他的胸脯都会因为中华民族历经的苦难而剧烈地起伏，他的眼中都会因为中国近代史上许多杰出人物的牺牲而饱含热泪，我就很是感慨王红旭在课堂上的这种情感流露，这在他的同龄人、同辈人中，十分少见。"

何天成还深有感触地说："让我最难忘的是艺体特长班全班同学毕业前夕，时令进入了 6 月，正值初夏，连日闷热高温。这一天，王红旭约上他们的班长，特意去了一趟新世纪百货公司，细心挑选了一条质地很好的围巾。他们把这条围巾作了精心的包装，作为有缘师生一场的临别礼物，专程送到了我的手中。

"我接过了包装盒，发现包装盒上面附有一张纸条，纸条上写了一段临别赠言，临别赠言是王红旭的笔迹：亲爱的老师，两年来您给我们带来了温暖和力量，我们就要毕业了，就让这条围巾，把温暖永远地留给您吧！

"一转眼 17 年过去了，这条围巾至今还完好地珍藏在我的家中，只有在寒冬腊月、窗外飘雪的日子，我才把它围在脖子上，这个时候，会有一股强大的暖流，从我的脖子渗入我的心扉。多好的一个学生啊！我仅仅是尽其职责，给他讲授了历史课，但是历史这面镜子，却照出了王红旭善良的心愿。我知道王红旭这个大山里出生的孩子，也经历过艰难困苦的日子，当时虽然会很难受，但是熬过之后便是蜕变。"

日历翻到了 2004 年 6 月上旬，王红旭参加了告别母校的最后一场足球比赛之后，怀着获胜的喜悦，同艺体特长班全体同学一样，迎来了参加高考的日子。

高考前夕有一个必走的"程序"，就是在班主任老师和科任老师的指导下，填写自己的高考志愿，明确心仪的高等学府，选择向往的学习专业。

王红旭同班上大多数同学不一样，他没有产生填写和选择的诸多烦恼，他提笔一挥而就：重庆师范大学体育教育专业。

从上海中学回到了余家镇，刚刚跨进家门，王红旭便故意问妈妈李永兰："妈妈，你知道我填写的志愿，为什么是重庆师范大学吗？"

李永兰淡淡一笑："师承传统，执教风范，这个志愿好！"

王红旭又转身面向爸爸王平，一本正经地问道："爸爸，你猜我为什么选择了体育教育专业？"

王平不假思索地回答："还用得着猜么，子承父业嘛，这个选择对！"

一家三口人就这样交心倾谈到了深夜。妈妈李永兰和爸爸王平，对王红旭的高考志愿和选择，打心眼里满意，在他们看来，"王家教师"三代传承，后继可期！

连续两天的考场应试结束后，王红旭的自我感觉是"还可以"，从考场回到家里后，王红旭唯一的心思，是等着揭开考分结果的"锅盖"。

总算迎来了揭开"锅盖"这一天。2004 年 8 月上旬的一个下午，一纸《录取通知书》寄到家里，首先映入眼帘的是"重庆师范大学"六个字，王红旭兴奋异常，高兴得在床上打滚。

于是，王红旭便与喻旭等七八个好友约定，就要踏上人生的又一段行程了，大家再聚会一次：为青春壮行！

这确实是一次即将告别故乡、为青春壮行的聚会，因为这些同学和好友填写的志愿，都得到了实现。再聚会一次，也代表了他们共同的心愿。

王红旭在聚会的餐桌上表现得十分活跃、洒脱。他提议：

——把青春之歌唱起来吧！他们唱起了《年轻的朋友来相会》，王红旭吹起了口哨伴奏，青春的旋律余音绕梁、悠扬婉转。

——把青春之酒喝起来吧！他们斟满了诗仙太白、红葡萄酒，把透明的液体举过头顶，碰杯的声音清脆悦耳，不同凡响。

——把青春之舞跳起来吧！他们离开座位围成一个同心圆，扭动身躯、依次击掌，男子汉的击掌声底气十足，浮想联翩。

没有不散的宴席，临近午夜 12 时，王红旭提醒同学和好友们：时间不早了，应该收场了。他们再一次握手相庆，他们再一次互道珍重，他们再一次热情拥抱：难忘今宵，明年中秋再聚！

（五）难忘大学时光，睡在我上铺的兄弟

2004 年 9 月上旬，天高云淡、风和日丽，重庆师范大学正校门处，11 个身着短袖衬衫或 T 恤衫的"天之骄子"，用一张青春飞扬的合影留念，宣告开启他们一生难忘的大学时光。

重庆师范大学的历史，可以溯源到 1906 年官立的川东师范学堂。1949 年后，先后有重庆师范专科学校、重庆师范学院、重庆师范大学等校名。虽然校名随着时代的演进在与时俱进地变化，但是万变不离其宗的却是，"师范"二字永远是它的本色和底蕴，永远是它的初心和使命。

王红旭提前几天来到重庆师范大学熟悉环境，然后报到入学，住进了为远地新生配置的大学生宿舍。

在崭新的学生宿舍里，王红旭认识的第一个同班同学是胡正军。

多年后，胡正军仍然清楚地记得，那年的 9 月 14 日下午，他报到入学后，刚走进指定的宿舍，就受到了一位先期入住的同学热情友好的迎接。

这位热心的同学，就是王红旭。

正当胡正军要把自己的小皮箱和双肩包，搁置到上铺时。没想到第一次见面认识的王红旭说道："你睡下铺，我睡上铺。"

胡正军几乎怀疑自己的耳朵听错了，脱口问："本来分的是你睡下铺，哪能委屈你呀？"

王红旭笑着摇摇手说："不用管，你就住吧！实话对你说，我进初中就开始住读，已经习惯了睡上铺。"

胡正军将信将疑，心中一阵热流涌动，也爽快地答应道："那就先听你安排，哪天你在上铺睡得不舒服了，我俩随时调换！"

王红旭同胡正军的友谊，就是从相识不久的这次谦让"睡上铺"或是"睡下铺"开始的。

从此以后，胡正军就同"这个睡在上铺的兄弟"，成了形影相随的铁杆盟友，成了无话不谈的莫逆之交。

在胡正军看来，王红旭是先入为主，宿舍里同一个床位的下铺，就应当是王红旭的"领地"，因为住在下铺，晨读夜寐，起居都会很方便，而睡在上铺，出入宿舍，起居都得要爬"楼梯"。

就这样，随口而出的"习惯"二字，把王红旭舍己为人的品性，遮掩得严丝合缝；就这样，轻描淡写的"习惯"二字，把王红旭谦让他人的诚心，深埋得不易显现。事实上，直到大学四年毕业，胡正军任凭怎样苦苦地等待，也没有等来王红旭睡在上铺，有不"习惯"的那一天。

王红旭帮助胡正军把小皮箱推进了床底下，把双肩包放置在下铺的床面上后，紧接着提议："校门口对面就是三峡广场，我陪你去逛一趟，把洗漱用品都采购完毕，一旦开学上课，就没有多的时间当采购员了。"

"你对三峡广场很熟悉，今天当我的导游？"胡正军不解地提问。

"昨天去了一趟，也是采购洗漱用品，就算是导游吧，不会迷路的。"王红旭爽快地回答。

"好吧，那就跟着你走！"胡正军把右手伸向了王红旭，就这么紧紧一握，表达了发自内心的深切感谢。

他们俩如久别的故人，肩并肩走出了校门，穿行于街头巷尾，在琳琅满目的大商场柜台前，在货品丰富的小商品店铺里，细心而谨慎地选购着必需的生活用品。牙膏、牙刷……是必用的；毛巾、脸盆……是必备的。完成了采购任务，胡正军满意而归。

开学上课后，事情果真是王红旭预想的那样，胡正军再没时间去采购了。不久，王红旭却以锋芒毕露的姿态，参加了在重师足球场上的第一次"征战"。

征战的双方势均力敌，一方是王红旭所在的 2004 级 1 班，另一方是张杨任班长的 2004 级 2 班。这两个班都是重庆师范大学体育教育专业的本科兄弟班。

张杨是从开县中学跨入重庆师范大学校门的，因为以前开县和万县同属一个"专区"，所以张杨与王红旭算是"老乡"，加之张杨身为 2 班班长，1 班和 2 班都与"体育教育"结缘，都希望把足球升格为本班的"强项"，于是，张杨便义不容辞地与王红旭联系，当起了足球场上牵线搭桥的"红娘"。

足球场上的征战，是在 2001 年 10 月下旬的一个下午，足球场上的比拼，冠名为"班级友谊赛"。为了活跃气氛、彰显声势，1 班和 2 班都组织了自己的拉拉队摇旗呐喊、击掌助威，当然也少不了 1 班和 2 班女同学的盛装出行、威武"助战"。

重师校园内不少班级的莘莘学子，听说是搞体育的两个班要打"内战"，出于好奇和慕名，也相互邀约、结伴而行，坐在看台上兴致勃勃地观战。

将承载着班级荣誉的"战袍"穿在身上，出场的掌声此起彼伏，熟悉的哨音传入耳膜……王红旭一如既往地担当着中场核心的角色。他的身材虽然不是很壮实，但是他的斗志却是很昂扬，他如一只出山的饿虎，滚动的足球就是那一个猎物，他不会放弃捕捉那一个猎物的机会，他依然渴望获得胜利的那一份荣光。

前插助攻，奔跑的汗珠湿透了胸背；后撤协防，勤奋的双腿爆发出力量，又一次享受着足球比赛全过程的乐趣，王红旭依然是血气方刚的王红旭，敢打敢拼的秋风彰显的，还是那两个字：担当！

还是在战幕拉开之前，王红旭已经从张杨的"交底"中得知，2 班打前锋的队员叫汪俊吉，也是足球场上的一员猛将，这员猛将一旦带球过人，就会不顾一切，目中无人、横冲直撞。

这不，强悍的汪俊吉已经盘带着足球，气势汹汹地冲了过来，他要突破王红旭驻守的中场，他要闯过王红旭后撤的防区，把足球从王红旭的眼皮子底下，射进 1 班守门员把守的球门。

这显然小看了王红旭的能耐，就在汪俊吉凶猛地盘带着足球，就要与王红旭擦身而过的时候，王红旭使出了他的"绝招"，倒地左脚铲球。足球确实是被铲飞了，进攻也确实是被化解了，然而，两个男子汉的坚硬的头颅，却"乓"的一声撞在了一起，王红旭顿时眼冒金花，汪俊吉瞬间肿了额头。

此刻，王红旭已经顾不得头痛难忍，他迅速俯下身躯，把汪俊吉扶在怀里，连声致歉："对不起，对不起，我不是故意的。"

没料到汪俊吉也很有大将风度："没事，没事，就碰到了一点头皮，足球嘛，不踢不过瘾；兄弟嘛，不打不相识！"

这个时候，比赛的胜负已经不重要了，重要的是，从此以后，王红旭和汪俊吉，就成了足球场上一对"打"出的亲兄弟。

也有同学评论说：王红旭算是在重庆师范大学一战成名了，这个公认的名声，多少还显露出了一些霸气！

霸气是王红旭在足球场上，通过倒地"铲球"的奋力一搏，获得的认可度很高的评价，但是在足球场外，在课余的时间里，王红旭获得的好"名"声，则是侠义和赤诚。

胡正军等同学都记得，那是读"大三"期间的一个周末，王红旭热情地邀请本宿舍的全部同学，到重庆大学 C 区对面的"两江风情"火锅店聚餐。目的是：聚集乡音，餐叙友谊。

发毛肚、鲜鸭肠、猪腰片、牛蹄筋、三线肉、金针菇、黑木耳、老豆腐、莲花白、青菜头……点了一大桌；

"红汤"在眼前翻滚，"盆景"的色彩不错，猜拳行令声中，"重啤"一杯杯豪饮，"油碟"盛满了快乐。

一桌人敞开食欲，吃得一分开心时，意外情况发生了，邻桌的一个年轻女子突然间倒在地上，倒在了王红旭他们围坐的餐桌边。

就在胡正军等一众学友面面相觑，不知所措之时，与倒地女子同桌的一位女青年，立即走过来解释、致歉："对不起，她可能喝多了……"

王红旭见状，立即招呼胡正军等同学："大家都来，帮个忙，把她送回去，她们几个弱女子，怕是弄不回去的哟！"

王红旭接着又问那位倒地女子的同伴："你们住在哪里？远不远嘛？我们是重师体育专业的学生，把她送回去没得问题。"

倒地女子的同伴连忙高兴地回答："遇到'雷锋'了，我们也是重师的，成教学院的学生。"

"一家人，那就更应该互相帮助了。"王红旭充满诚意地说。

于是，王红旭率先背起了那位倒地不起的年轻女子，在胡正军等同学的轮换帮扶下，一起把那个倒地女子，背送到重庆师范大学女一舍6楼，才放心地离去。

第二天，那位倒地女子亲自来到王红旭他们的宿舍登门致谢："真的不好意思，让你们的火锅宴，吃了个半途而废。"

王红旭精心安排的火锅宴，虽然吃了个"半途而废"，但是王红旭并没有因为火锅宴的提前散席，而有丝毫的后悔。在他看来，同胡正军认识也好，同张杨认识也好，同倒地女子认识也好，都是一种缘分，这种缘分把大家从天南地北、五湖四海，召集到一个"屋檐"下来了。既然来到了这个"屋檐"下，大家就是同校攻读新知识的同窗学友，大家就是同住一个新园区的兄弟姐妹，就没有理由在危难时刻放弃应尽的责任。

这种认知就叫理性，这种言行就叫襟怀。

如果说在王红旭的认知和言行中，真有什么被同学们欣赏的"看点"，那就是他乐于助人，见不得任何一个同学很不开心、愁眉苦脸。

王红旭班上的同学荆坤锋，也有很不开心、愁眉苦脸的时候，他不止一次享受到王红旭送来的诚意和温暖。

荆坤锋是河南新乡人，在重庆市举目无亲；荆坤锋"吞口"很好，在同学中饭量排位靠前。

这一天是"大二"年级的一个月末，星期五，中午11时45分，下课铃声响了，同学们都应该去吃午饭了，王红旭走到了教室门口，回头一看，荆坤锋还很不开心地待在座位上，没有前几天到学生食堂就餐的那种兴奋感。

王红旭停住了脚步："走哇，坤锋，咋个不动呢？"

"你们去吧，我不饿！"对方说。

王红旭皱了一下眉头，细心地问："真的不饿？"

在王红旭真诚的询问下，荆坤锋站起身来，不停地搓着双手，终于说了实话："不知咋个搞的，我的那个饭卡，在学校的大包子、大馒头面前，就是不经刷……"

没料到王红旭把脚一跺，提高了嗓门说："好事一桩呀，吃得饱才精力旺，我要是有你那样的胃口，睡着了都要笑醒！"

荆坤锋仍然站着不动："我……我得控制一下食欲，你不要管我，快去食堂吧！"

"那不得行。"王红旭索性走到了荆坤锋身边，把自己的饭卡递了过去，"我这个人饭量不大，加上这几天应油，卡上有一点节余，你就拿去整一顿吧！"

"又要拿你的卡去整一顿？"问出这句话的时候，荆坤锋脸上露出了欣喜。

"不应该么，独在异乡成知己呀！"

他们像往常一样，用筷子轻轻地敲打着自己的饭碗，来到了熟悉的学生食堂，从王红旭的饭卡上，又刷出了一堆大包子、大馒头。王红旭还特意为荆坤锋，刷了一份肉片汤。

——班上有从高寒山区来到重师深造的同学，因为冷暖无忌，偶染小疾，王红旭会时常拿出自己的衣物作为馈赠："我的体形发生了异变，这件衣服穿不得了，你就拿去挡一挡风寒吧！"

——班上有从富足环境来到重师"充电"的同学，因为出手阔绰，王红旭会时常掏出内心没有城府的见解："我也经历过穷愁困窘的日子，但穷困不是天命，你相信骄奢会毁掉前程的结论吧！"

正是因为饱尝过困顿、喝下过苦水，经受磨砺，王红旭才在徒步走过的荒原上，任凭风雨吹打、哪怕时来运转，也不曾异化滋生于他基因中的那些好学、谦恭、豪爽、坦诚、耿直、仗义等品质。

所以，入读重庆师范大学体育教育专业不久，很多与王红旭有过交往的老师和同学，都夸赞他的内心充满了阳光，仍然纯净得像那个山村中的少年。

置身于重庆师范大学这个为国家培育师资力量的学习环境，王红旭接受的第一门新知识，应当是"师德无价"。"师"讲的是"为人师表"，"德"讲的是"以德施教"。"为人师表"的核心要义是受教育的"人"，"以德施教"的核心要义是执教者的"德"。为了更多地了解受教育的"人"，王红旭开始站在执教者的角度，把关注的目光，投向了生活在社会底层的平民百姓，投向了那些流落在街头，依靠"乞讨"度日的"弱势群体"，于是，他也利用课余的空闲时间，走出了校门，走进了现实生活中的各类人群。

重庆师范大学地处重庆市沙坪坝区，沙坪坝区有一条街道是陈家湾，这里经常聚集了一些两眼无光、手脚不全、行动不便的残疾人。

"他不止一次为那些'残疾人'慷慨解囊、雪中送炭。"张杨多次调侃王红旭这件事。每逢周末，同学们总是相约走出校门去看看"外面的世界"，但每次走到陈家湾天桥上，总有一只只枯瘦的手向他伸过来——"行行好吧，我家孩子病了，无钱看医买药！""发个善心吧，我肚子很饿，好几顿没有吃饭了！"

每次遇到这种情况，王红旭总是情不自禁地解开衣袋，掏钱接济。

张杨好几次都竭力劝阻王红旭说："你也太单纯了！他们是行乞还是行骗，我们真假难分……"

王红旭憨憨地回答："但我听到他们乞讨的声音，就心里难受！"

张扬急了，反唇相讥："这么多人路过，都扬长而去，就你是善人？"

"你看，那破碗中不也有人给过么？"王红旭一边走着，一边压低声音跟张扬解释着自己的看法。他说，没人愿意低三下四出来乞讨。就算是骗人，能想出用这种法子骗人，多半也是因为家里穷、没办法。

"我并不是说贫穷就能成为作恶的借口，但是它，总能给我心头一个宽容他们的理由吧。你看，我也就是给点零钱，纵使被骗被利用吧，又能损失到哪儿去？再说我这样帮他们一点点，心里也好受点。"

听到这一番肺腑之言，张扬久久地沉默着往前走。他隐约觉得红旭身上有什么东西跟一般人不一样；他也惊讶地意识到，红旭虽然比自己年龄还小，但心地的善良与博大，远远超过了自己。

对于王红旭表达出的善心，叫做同情也好，叫做怜悯也好，叫做施舍也好；总之，他就这样无欲无求地默默去做让自己心安的事情。

张扬知道自己劝不住红旭，只得眼睁睁看着红旭从衣袋中掏出钱包，从钱包里抠出零钱，微笑着递送到乞讨人的手中。

谈及王红旭对困窘人群雪中送炭的善心，又必然谈及王红旭在危难时刻的救人义举。很多人都是从王红旭同宿舍的同学梁锐口中，从王红旭高中时期的同窗好友何勇口中，才得知在重师读书的四年期间，王红旭有过两次救人脱险的义举。

第一次是 2007 年，在重师三年级的暑假期间，作为参加社会实践的计划之一，王红旭和梁锐、何勇等几位同学，去了重庆市铜梁县一个游泳馆勤工俭学。

那一天上午，王红旭巡视在游泳池边，他注意到一个约有 6 岁的小男孩，正扑伏在池中的小塑料浮板上，手脚笨拙地划水，不知是用力不均还是浮板太滑，小男孩一不小心把浮板划了个底板朝天，自己也滑进了水底。

小男孩在池水中挣扎，只剩下一双小手在水面上挥舞。王红旭瞬间反应、冲上前去，俯身一把抓住了小男孩的左手，用力将小男孩提了起来。

小男孩脱离了危险，王红旭却若无其事地吹着口哨，又去巡视他的责任区了。

第二次是 2008 年，在重师四年级的暑假期间，因为毕业考试已经结束，王红旭约上何勇，又去市里的一个小区游泳馆参加社会实践。王红旭非常心细，目光始终追随着游泳池中的人头，不敢有丝毫懈怠。

中午时分，轮到王红旭和何勇值班上岗了。王红旭换了游泳裤刚刚走到游泳池边，突然大叫一声："不好！"迅疾地一头扎进池水中，把一位坐在深水区边玩水，不小心落入水中的中年妇女，用双手托了起来。

落水者化险为夷。王红旭吹出的口哨声，继续在游泳池上空回旋。

第二天，被救的中年妇女及其丈夫特意拎来一大包食品和饮料，送到王红旭手中，当面表达了诚挚的谢意。王红旭却连连摆手推辞："不用，不用，我是安全员，尽到了分内的职责！"

没几天，被救的中年妇女又来了，不仅提着包，还牵着一个小男孩，径自来到游泳池边四处张望，像是在找什么人。何勇上前问缘由，中年妇女直接就问："那个老师呢？我是送孩子来报名，参加暑期的游泳培训。"

"好呀，欢迎，欢迎！"王红旭听到这话，马上走了出来，不好意思地朝母子两人笑着说，"我都不敢出来了，以为您又来感谢的！感谢信任，将孩子交给我，就请您放心！"

"放心！就是因为你的人品，我们专门来把孩子交给你培训！"看到王红旭脸上的笑容，中年妇女也高兴地说道。

（六）几经试业，终于圆了儿时的教师梦

2008 年初夏，山城重庆阳光灿烂、气候升温，王红旭同许多的"时代骄子"一样，完成了学分积累和毕业答辩，又开始站在人生的十字路口，要做一道谁也无法回避的选择题了。这道选择题最终的答案只有两个字：就业。

因为只有就业，王红旭才能证明自己真正摆脱了对爸爸妈妈的依赖，能够用自己的双手养活自己，成为了自食其力的劳动者。

然而，"外面的世界"很精彩，"外面的世界"也很无奈，进入 21 世纪第 8 个年头的就业环境，已经关闭了国家统一分配的通道，已经打上了自主择业的烙印，"就业"二字对于每一个应届大学毕业生而言，面临的都是没有例外的"双向"选择，重庆师范大学的一纸毕业文凭，并不能成为寻求理想职业的"通行证"。那么，王红旭也只有同重庆市数十万应届大学毕业生一样，必须在茫茫的人海和令人眼花缭乱的招聘信息中，凭借自己实力和运气，去选择一个并非能一劳永逸的人生归宿和就业岗位了。

择业碰壁的这一天，还是不期而遇，有违心愿地到来了。

这一天是 2008 年 6 月下旬的一个上午，初升的阳光照耀着通往万州区招考点的大路，沿着长江水道刮来的清风迎面吹拂，王红旭满怀信心地参加了万州区对应届大学毕业生的教师招考，在上百名报考者中，只录取两个名额。笔试、口试、面试之后，王红旭都是感觉良好。张榜公布招考结果，王红旭的成绩却排在第三名，他成了最感失望的落选者。

回到家里，王红旭心绪不定、坐立不安，他第一次品尝到了择业失败的滋味，第一次领略到了择业竞争的激烈。接下来的一段时间里，要强的李永兰回到家里，看到蹲在家中看电视玩游戏的儿子，总是忍不住发火，不断地在王红

旭面前训责唠叨："你大学毕业，不出去找工作，一天天游手好闲、窝在家里打游戏！难不成要一辈子啃老、在家吃闲饭?!"王红旭又羞又气，内心波涛翻滚，却不愿意顶撞母亲，只能低头憋着，一言不发地起身躲进了自己的小卧室。

母亲的一句句指责刺痛了王红旭的心，他感到特别无助，一种从未有过的巨大压力向心头逼来。突然，他难以自控地猛地挥出右臂，一记重拳捶向床边的衣柜。一扇好端端的衣柜门被砸破了，柜门上端的镜片破碎，碎片落了一地。

王红旭呆呆地望向柜门上的空洞，许久都一动不动。他也想看清就业的路在何方，然而，眼前却是一片渺茫，看不到方向。

与其被动地等待，何不主动地出击！就在情绪失态，砸破衣柜门之后，王红旭萌生了到重庆市主城区去闯一闯念头。繁华的大城市天地无限广阔，就业门路众多，或许有机会找到适合自己的就业之路。

吃过晚饭，王红旭坦诚地检讨了砸破衣柜门的莽撞举动，接着心平气和地告诉爸爸、妈妈："你们给我半年时间吧，我要去闯荡一下外面的江湖，我要去见识一下重庆的世面，我相信天无绝人之路，或许就在那个依山傍水的灯火阑珊处，我会找到一个人生的归宿，也会给你们一个期盼的答案……"

王平和李玉兰先是相对而无语，然后默默地点头，在他们看来，王红旭外出求职，也许就是摆脱眼前困境的一条出路，因为他们自己也并不神通广大，不能够为王红旭的求职助上一臂之力。

第二天一早，王红旭背上简便的行装，乘车300余公里，来到了高楼林立、气象万千的重庆市主城区，在这里，他开始了用脚步和汗水，默默无闻地做着他无法回避的选择题。

游走在重庆市主城区无数高楼大厦的钢筋水泥之间，王红旭十分留意地观察着路边的电线杆上，楼盘的围墙上，是否贴有急需新员工的招聘启事。还好，就在离北碚区不远的一个繁忙工地上，一张显眼的《招聘启事》，让他眼前一亮，他加快脚步走进了这个在建新别墅的销售大厅。

销售大厅中央，展示着一个灯光闪烁的大沙盘，20栋在建的新别墅，错落有致地挺立在花团簇拥、溪水环绕的大沙盘上面……这时候，大厅中一位衣着得体、谈吐伶俐主管模样的女性，向王红旭走来："请问先生，是看房吗？我可以为您提供周到的服务！"

"我看到，你们在招聘？"王红旭边说边递上自己的《求职自荐表》。女主管双手接过《求职自荐表》，目光迅速地扫瞄了《求职自荐表》的扉页后，便是微微一笑："请稍等，我报给老板，他跟你谈。"

女主管用手机发出了信息。不一会，一位西装革履、体形微胖，手指夹着香烟的中年汉子，从大厅后走了出来。

女主管微微鞠腰，喊道："刘总！"

这位刘总对王红旭简单地询问后，介绍道："我们是以预售的方式，由客户先交订金，然后签约，再交付建成后的每一栋新别墅。预售的含义，你懂么？"

王红旭反应快捷地答道："咋个不懂，提前收回成本，加快资金周转，这是通行的营销策略。"

刘总点点头，直接向王红旭亮出了"底牌"："小伙子，你可以当个营销经理，回去准备一下，明天就来上班。"

"什么？经理？刚见面就给了一个官衔？"王红旭冲口而出。

看着王红旭吃惊的神态，主管在旁连忙解释："在我们的营销团队中，每一个一线员工都是营销经理，有了经理这个头衔，推进营销会更加方便。"

"刘总，薪酬呢？"王红旭终于提出了实际问题。

"月薪 800 元保底，其他收入根据营销业绩提成。你是大学本科生，知识水平高，保底工资作了倾斜。一般的营销经理，保底工资都是 600 元。"

简短的对话结束了，王红旭大概明白了"营销经理"的职责，就是把在建的某一栋别墅，用甲、乙两方都可以接受的价格推销出去，由此创造业绩，获得一定比例的提成。

怀着试试看的想法，王红旭第二天就穿上崭新的员工装，精神抖擞地上班了。接下来的日子，尽管每天都费尽了口舌，同前来观赏新别墅的"有钱人"打交道，但是事与愿违，始终是当看客的人多，真正下单的人少。

枯燥乏味的别墅营销让王红旭深感失望，没干上一周，王红旭就提出了辞职。

辞去了"营销经理"的职务，王红旭怀着一腔热望，又在重庆市政府相关部门开通的求职网络上，填写了《大学生到乡镇基层工作登记表》。这份《登记表》无异于王红旭的心语表白，他愿意以应届大学毕业生的身份，自愿到偏远的乡镇、贫瘠的农村去，用书本上学到的知识，投身于推进城乡一体化的建设，参加改变农村穷困面貌的战斗，在一个与专业知识相距遥远的陌生岗位上，去奉献一个当代大学生的光和热。

虽然在求职网络上填写了《大学生到乡镇基层工作登记表》，但是王红旭经历了漫长的等待，其间接到一个"诚邀入职"的电话。

"我们公司特别看重王先生在网络上的聪明才智，欢迎你加入我们的战队，玩着游戏就能有一份不菲的收入。"对方说到。这是重庆主城区一家小有名气的游戏公司，主营业务是以网络游戏的方式，广招天下"高手"，参加"CS射击"竞技比赛。

还是在重庆师范大学读书期间，王红旭出于好奇，就参加过一次在网络上举行的"CS"射击竞技比赛。他以熟练的技艺，深厚的功力，获得了不错的名次。但在母亲的强烈反对下，孝顺的他在自己的职业规划中设定了一条底线：打游戏和游泳可以作为兴趣爱好，决不能当成可以养家糊口的饭碗。

略有迟疑，王红旭婉言拒绝说："谢谢你的好意，'CS'竞技只是我的兴趣爱好；但如果作为终身职业，它并不适合我。"

风里雨里的奔波，日里夜里的辗转，并不是说每一次职业的选择都是碰壁，也不能说每一次面临的机遇都是陷阱，王红旭之所以对面临的这道选择题难以下笔、交卷，就在于他的理想和现实之间，还存在着一条难以逾越的鸿沟，还有着一段无法缩短的距离。

日历翻到了 2008 年 12 月下旬，距离王红旭对爸爸妈妈许下诺言的"半年"时间，已经所剩无几了。应当承认，就是在这将近半年的时间里，王红旭也在反复权衡利弊、力争扬长避短的择业过程中，内心深处有过苦闷、有过反思、有过自省。他不能违背自己的心愿，把自己的青春年华，去作出必定后悔的标价和转让，然后凑合着，去同百无聊赖和毫无激情的明天过日子。

2008 年的元旦就快来临了，这一天，王红旭先后接到妈妈、爸爸的电话。

妈妈问王红旭："旭儿，你在忙啥？快元旦节了，回家吧！"

都说男儿有泪不轻弹，王红旭此时竟哽咽起来："妈妈，放心吧，我很好。

我，我很快就回来。"

爸爸也在电话里叮嘱说："找工作，急不来的，还是回家吧，回家来我们一家人过个节！"

王红旭悄悄抹去眼角的泪水，在自己半年来的经历中，挑了些轻松有趣的人和事，告诉了爸爸："老爸呀，在重庆确实机会很多呀，只是，要找到一个让你儿子称心如意的工作，还真的不容易。哈哈，老爸，您知道我的眼光很高的嘛！我也相信我的实力！哈哈！老爸，请耐心一些，等我的好消息！"

亲情的召唤，慰藉着王红旭的心灵，试职的苦闷与迷茫、求职的反思与自省，都积淀成了王红旭人生路上的一笔精神财富。

2008 年元旦前夕，王红旭归心似箭地赶回老家硝水村看望奶奶。在奶奶跟前，王红旭主动吐露自己反复考虑后的决定——既然大学里学的是师范专业，以后还是争取走教书这条路吧，毕竟爷爷、奶奶，爸爸、妈妈都吃过教书育人这一碗饭。年少时的梦，还是努力去实现吧。范信秀坐在红旭出生的那张老床边，怜爱地拉过孙儿的手，轻轻拍着说："不管怎样！只要我的旭儿平平安安的，奶奶都为你高兴！"

元旦节刚过，王红旭告别家人，又从硝水村来到重庆主城区。每一天，他都要浏览微信中朋友圈发来的招工信息；每一天，他都要搜寻电脑上招聘网发布的各种公告，目标只有一个：为人师表的教育职业。对于能否踏上称心如意的教育岗位，他的心中充满了渴望和期盼。

终于盼来了令人欣喜的这一天。2009 年年初，重庆市大渡口区人社局在招聘网上公告：面向社会，面向应届大学毕业生，招聘人民教师。应聘者可以在网上填写报名登记表，经过笔试、面试、体检、政审……合格者，加入人民教师队伍。

大渡口区人社局还推荐了好几所学校，供应聘者选择，其中，大渡口区育才小学，引起了王红旭的极大兴趣。"育才"，不正是自己心心念念，朝朝暮暮，不忍放弃的两个字么！

王红旭兴奋之至，毫不犹豫地在网上填了表，报了名，他又乘坐轨道 2 号线，专程来到大渡口区育才小学"踩地盘""开眼界"，终于发现了一个"新大陆"。

走进育才小学大门，人民教育家陶行知先生的半身雕像迎面而立；"让校园每一个生命都精彩"的理念撞击心扉。

走出育才小学大门，宽敞的公路十分畅达，便捷的轨道交道站就在身旁。

王红旭还用手机拍下清晰的照片，接连不断地发给爸爸和妈妈，他要用真实的图像证实自己的判断与选择。

接下来整整两个月时间，王红旭谢绝了一切社交活动，他把自己关起来认真备考。李永兰与王平看到儿子红旭为了争取这个机会，动了真格全力以赴，心里也特别欣慰。

2009 年春，接踵而来的笔试、面试，体检、政审，王红旭都一一过关斩将，顺利晋级。

2009 年 6 月初，一纸《录取通知书》寄至万州铁炉乡，犹如贝多芬的《命运交响曲》叩响了王红旭少时的梦想。

梦想成真，王红旭也跟祖辈、父辈一样，成了一名真正的人民教师。

当范信秀接到孙儿红旭工作录取的喜讯时，屋檐下喜鹊跳跃，院坝里红旭爷爷种下的那棵高大的梧桐树，在清风中沙沙作响，更显得枝繁叶茂。

从此，王红旭成为大渡口区育才小学教师队伍的一个新兵，也迎来了他人生路上最充实、最开心的时日。

第三章

育才园里的追梦人

　　在学校，他钻研教学、因材施教，爱生如子、乐于奉献，言谈举止点点滴滴都温暖着身边每一个人……

　　他在父母面前滔滔不绝，无数次讲起自己与育才园里的领导和同事们一起度过的美好时光。

　　他将一颗赤诚之心全部掏给了育才园的孩子们，更交给了真心热爱的教育事业。

　　他的梦想，不仅仅是成为一名真正的人民教师，更要成为一名新时代要求的"四有"好老师。

（一）精彩育才，不能给体育教研组丢脸

多年以后，代宣老师还能记得 2009 年夏末，王红旭到体育教研组办公室报到时的情形。

"老师好！"正在办公室为新学年开始忙着做准备的育才小学体育教研组组长代宣，循着这个稚嫩的声音转过身来，看到办公室门口站着的一个身材瘦削、中等个头，却很有礼貌的年轻人。

他肤色黝黑、眼睛不大，有着一头浓密的黑发。

在他身旁，学校德育处张雪梅主任正笑意盈盈地望着代宣。

年轻人也跟着笑起来，这一来眼睛就更小了，透出一股子难以名状的朴实与亲近。

"代组长，这是我们学校今年新招的体育老师王红旭。"张雪梅介绍说，"从今天起，你就负责带他了，好好带啊！"

"嗯，你好，你姓王？"代宣也笑着上前说。

"嗯，王红旭，中国红的红，旭日初升的旭。"

"哦，你是哪儿的人呀？"

"我是万州的，毕业于重师体育专业……"

"欢迎你，红旭，我们体育组现在正缺老师！"

"这不，今年全校总共才招 2 名新老师，就分了一个名额给你们。"张雪梅插话道，"这次招聘挺严格的，好几十个候选者，文化成绩加专业成绩前三名进入的最后面试，小王能够从这么多竞争者中过五关斩六将，脱颖而出，还是很优秀的。代组长可要多用些心指导他！"

"主任就放心吧，职责所在！我还指望新老师来，能为咱体育组多争光呢！"

代宣应承着。

"谢谢老师，我一定向您好好学习，不给体育组丢脸！"王红旭大方又谦虚地表了态。

能进入到大渡口区育才小学任教，王红旭内心充满了对命运之神的感激。在他从重师毕业，经历了一年辗转彷徨的求职择业后，这种巨大的满足感来得尤其强烈。

进入育才小学后，踏实敬业的王红旭很快就赢得了"师父"和同事们的好感和认可。作为一名"八零后"的年轻老师，在他的身上却看不到"独生子女一代"那种从小被娇宠出来的毛病，"垮掉的一代""最自私的一代""最没责任心的一代""最叛逆的一代"这一类对八零后的负面评价的标签都跟他毫不沾边。

阳光、积极、热心、待人彬彬有礼，这是代宣对王红旭的初步印象。接下来，学校组织的一次赛课活动，更是让代宣不禁对这个"徒弟"刮目相看。

那是 2009 年底，学校为检验和提升老师的授课水平，组织了一次全校范围的赛课活动。

彼时，王红旭才进入学校不到半年，还属于一名未完全出师的教育战线新丁，要和有着多年教学经验的前辈们同台竞技，因为经验不足，明显处于下风。

为了给"徒弟"减压，代宣安慰王红旭，"红旭，你不用太担心。你是才进校不到半年的新人，领导们都知道。你只管尽力发挥，就算成绩不太理想，也正常，还有的是时间学习提高的。"

王红旭一边点头认同，一边还是缠着师父："勒个道理我懂，但师父还是多给我指点，我最需要提高的地方，在哪些方面？我也不能给你丢脸，不能给我们体育教研组丢脸嚓！"

代宣笑着指着他说，"你呀，首先应该注意一下你的万州口音，赛课都是要求讲普通话的，你那个'勒个道理'的方言就要不得，不要上课下指令，喊'往这边'喊成'往勒边'哈！"

"要得要得，我注意改正一下！"王红旭连忙答应道。

接下来几天，王红旭一有空就守在电脑前，查资料，搜视频，投入地准备起他的教案来。最让代宣吃惊的是，王红旭还特意把教案里要下达的指令都誊抄在一张打印纸上，还翻着《新华字典》给一些重庆话里不分平舌翘舌、前后鼻音的字注上了拼音，时时念念有词地在低声练习。这些看似寻常的言行，也在点滴中映射出这个新来的老师对职业的投入与热爱。

好几次，到了下班时间，王红旭还没有关机走人的意思。代宣笑问：怎么，还不想下班？

王红旭憨憨地笑着，说："师父，你快点回家去。我不着急，回去也是一个人，没人等我吃饭的。大家都下班了，我一个人正好可以大声练习几遍，也不影响你们工作。你就赶紧回家陪'师母'去吧！"

听到这话，办公室的其他同事逗他说："看来小王这次是冲着得奖去的哟！"

王红旭笑着说，"借各位老师的吉言，我的目标是'不能给我们体育组丢脸'哦！"

一转眼，就到了正式赛课的时间。

由于准备充分，身体还显得单薄的王红旭在赛课中却充满了自信，肢体语言大方合理，声音洪亮，普通话也流利多了，课堂指令清晰，赢得了评审组一致好评。

赛后，王红旭马上追着代宣问："师父、师父，你看我发挥得怎么样？没给咱们体育组丢脸吧？你说，我有没有机会得个'优秀奖'？"

"临场发挥相当不错！"代宣认真地点点头，说，"但心态要放平，全校各科老师近百人参赛，最后毕竟只有少数人得奖，还是不容易的。不过，哪怕最后没得奖，作为教师队伍的新兵，你今天已表现得非常优秀了！"王红旭听了，眼睛笑成了弯弯的新月一般。

看到眼前这个年轻人开心的笑脸，代宣第一次在他身上感受到其内在涌动着一股专注教育、执着奋进的力量，心里不禁感慨：现在的年轻人中，这样肯钻研、有礼貌的青年已很难得了。

功夫不负有心人。几天后，赛课成绩放榜，王红旭在全校老师中以第三名的好成绩获得了二等奖。看到成绩榜的那一刻，一贯沉稳的代宣也露出了欣慰的微笑。

日历波澜不惊地翻过了 2010 年，王红旭也从新手"菜鸟"，迅速成长为能够独当一面的体育老师。

热情开朗、温和厚道的他，在育才园里得到了大家的认同和喜爱。但很快，他就迎来了教师生涯的又一次挑战。

2011 年上学期，育才小学体育教研组做出了一些调整，原本带学校田径队的陈建老师调整为训练学校篮球队，而更为年轻的体育教师王红旭则被安排接手学校田径队，组织日常体育课余的学生田径训练。

学校田径队的一个主要任务就是备战每年的全区中小学生运动会，当年夏天，将由代宣带领田径队甲组（高年级学生），王红旭带领田径队乙组（低年级学生）参赛。

作为大渡口区的优秀学校，育才小学的体育竞赛成绩也有着和其教学质量相当的地位，长期以来，一直是和区实验小学、钰鑫小学上演着"三国演义"的剧情，三所学校在区运会上的排名轮番领跑。

被领导们委以重任的王红旭虽然踌躇满志，信心十足，却没有意识到这次挑战的真实难度：首先，他大学主攻方向是足球，而不是田径；其次，这是临阵易帅，队员们也并不是他亲手训练出来的，短短的时间内，记忆力不俗的他虽然能叫出所有队员的名字，但对于队员们各自的优点和缺点却并不是十分了解；最后，这是他第一次带队参赛，对于将要面对的两大传统劲敌也了解不多，根本做不到兵法所说的"知己知彼，百战不殆"。

果不其然，光凭信心和热情远远不够，王红旭首次带领田径乙组参加区运会的成绩并不理想。那一届区运会，育才小学甲乙组获得的总分是 160 多分，但乙组在其中只贡献了 40 分左右，仅有甲组的一半。而在往届，正常情况下，乙组的得分一般能有甲组得分的三分之二左右。

所幸，育才小学还是保住了三强的地位，总成绩没有跌出前三名。

虽然也没人怪罪和批评首次带队参赛的王红旭，但一向笑容满面的他却因此有些"晴转多云"了。育才小学前辈们在区运会上创下的优秀历史成绩就摆在他的面前，不是数一数二，就约等于失败！

需要传承的荣耀，是压力，也是动力！在那一刻，他就在心里暗暗下定了决心，他一定要训练出一批优秀的小田径运动员，在哪里跌倒，就在哪里爬起来，证明自己！

接下来的日子，王红旭又拿出了备战招聘考试、备战赛课的劲头，查资料、翻杂志，努力提高自己田径教学的水平。

对学校田径队的现状进行了细致的分析之后，王红旭梳理出了几点问题：首先是田径队队员不够多，选择面较窄，学校整个田径队只有四十来个运动员；其次是很多老师和家长对于体育课的重视程度和价值认识不足，大多只是将其视为"放松课""室外活动一下"；再者就是，体育课上，田径训练相对枯燥，比起充满对抗趣味的球类运动项目来说，学生们往往更喜欢后者，而不愿吃田径训练的苦；最后一点，大渡口区育才小学一向主张要尊重孩子的生长规律，不能搞负重训练，不能拔苗助长，这就意味着一些高强度的专业训练手段也不能用。

找准了问题就要想出解决的应对之策。

第一个问题相对简单，只需要扩充学校田径队的规模，增加队员数量，并努力提高入选队员的质量，这就需要他做一个有心人，在日常课间休息、体育课堂、校运会上去多加留意有潜力的好苗子，并将其吸纳到学校的田径训练队里。

第二个问题，则需要找到班主任和家长去有针对性地做工作，让他们都能意识到，竞技体育不仅可以带给孩子更好的身体素质，还可以培养孩子坚韧的性格和荣誉感、成就感。最最现实的一条是，优秀的"体尖生"在升学择校时也会有优势，未来的人生也会多一条成功之路，而这，往往是最能打动家长的理由。

最后两个问题，其实可以归为一类，应对之策就是，首先要提升田径训练的趣味性，将跑跳投掷等运动植入有趣的游戏之中，让孩子们乐于参与，在潜移默化中提升运动水平。而且，作为体育教师，要做到尊重孩子、善于引导孩子，不用体罚和吼叫让孩子对训练产生反感和畏惧、抵触情绪。

找到了应对之策，王红旭立刻行动起来。一有空，他就关注着学生们在操场上、楼道间奔跑活动的身影。

"这个小家伙，身体很灵活，步点儿有节奏，是个练短跑的好材料！"

"这个娃娃，腿长，身材匀称，练一练可以是个跳远的苗子！"

"这个孩子，精力旺盛，体力充沛，还有一定的爆发力，可以练习中长跑！"

每当看到合适的目标，王红旭就像淘到了一件宝贝一样，特别兴奋。要是他上体育课班上的孩子，他就会赶紧在课后找到其班主任做工作要人。不是他教的孩子，他叫不上名字的，通过问其他同学和老师，也要想方设法得到那名学生的信息，然后去争取发展进校田径队。

谢林巧这个女娃娃，就是王红旭慧眼识珠发现的第一批好苗子之一。

"谢林巧，我看你跑步还有点感觉，来学校田径队，跟我一起练田径怎么样？"一堂一年级的体育课下来，王红旭一下就瞄准了这个目标。下课后，王红旭立刻单刀直入，对这个小女生发出了邀请。

"王老师，练田径好玩儿吗？"能得到很受同学们欢迎的王老师邀请，谢林巧显然很开心，也对此充满了好奇。

"当然好玩！你不但可以成为跑得最快的女孩，而且还能为班级、为学校争光，赢得荣誉呢！"王红旭赶紧开始"画饼"。

"好啊！"谢林巧心动地欣然答应了。

一开始还有老师对王红旭看好谢林巧持怀疑态度，"这个女娃娃看上去又瘦又小，能是练田径的料？"

"要相信我的眼光！这个女娃娃脚踝关节力量超乎常人，步频也很快，肯定是个练短跑的好苗子！"王红旭对此充满了信心。他还不忘现身说法地补充一句，"我小时候也比较瘦小，还不是能练成'体尖生'。"

事实证明，王红旭选材的眼光还真有一套！

在王红旭的悉心调教之下，谢林巧迅速成为全班跑得最快，乃至全年级跑得最快的学生，甚至大多数的男同学都跑不过她。

就这样，谢林巧、孟俊帆、文思予、罗晗、魏佳雯、张馨月、白金涛、易立、肖俊杰、龙建予、蔡侯廷、赵睿灿等一帮好苗子被王红旭发展进了校田径队，一时间，田径队"兵强马壮"，王红旭认真操练着这帮娃娃兵，干劲十足。

就像王红旭手中走得飞快的秒表，就像小运动员们不停奔跑的脚步，流水带走光阴的故事，2012年翻开了崭新的年历。

当年1月，大渡口区第四届"健康校园杯"暨第三十三届中小学生田径运动会开幕了。王红旭亲手训练的小运动员们，也迎来了代表学校田径队乙组参赛的机会。

但这一届的区运会，不同于往届，因为种种原因，安排在了期末考试之后、新春佳节之前，这让一些本以为考完试就该放假了的孩子，对于还要晚几天放假，还要集训参赛，生出了些小小的不开心。

王红旭及时注意到了孩子们的情绪变化，特意召集小运动员们开了一个小小的动员会。

"同学们，这一学期的校园学习已经结束，文化考试也考完了。寒假马上就要来到，再过不到二十天，大家盼望的春节也要到来啦！但在这之前，我们还剩下最后一战——参加区运会！你们能获得代表学校参赛的资格，证明了你们都是育才小学该年龄段最优秀的小运动员。这一年来，大家冒着严寒酷暑、流汗流泪地训练，终于迎来了检验成绩的时刻。我希望看到大家这一年来的汗水和泪水没有白流！希望你们都能发挥出训练中的最佳水平，以一个优异的成绩，作为献给自己、献给父母、献给老师、献给学校的最佳新春贺礼！让我们都能骄傲地度过一个最开心的新春佳节，好不好？"

"好！"王红旭的话成功地调动了大家的情绪，孩子们铆足了劲，紧握小拳头，报之以异口同声的大声回应。

"好！最后再强调一点，我们是代表着育才小学参赛，虽然在赛场上，大家有各自的比赛项目，但任何时候，我们不能忘了，我们是一个团队，是一个集体。所以，在自己没有比赛的时候，大家都要为自己的队友加油助威！大声喊着同伴的名字，大声喊'育才雄起！'我们加油的声音越大，队友的斗志就越高，力量就越足，成绩就越好！知道了吗？"

"知道了！"孩子们又报以充满激情的回答。

王红旭带着这帮被激励得嗷嗷叫的"小老虎"来到赛场上，孩子们果然没让他失望，在同伴们竭尽全力的呐喊助威声中，男子立定跳远、女子立定跳远、男子 60 米、女子 60 米、男子 200 米、女子 200 米等项目捷报频传，接连斩获不错的名次，还拿了两个冠军，育才小学乙组积分不断"噌噌噌"往上涨。

但令人遗憾的是，在田径赛场关注度最高的 100 米项目上，育才小学乙组的男女小选手们却因为这样或那样的原因，发挥欠佳，没能取得预计的名次。

王红旭摸着几名有点沮丧的小运动员的脑袋，笑着安抚他们的情绪："没关系，你们都是初次参赛，谁还没点失误呢？真正的英雄，可以输掉比赛，但一定不能输掉斗志！后面还有比赛项目，我们还能赢回来，还有证明自己的机会嘛！"

看着小选手们一个个抬起了低垂的脑袋，王红旭又接着说："相较于个人成绩，我更看重团体合作项目，接下来，还有男女 4×100 米项目，赢下一个，我们就能有 4 个第一名，赢下两个，我们就有 8 个第一名！小家伙们，记住平时训练课上，我讲的交接棒的动作细节，不要紧张，减少失误，要充分相信自己，相信同伴。拿出你们真正的水平来，让大家看看，大渡口区跑得最快的小学生是哪个学校的？"

"育才，雄起！"参加男女 4×100 米项目的 8 名小选手闻言马上又围成一圈，互相击掌鼓劲，眼神又亮了起来！对于接力赛，孩子们充满了信心。因为王红旭特别讲过，接力赛并不是 4 个跑得最快的选手就一定能赢，如果做好交接棒的技术细节，彼此之间默契很好，一组实力相对均衡的选手也有机会战胜实力超强但配合欠佳的对手。区运会前，王红旭特意加练了接力赛的交接棒环节，有几次突击训练甚至练到了夜幕降临，华灯初上。细节抠到了握棒的长度、交接双方的步频步调，接棒运动员预跑几步……

运动员们在王红旭的带领下，调整呼吸，闭目回想动作要领，然后自信地走上了跑道。

"文思予，加油！""罗晗，加油！""易立，加油！""谢林巧，加油！""育才，雄起！"在同伴们震耳欲聋的加油助威声中，率先参加女子乙组 4×100 米的 4 个小女孩，在发令枪响起之后，活像接连亮起的闪电，让育才小学代表队所在的那条跑道一直处于领跑态势，前两棒，还有两个代表队的对手紧追不舍，到第三棒时，育才小学代表队选手之间高效默契的交接棒环节和持续稳定的高速冲刺彻底打乱了竞争对手的节奏，身后两队先后出现交接棒失误，跑最后一棒的谢林巧进一步扩大了领先优势，以遥遥领先之势率先撞线，成功拿下了第一名！4 名选手和看台上加油助威的同学们都高兴得又蹦又跳，眼神中充满了自信和骄傲！

在女子乙组 4×100 米成功夺冠后，深受鼓舞的男子组也不甘落后，在"育才雄起"的加油声中，肖俊杰、龙建予、蔡侯廷、赵睿灿也完美发挥，再次将男子乙组 4×100 米的冠军收入囊中！

区运会结束时，王红旭和参赛小选手们的声带都因全程大声呐喊助威而嘶哑了。但载誉而归的大家都不以为意，脸上都洋溢着自豪的笑容。让王红旭欣慰和高兴的是，孩子们通过比赛，真切地感受到了田径竞技远胜于枯燥训练时的巨大魅力，并由此培养了同学们强烈的集体荣誉感！

至于更好的成绩嘛，随着这帮雏鹰的翅膀越来越硬，未来，还有的是更出彩的机会！

在带领孩子们成长进步的同时，王红旭也不忘通过孜孜不倦地不断学习，努力提高着自己的教学水平。2013 年，王红旭代表育才小学参加了大渡口区体育优质课竞赛，获得二等奖，他把这次比赛，看成为教学生涯的一个新起点，先后撰写了《浅析小学体育课堂教学工作优化方案》《浅谈体育游戏在小学体育教学中的运用》《试论小学田径训练现状及应对措施》《现代家庭式班级建设的构思与实践》《瑜伽运动对办公室人群身体素质影响的实验研究——以教师人群为例》《每天锻炼一小时对促进学生体质健康实证研究》《论小学体育家庭作业之防疫于未然》等论文，多次在市、区级征文比赛中获奖。其中，三次获得市级奖、两次获得区级奖。

一分耕耘，一分收获，在王红旭的执教下，育才小学田径队的成绩非常出色，此后，他也接手了田径队甲组的训练和带队比赛，两次获得区级比赛团体总分第一名，三次获得团体总分第二名；由王红旭训练的田径队员，有 5 人在市级比赛中获前 8 名，其中两人次获得市级第一名；38 人次获区级前 8 名，其中 13 人次获区级第 1 名，并多人次打破区运会纪录。王红旭本人也三次获得体育教育技能大赛区级奖，三次获得区级优秀教练员奖，一次获市级优秀教练员奖。

（二）因材施教，让校园每一个生命都精彩

时光如流，岁月不居。孩子们奔跑的身影很快跑进了 2013 年，在王红旭的带领下，孩子们以更高的激情投入了日常学习和课后田径训练中。

"这群娃娃还真不错！下一届区运会，一定能取得更好的成绩。"欣喜地看着这帮孩子在田径运动上的进步，王红旭时常满意地露出微笑。

但期中考试后的一天，在放学后的集训课上，谢林巧却苦着一张脸走到了王红旭的面前，"王老师，我，我不能再参加田径队的训练了……"

"是吗？"王红旭有点不相信自己的耳朵，但仍然耐心地问道，"家里有什么事情吗？"

"妈妈说，田径训练占用了太多的学习时间，这学期我的成绩明显下滑了，就不许我再继续参加校田径队的训练了……对不起，王老师。"谢林巧低着头，眼角泪光盈盈，要离开她心爱的田径场，放弃那种恣意奔跑的快乐，离开喜欢她也被她喜欢的老师和小伙伴儿们，她的内心也有太多舍不得，为此她甚至和妈妈爆发了激烈的争吵。不过，胳膊终究是扭不过大腿，最终，她只能服从于妈妈的决定。

听到这样的消息，王红旭虽然感到惋惜，也理解地点了点头，拍了拍谢林巧的肩膀表示安慰，默默转身走向等着他的田径队其他队员，继续带大家进行训练。

这时候，被家长命令不再参加田径训练的谢林巧并没有离开，而是一直背着书包，一个人坐在运动场边，眼巴巴地看着同伴们训练；直到训练结束，才和同伴们一起回家。

第二天，第三天……接下来的每一天，谢林巧都在田径队训练时间，背着

书包准时出现在场边，津津有味地看大家训练。小伙伴们都招呼她，"巧巧，来都来了，一起来训练吧！"听到这话，谢林巧闪亮的眼睛一下又黯淡了下去，她低下头，瘪起嘴回答说，"不了，我答应了妈妈的……"

王红旭把这一切看在眼里，终于在一天训练时上前对谢林巧说，"巧儿好样的哟，说不训练就不训练。君子一言，驷马难追。或许你可以帮老师当'助教'，不算失信吧？"

听到这话，谢林巧低垂的脑袋一下就抬了起来，眼睛里又重新闪出了光彩，"好啊！好啊！"她赶紧卸下书包，跳了起来。

这个傍晚，那个一踏上运动场就笑逐颜开的小女孩又回到了队友们中间。

次日，王红旭就给谢林巧的妈妈打去了电话，了解家长为什么不愿意再让孩子参加田径训练。电话那头，谢林巧妈妈一下子倒起了苦水："这个孩子，每天要搞到晚上十点多钟才能做完作业，严重影响休息时间，睡眠不足，上课就没法保持专注，这次中期考试成绩下滑了好大一截，这才三年级，这样下去怎么得了嘛？没办法，虽然田径训练有好处，但作为学生来说，肯定文化学习成绩才是第一位的，我们只好让她放弃占用了太多时间的田径训练了。"

面对家长坚决的态度，王红旭没有急着劝对方收回成命，而是表示自己会去了解一下谢林巧这学期成绩明显下滑的原因，然后再来与家长交流。

接下来，王红旭先找到了谢林巧的班主任和任课老师，了解这孩子的学习近况，分析得出，谢林巧的上课纪律没有大问题，成绩下滑，可能是因为没合理安排时间，对课本的预习复习时间不足，因此成绩上出现了一些滑坡。

随后，王红旭又找到谢林巧本人谈心，了解到，就算没参加田径训练，作为一个天性贪玩，没有时间观念的孩子，她也喜欢拖拖拉拉到最后才去做作业，还是十点以后才能完成。成绩下滑这锅，也不能全让田径训练来背。

"巧巧确实是一个很优秀的田径运动苗子，她本人也非常喜欢田径运动。"了解到这些情况后，王红旭又给谢林巧妈妈打去了电话。交流了所了解到的信息后，又诚恳地对她说："如果能坚持训练下去，良好的体质也能为她将来迎接更繁重的学习压力，打下一个良好的身体基础。而且作为体育尖子生，将来在升学择校上也会具备一定的优势……"

最后，王红旭还特意请谢林巧的妈妈来学校一趟，让她看看孩子在训练场边期待参加训练的神情。当谢林巧的妈妈如约来到学校，悄悄看到孩子在训练场边，一边信守承诺，没参加训练，一边又乐在其中，快乐地扮演着"助教"的角色时，谢妈妈那坚如磐石的决心终于有些动摇了……

王红旭不失时机地趁热打铁，面对家长最在意的一点——对孩子学习成绩下降的担忧，他拍着胸脯保证，自己不仅仅是谢林巧的田径教练，也将承担起她的文化课辅导，会帮她合理规划预习和复习的时间，帮助她养成良好的学习习惯，还可以抽出时间来，帮她把前面没学扎实的文化课补习补习，保证到期末考试时，巧巧的学习成绩可以回归到全班中上水平。

话说到这个份上，鉴于王老师对培养孩子的认真负责，谢林巧的妈妈也不好再说反对的话，只能感动地表示："有您这样的好老师带巧巧，我们放心。只是，巧巧就要劳您多多费心了！"

就这样，王红旭以"三顾茅庐"的诚意改变了家长的决定，把那个"追风女孩"谢林巧重新带回了训练场，并且在跑道上越跑越欢，越跑越快，先是在2014年第三十五届区中小学生运动会上打破了女子甲组100米纪录，接着又在2016年的重庆市青少年田径锦标赛儿童组接连斩获100米和200米的冠军，成为了王红旭亲手训练出来的最优秀的弟子！

如今，17岁的谢林巧作为体尖生已经成为了重庆市重点中学巴蜀中学的高一学生，面对未来，她给自己定下了一个小小的目标，希望能进入体育专业全国一流的浙江大学！

"有这样的好老师，我们放心。"这句话不仅谢林巧的妈妈对王红旭说过，好几个孩子的家长也说过相似的话。

一个心里装着学生，爱着学生的好老师，家长也很容易在点滴细节中，就能感知得到。2012级学生何子墨的妈妈记得，那是一个2017年的初夏，闷热难当。可育才小学操场上，王红旭老师正带领田径队的队员们如火如荼地训练着，为区运会作准备。

"何子墨，把腿抬高一点！""吴心语，跨步大一点！"王老师站在跑道边，用他那略带沙哑的嗓音一遍一遍地提示着队员们，还时不时走到学生的身边，纠正他们的动作。在一旁的几个家长，站在操场边的树荫处闲聊着："别看王教练眼睛小，但眼神好犀利哟！""怎么还不休息一下，我们去买点水，让老师和孩子们顺便歇一歇。"

十分钟后，家长们回到操场却看到了另外一番景象：孩子们在跑道上和王老师嬉戏打闹，王老师追着他们，大喊着："休息一会儿，过来给你们擦擦汗！看，家长给你们买水来了。"孩子围过来，接过家长手中的矿泉水，纷纷拧开瓶盖递给王老师，说："王老师，喝水喝水。"何子墨的妈妈也走过去，递给王老师一瓶。王红旭客气地婉谢了，只顾拿着毛巾，挨个给孩子们轻轻拭去额头上和脸上的汗水，并关爱地叮嘱："你们自己喝，老师办公室有水，记得运动后一定要小口地喝，不要喝急了，再休息十分钟我们接着练哟！"说完就朝教学楼走去了。

听着孩子们的欢声笑语，看着他那被汗水浸湿的背影和自己手里没送出去的矿泉水，何子墨的妈妈不禁也感慨："把娃娃交给这样的老师，我放心！"

就这样，越来越多的家长放心地把孩子送进了学校田径队，交到了王红旭老师的手中。育才小学田径队的队员从 2011 年王红旭接手时的 40 多人，迅速增加到 80 多人，规模大了一倍！

体育，这个很多人眼中无足轻重的"副科"，却也能在王红旭的手中变成教化心灵，塑造品格的"法宝"。

洪丽老师还记得，在她当班主任的 2018 届班上，有一个姓谭的小男孩，一二年级的时候，非常调皮好动，似乎一刻也停不下来。学习成绩比较差，和同学之间也不时闹矛盾，好几次还因为和同学打架，被请家长到校。可就是这样一个会让不少老师皱眉的"落后学生"，却也被王红旭看到了身上的优点："他运动天赋不错哦！洪老师，我们一起找他家长说说，让他参加田径队，好好开发一下他的运动潜力。这样，孩子未来也能有个特长。"

经过王红旭和洪丽几次找家长谈话，做工作，从三年级开始，小谭的父母同意了将孩子送进学校田径队跟王老师训练。果然，在王红旭的调教之下，小谭的田径水平进步喜人，还代表学校参加区运会，并获得了不错的名次。

更令人欣慰的是，在跟着王老师不断在田径运动上获得成绩，树立自信后，这个孩子整个人发生了天翻地覆的变化，在老师面前变得更懂事、更有礼貌，和同学之间的关系也越来越好，就连之前一直处于垫底区的成绩，也逐渐跟上了大部队，跻身到了班级的中上水平。最后还以"体尖生"的身份，被重庆第95中学这样的好学校录取。孩子的妈妈提起王老师就赞不绝口，千恩万谢。

无独有偶，类似的故事还不仅于此，像本书开篇提到的孟俊帆，也曾是精力旺盛，爱调皮捣蛋的学生，王红旭却都能在他的身上看到闪光点，并积极引导他将使不完的劲儿用到田径赛场上。

如果说对于谢林巧这样有天赋的孩子，王红旭采取的是"留"的方法，那么，对孟俊帆这个精力过剩的好动孩子，王红旭采用的就是"压"的手段。

孟俊帆是在小学二年级时被王红旭在校运会上发现的苗子，选他进校田径队，还有老师提醒过王红旭，"这个娃儿调皮捣蛋得很，非常不听老师的话，你要注意一点哦！"

但出人意料的是，在课堂上令老师们头疼不已的孟俊帆，在王红旭面前却没那么不堪。田径运动似乎特别对小孟的胃口，在恣意奔跑中，他开心地释放着过剩的精力，一下就爱上了田径训练。当时，在王红旭带出的第一批田径队员中，女生中，谢林巧跑得最快；男生中，就数孟俊帆跑得最快了。

像个永动机一样的孟俊帆在田径场上鱼如得水，特别投入，相比之下对于文化课程却老是提不起兴趣来。知道这个娃娃肯听王红旭的话，班主任和其他科任老师总是喜欢来找王红旭告小孟的状。王红旭也从不嫌麻烦，绝对不会把这些事看成是无需理会的"他人瓦上霜"。他虽然只是体育老师，却因为教师世家的出身，深知文化学习对于一个孩子的重要性。为此，他不止一次地请孟俊帆的家长来校，共同商讨家校共管，正确引导孩子的全面成长。因为关心着学生们的成长，在育才小学执教的12年里，王红旭一不小心还创下了一个纪录——他是请家长来校最多的体育老师。

他也一次次地找到孟俊帆，告诉他学生的主业还是要以文化学习为主，体育只能为辅，不能本末倒置，舍本逐末。他甚至还用小孟心爱的田径运动来威胁他："再调皮捣蛋，就别再来田径队训练！"话虽这么说，可好几次孟俊帆淘气地损坏了学校的报刊架、教室门等公物时，又总是看到王红旭默默地提着维修工具去帮着修好……

所幸，在王红旭的管教之下，孟俊帆渐渐地也懂事多了，最后也能凭借体尖生的运动特长，进入了重庆名校育才中学。在小孟看来，如果不是王红旭像父亲一样约束着自己，培养着自己，以他当年那糟糕的文化成绩、调皮的表现，真不知道自己还能不能有高中可读。

不抛弃，不放弃，不区别对待，让每一个队员都能在运动中感受快乐，在快乐中能健康成长。王红旭的这一番初心，也许在育才小学 2019 届冉羽佳这个小女孩的身上，最能得以体现。

相较于谢林巧和孟俊帆较为出色的运动天赋，冉羽佳这个女孩并没有特别的长处，甚至还有些内向羞怯和爱哭。如果非要说有啥值得一提的，那就是这个单眼皮、小眼睛的小妹妹和王红旭颇有几分神似，一笑起来，眼睛就眯成了一条缝儿。以至于王红旭将她选进田径队，还有老师打趣当时还没结婚的他，"王老师，你是不是带着自己女儿来训练了？"

这虽然是一句玩笑话，但王红旭却还真有些像冉羽佳的爸爸一样宠着这个内向的孩子。冉羽佳二年级时，王红旭带她第一次去参加区运会，冉羽佳情绪非常紧张，比赛那天，一大早就开始哭，紧张得直跺脚，不停地说怕，怎么办？怎么办？

王红旭就带她坐在自己身边，安抚她焦虑的心情，叫她就像平时训练一样，只要能跑过终点线，就是战胜了自己，也是了不起的胜利！

当冉羽佳终于鼓足勇气踏上跑道，并顺利跑过终点时，虽然她并没有获得名次，王红旭也笑着迎上去，抱着她高高举起。在那一刻，冉羽佳的胆怯和焦虑一扫而光，两个"眯眯眼"都笑逐颜开地露出了"神同步"的表情。

当时看到这一幕的同事，后来成为王红旭爱人的陈璐希就感觉，王红旭在那一刻完全不像一个老师，而更像一个父亲。只有父亲才会不问结果、不看名次，把小孩高高举起来。那是由心而发的，觉得女儿战胜了自我的那份高兴和鼓励。

慢慢地，冉羽佳的性格也变得越来越开朗，越来越爱笑。一笑起来，眼睛就眯成了一条缝，也更像"王老师的女儿"了……

王红旭就是这样受学生欢迎。以至于有些学生上体育课前，会先窥探一番，今天上体育课的是哪个老师，如果见到王红旭的身影出现在运动场，于是就会欢呼雀跃，一群快乐的小鸟赶紧飞身下楼，用比平时更快的速度奔向运动场。天长日久，相处熟悉了，一些高年级的男生，也会在下课后与王红旭勾肩搭背，胆大地叫一声"旭哥"。

"旭哥"待这帮小弟、小妹们也特别好，还经常大方地自掏腰包，买来好吃的水果和体育运动器械等作为奖品，奖励给运动场上表现得亮眼的孩子们，还常把学校给老师发的牛奶，送给小队员们补身体。

育才小学的余颖老师清楚地记得，有一天她下班回家，在校门口偶遇王红旭，见他两手提着的购物袋装满了小食品，就笑着问："买这么多吃的，干吗呢？"王红旭答道："娃儿们训练辛苦了，我答应过他们，训练刻苦有奖励，这不，奖励他们的。"那一刻余颖就在心里想，一个小年轻一个月工资就那么点，还要用自己的钱给学生买奖励品，他一定是一个心里装有学生的好老师。

学校田径队也有中途放弃训练退队的学生，但这也不会影响师生之间的感情。育才小学2015级的学生菲菲，是王红旭带过的第一批田径学生，她对王红旭充满了敬佩："上小学时，王老师觉得我是练田径的好苗子，一直抓我去练田径。我当时怕累，就一直躲，有几次偷偷跑了，还被他抓回来，继续练。有时候，我的动作没有到位，王老师也会变脸，但他还是会耐心地为我纠正动作。后来我离开了田径队，王老师也没有责怪过我，仍然在体育课上要我带着同学们集合、做操。"至今菲菲都还会动情回忆："以前跟着王老师上体育课，是我最开心的课了。"

王红旭的好脾气，并不等于在课堂上是不讲原则的"好好先生"。他在上课时的严厉，在育才校园也非常有名：不用暴跳如雷，只要他把眯缝着的笑眼瞪大点，语气严肃一点，孩子们立刻就嗅出"火药味"，变得老老实实、专心听训了。

孩子们懂得，平日里"恩威并施"的王老师有"一小一大"两个特点："小"是笑起来眼睛小；"大"是吼起嗓门大。只要有王红旭的体育课，整个操场都会回荡着他大嗓门吼出的声音，"快点，快点，再快点！""加油，加油，继续加油！"

学生们喜欢他、爱戴他，还因为他上课方式方法灵活，一方面善于把体育游戏带入课堂，使得教学内容生动有趣。另一方面，他也注重因材施教，对于一些运动天赋欠佳的学生，他也从不放弃对他们的引导和鼓励。他绝不是那种只喜欢优等生的老师，而是切实践行着"让校园每一个生命都精彩"的育才精神。

育才小学建设村校区六年级7班的男生彭政然，才12岁，长得胖乎乎的，体育运动一直是他的弱项，但这丝毫不妨碍他喜欢王红旭的体育课。

因为偏胖，身体协调性欠佳，体育运动场上，规定动作是跳台阶，跳了几次下来，彭政然的膝盖磕破了好几回。王红旭注意到了这个情况，在其他同学继续跳台阶时，王红旭特别安排彭政然去跑步。

全班进行800米跑测试，好几个同学成绩没有达标，都被王红旭"罚"去跑1600米，但同样没达标的彭政然和另外一个同学，却被王红旭免予处罚。对此，王红旭的解释是："他们态度端正，已经竭尽了全力，成绩并不是衡量学生能力的唯一标准。"

"王老师就像是我的一个好朋友。"彭政然说，"王老师就是把学生放在心上的，最理想的那种老师。"

王红旭为什么能那么受学生的喜爱和欢迎？用他自己的话来说，就是："面对每一个孩子，我都会想象，如果这是我自己的娃娃，我会怎么去教育他？""爱生如子"，这正是王家三代教师家庭"祖传"的"不二心法"！

只不过，深受学生们喜欢的王红旭，也遇到过学生和他赌气的事儿——

2020年下半学期的一次体育课，育才小学建设村校区五年级2班的几个女同学，在田径课200米跑训练时偷懒，尤其偷懒学生中，还有学校田径队的优秀苗子、曾在全区中小学生运动会上，获得过100米短跑第一名的田雨禾，这让一向很在意学生学习态度的王红旭很是失望。

于是，王红旭处罚了田雨禾、王姝雅等几个偷懒的女同学长跑，并且严肃地批评她们："今天不好好跑，以后就别来训练了！"

　　一向如春风般和煦的王红旭老师，竟然会板起脸来，教训了几个正处在叛逆期的女孩子，女孩们经不住委屈的"玻璃心"顿时"碎了一地"。女孩们嘀咕了几句，很快形成了"统一战线"：王老师在上面喊快跑，她们在下面故意慢跑；王老师喊停步，她们却多跑了一段路才停下来。甚至在接下来的好几天，女孩们在校园里见到王红旭，也装作没看见，不像往常一样，热情地迎上前喊"王老师好"了。

　　"统一战线"坚持了不到一个星期，内部就开始动摇了。孩子们觉得，原本那么期待的王老师的体育课，怎么变得"不香"了？还有就是，不和王红旭说话，自己憋得好像很难受耶？

　　"我们是不是做得有些不对呀？"女孩儿们私底下相互商量着，"要不，我们给王老师道个歉，跟他和好吧。嘿嘿！"

　　女孩子的情绪天空，就是这么容易雨过天晴。于是，还等不到下次体育课，两个女孩儿就不好意思地走到王红旭面前，声音就像蚊子发出的嗡嗡声："王老师，我们错了，不该和你赌气……"

　　"啥呀，赌气？赌什么气？"王红旭的眼睛又笑成了一条缝，他理解两个小姑娘渴望运动的心情，用手指着跑道说，"跑，快认真去训练！"

　　"欸！"两个小姑娘对视了一眼，用食指和中指组成了一个"V"字形，伸到王红旭面前，洒下一串银铃般的笑声，欢快地踏上了运动场上的跑道……

　　一位好老师，可以影响学生的一生；一位好老师，可以成为学生的榜样；一位好老师，可以让学生记住一辈子。爷爷奶奶是王红旭父母的好老师，父母又是王红旭的好老师，如今，王红旭又把这份为人师表的大爱，传递给了自己的学生们。

（三）育才园里爱情长跑传佳话

王红旭以敬业精神，感恩着命运的安排，命运，也继续给予他厚爱。

在被广大师生亲昵地称为"育才园"的这所学校里，王红旭遇到了许多关心他、培养他成长的前辈老师；结识了许多帮助他、激励他进步的同事；更遇到了让他一见钟情、视若珍宝的人生伴侣——陈璐希。

2012 年 7 月，毕业于重庆师范大学汉语言文学专业的陈璐希考入大渡口区育才小学执教。同年 9 月，陈璐希担任育才小学建设村校区一年级 2 班班主任。恰好，体育教师王红旭被安排兼任该班副班主任。

或许因为同是毕业于重庆师范大学的"师兄妹"，王红旭和陈璐希在工作上就多了几分亲切，思想上也有了更多的共鸣。

2012 年秋，一次校内赛课结束后，几位年轻老师相约一起去唱唱歌，放松一下，王红旭和陈璐希都参加了这次聚会。从聚餐到随后的 K 歌，王红旭不知不觉地被"小师妹"的美丽与善良所吸引，陈璐希也对王红旭这位"师兄"言谈举止中的细心和宽容印象深刻。两个人都发现彼此之间竟然有那么多共同的话题，都感觉那一晚相聚的时光过得特别快。

缘分，就在工作的接触和学习的交集中，牵出了一根红线，生出了一种倾慕，于是，红线拴住了他们的心，倾慕套牢了他们的情。

在陈璐希的眼中，王红旭是一个"非典型"的体育老师，他完全颠覆了许多人眼中体育教师"头脑简单、四肢发达"的传统认知。王红旭拥有扎实的体育专业素养，待人接物很有礼貌；且知识面也涉猎颇为广博，健谈且谈吐不俗，不仅对时事政治颇有见地，对于深奥的易经、典雅的国学，竟也能侃侃而谈，尤其是王红旭的地理知识和"二战"历史知识，简直达到了"民间专家"的级别，显然是平时读过不少的书，让不少文科老师都自叹弗如。生活中，王红旭从不爱看肥皂剧，总爱看一些关于霍金的纪录片之类，也经常给陈璐希分享一些很有意思的知识点。

身为体育老师的王红旭散发出的这些特别之处，让美丽骄傲的陈璐希不知不觉中对他心生好感。有时候听到王红旭在跟别的老师谈天说地，也不禁侧耳倾听他讲的内容。

除此之外，王红旭受学生们欢迎的程度也让陈璐希惊讶。王红旭毫不吝啬地向她分享心得：对孩子不能一直大声说话，要培养孩子学会静静地听。陈璐希于是开始悄悄地观察红旭的教学方法，发现他在课堂上善于用幽默风趣的语言吸引孩子们的注意力，课堂下又会把学生当成朋友一样对待。这样的良师益友，岂不就是人生的灵魂伴侣？

在王红旭的眼中，"小师妹"陈璐希不仅人长得漂亮，而且心地善良，重要的是她特别喜欢小孩子。一般来说，班主任老师都比较看重文化成绩，常常有"侵占"体艺课时间之举。而陈璐希就非常赞同王红旭的观点，对一些学习成绩一般，或者家庭条件一般的孩子，她坚定地支持王红旭的主张，让他们练好体育或艺术特长，这些孩子未来也可以多一条出路，这也是深刻应合育才小学因材施教的宗旨——让校园每一个生命都精彩。

师兄妹的关系、共同语言的交流、天生性格的互补、思想亮点的辉映，使两个年轻人的心越靠越近。两人的交往中经常互相分享快乐。谈论得最多的，就是孩子。王红旭会跟陈璐希讲，在田径训练中，有哪个小孩又发生了什么样的小趣事，陈璐希也会讲班上哪个小孩怎样怎样。以至于记忆力出众的王红旭对陈璐希班上的每一个孩子，全部都能记住名字。

在陈璐希的班上，王红旭选出了好些个"体尖"苗子，吸纳入学校的田径队训练。这群孩子作为陈璐希带过的首批学生，跟着王老师从小学一年级一直训练到六年级，不少孩子最终都在"小升初"的时候，得到了"体尖生"的加分，李浩源、郑铭洋两名田径队员，更是直接被保送进了重点中学。这群孩子在打下扎实运动基础的同时，也见证了王红旭和陈璐希的感情，在一步步升华，一步步升温。

陈璐希班上有一个姓罗的小男孩，很小就没有了母亲，父亲又在外省打工，常年是和爷爷、奶奶，还有姑姑生活在一起，家庭经济条件也不太好。陈璐希在了解到这个孩子的具体情况后，为了确保孩子未来能"多一条出路"，便找到王红旭，下了一个任务："旭哥，这个孩子很值得同情，你一定要想办法，尽可能地帮助他，让他也能有体育特长，未来也多一条出路。"

王红旭当然二话没说，将这个姓罗的娃娃选进了田径训练队，从小学一年级开始到六年级毕业，一直带着他训练。而陈璐希则经常抽出时间，为这个失去母爱的孩子义务补课。为了弥补小罗缺失的父爱和母爱，王红旭和陈璐希还经常在周末和节假日，带着他去逛逛公园、看看电影……在共同陪伴着小罗感受"家的温暖"的同时，那种温馨美满的奇妙感觉，也将王红旭和陈璐希的心，越拉越近，越系越紧……

2012 年 12 月 31 日夜晚，也许是王红旭和陈璐希生命历程中最浪漫的一个夜晚。前一天，王红旭就约了陈璐希，一起共度辞旧迎新的美好时刻。当时他们都还没有买车，他俩就乘坐公交车，从大渡口区来到渝中区，共进甜蜜的晚餐后，又来到了解放碑的露天广场上，在熙熙攘攘的人群中，他们紧紧依偎在一起，静静地等待着新年钟声的敲响。

"铛、铛、铛、铛……"当见证着 2012 年已经成为历史，2013 年即将来到的钟声敲响时，"六、五、四、三、二、一……"解放碑露天广场上成千上万的年轻人，兴奋地听着敲响的钟声在计时，最后一声悠扬的钟声敲响了，王红旭和陈璐希像无数年轻恋人一样，深情拥抱在了一起，他们在心底默默许愿，希望明年、后年，以及风雨同舟的有生之年，心心相印的人们，都能像今晚一样，在一起聆听时光的脚步，在一起共度生命的朝夕……

秋去冬来，陈璐希因为体质欠佳又加上连续加班备课，患感冒一直咳嗽，嗓子都哑了，讲课极其困难。王红旭看在眼里，急在心里。

当时，陈璐希与父母住在陈家坪，每天要坐 806 路公交车上班。这天早晨，陈璐希像往常一样上了公交车，不一会，手机响了，是王红旭打来的。

王红旭问陈璐希："出门了吗？是不是坐的 806 路公交，现在到哪一站了？"

陈璐希简单地作答之后，只当是平常的早安问候，也没太在意。

公交车行驶到马王乡站，陈璐希突然看到一个熟悉的身影挤进了车门——茂密的黑直短发，眯缝带笑的眼睛，正是王红旭！他手里还捧着一个圆桶状的不锈钢饭盒，一上车就四下张望，显然是在找寻陈璐希。

当二人四目相对时，王红旭的笑意更浓了，他赶紧挤到陈璐希身边，把小心翼翼捧着的饭盒，双手递给陈璐希："你嗓子疼，少说话，赶紧把这个趁热吃了！"

陈璐希打开饭盒一看，里面装着的是切成一小块一小块去皮的梨肉，合着冰糖蒸好了，冰糖雪梨羹正温热。

"快吃、快吃，这个方子止咳润肺特别好！"王红旭的眼睛都笑成了两道缝，一迭声地催着陈璐希赶快吃，又变戏法似的递过来一把精致的不锈钢小叉子，"我起了大早，给你蒸的。梨肉也要吃哟！"

陈璐希感动地微笑着抿了一口，一股清甜在唇齿喉间弥漫开，一直浸透心底。她甜甜地笑着，叉起一块梨肉，要喂给王红旭也品尝品尝，犒劳他的辛苦。

王红旭却把头摇得像个拨浪鼓："不、不，你都吃光，我不能和你'分梨'！"陈璐希的心，瞬间就被他的"傻劲"融化了。

从那天起，有近一个月的时间，每天早晨相同时间段，王红旭都会捧着蒸好的冰糖雪梨羹，守候在马王乡站，等待着陈璐希，一直到她的嗓子完全康复……

但好事多磨，这一段感情也并不是一帆风顺的。

对于王红旭和陈璐希的频繁交往，感情升温，陈璐希的父亲陈川林、母亲唐国信，一开始是坚决反对的。

尤其是在心疼女儿的父母看来，王红旭是在远离重庆主城300公里外的万州区长大的，俗话说"十里不同乡，百里不同俗"，生活习惯也许都会存在差异，自然担心女儿生活上受委屈。更何况两人在一个单位，同为大渡口区育才小学的老师，在学校传出"办公室恋情"，会不会有什么不好的影响？万一交往了一段时间后，发现不合适，没能走到一起，届时抬头不见低头见的，会不会有些尴尬？

面对父母对于王红旭表现出的不赞成态度，希希陷入了左右为难的矛盾中。一边，是不忍忤逆的父母；一边，是心中认定的良伴，这"爱也难、断也难"的关系，令她不知何去何从，也令王红旭那段时间饱受爱的折磨而痛苦不堪。

阳光开朗的王红旭也陷入了消沉的情绪里，私下里和几个铁哥们一起聚会时，不善饮酒的他，几次都把自己给灌醉了，嘴里还不停唤着希希的名字。

张杨等几个兄弟伙都忍不住劝他，"算了嘛，不合适的就放手，'天涯何处无芳草'，何必让彼此都这么痛苦呢？"

"不！"面对兄弟伙们好意的劝解，王红旭发出固执的咆哮，然后，他又低下头，含着泪低声喃喃自语，"我放不下啊，放不下啊，我知道，希希也放不下我……"

那些日子，王红旭的脸上，少了阳光的笑意，消沉的样子被时任育才小学校长的李长彬看到了眼里。

一天下午，李长彬抽空到操场上去看望田径队的训练情况，看到王红旭一个人在检查准备物品，就上前习惯性地询问了一番学生训练状况后，特地轻声问道："红旭，最近怎么样啊，没啥事情吧？"

王红旭一听，明白平日里如父兄般关心自己的校长话中有话，开始还有些不好意思地支吾着，但抬头看到李长彬亲切而关心的眼神，他沉吟了片刻，一咬牙就将自己和陈璐希的事儿和盘托出，并试探地问道："您看，接下来我该怎么做啊？"

"我当是啥事儿呢，看你愁眉苦脸的一天！"李校长呵呵一笑，拍了拍王红旭的肩膀，"我也曾是从乡镇学校转来市区学校的教师，我爱人也是市区学校的老师，我当初在追求她的时候，她家人一开始也是反对的……"李长彬毫无芥蒂地娓娓说出自己在大学时期时遇到现在的妻子，又怎么矢志不渝地追求爱情、最终以真诚与责任赢得爱人心的感情经历，让王红旭踟蹰的心境一下子就豁然开朗。

"送你两句话，一是做好自己，二是坚持不懈！"分享了自己的成功经验，李校长最后送了王红旭两句"锦囊妙计"。

做好自己，一是要努力做好本职工作，争取做得更优秀，有成绩，才更容易得到别人的认可。另外，也要理解希希父母希望女儿嫁得更好的人之常情，不失对二老的尊重和关爱，将心比心，以情动情；坚持不懈，就是一旦认定了目标，就要百折不挠地坚持下去，脸皮厚一点，不要怕挫折。水滴石穿，绳锯木断，相信皇天不负有心人，总会功到自然成！

短短一席话，让王红旭的眼睛亮了起来，也让他对待工作、对待感情的状态，像再次充足了电。

日常相处中，王红旭更是把女朋友陈璐希宠成了自己的"希希公主"，逢年过节、纪念日都有精心准备的礼物不说，陈璐希的爱好，王红旭都牢牢记在心中。两人在外面吃饭时，王红旭会按着陈璐希嗜辣的口味点菜；陈璐希喜欢喝一个品牌的牛奶，王红旭可以跑几条街去给她买回来；王红旭自己对穿着并不太讲究，读大学时的衣服都一直还在穿，可每年都会给陈璐希和她父母买当季的新衣服……

恋爱中，王红旭还不时会玩儿一些奇思妙想的小浪漫。田径队鬼机灵的孩子们，颇有"春江水暖鸭先知"的敏感，比绝大多数的老师都先看出了王红旭和陈璐希的关系，每次看到两人走在一起，都会凑热闹地起哄，大一点的孩子，甚至还会顽皮地用"师娘师娘"称呼陈璐希，一开始，还让希希很有些尴尬。

相比之下，王红旭却大大方方，毫不介意，甚至还让这些顽皮的孩子来为自己的爱情"助攻"。那段时间，王红旭定下了一个新的"惩罚"方式：谁的训练没达标，要么选择十倍苦练，要么，就去找到"师娘"陈璐希说一句："我是王老师班上的小帅哥（或小美女）。"

孟俊帆就当过这样的小跑腿儿。第一次，他小声说完前半截，不好意思说"小帅哥"就跑了，信息传递不完整，又被王红旭"罚"重新回去说一次。两次下来，孟俊帆就再也不敢偷懒了，练得不好，宁可咬牙加练。

一开始，陈璐希面对这一出，是觉得又好笑又有点儿不好意思，渐渐地，几次"小兵传话"下来，她越来越能感受到王红旭的一片用心——既让她习惯了面对孩子们的玩笑起哄，也能让孩子们知道让人不好意思的别扭感。而且，还借此向陈璐希传递了自己的挂念，让她能时常感受到二人之间的情感连线……

在陈璐希的记忆里，王红旭对她说过的最浪漫的一句情话，或许要数 2017 年的寒假。春节期间，他们在云南大理旅游。在美丽的苍山脚下，洱海之滨，心旷神怡之余，陈璐希感叹了一句："旭哥，今年春节，我们都没在家里度过哟。"王红旭牵着她的手，深情地凝望着她的眼睛，认真地对她说道："亲爱的，你在哪里，家，就在哪里！"在那一刻，陈璐希感觉心都完全被融化了，她轻轻依偎在王红旭的怀抱里，感受到了心灵之船停靠情感港湾的温暖与安稳。

2017 年初夏，陈璐希要参加大渡区教委主办的示范课比赛，因为工作经历不算很丰富，陈璐希感觉心理压力特别大，有些沉不住气，但又必须作充分的准备。

一天放学后，陈璐希在微信上告诉王红旭："我要加班备课、备赛，不能陪你了。"然后，就把自己关在教室里，一遍一遍地对着空无一人的课桌，练习赛课内容。感觉到讲得比较熟练，心中有底的时候，陈璐希一看手表，已经到了深夜 11 点，于是收拾好东西，关了教室的灯，推门出来。突然看到走道里站着一个人影，吓了一大跳，定睛一看：王红旭！陈璐希心底漾起幸福的涟漪，感到特别的安定与温暖。

"你怎么来了？来了多久啦？怎么不进来呢？"陈璐希迎了过去，挽着王红旭的胳膊，嘴里却故意嗔怪着。

"我来了两个钟头了。看你练得投入，怕影响你，让你分心，就站在外边等你。这么晚了，不送你回家，我哪能安心呢？"王红旭又是笑眯着眼说。

到了正式比赛那一天，平时一有空隙时间就会给陈璐希打电话、发信息的王红旭，破天荒地保持了"安静"。陈璐希完美发挥，获得一等奖。走下领奖台后，却被在比赛现场的同事调侃了一气："希希妹儿，还是好生管一下你家旭哥吧，今天我手机都差点被他的信息塞满了！一大早起来，不停地给我发消息问你的情况：'她心情怎么样啊？''状态如何啊？''有没有紧张？''最后成绩怎么样？'"同事还夸张地表演着对话："我叫他直接问你嘛，你家旭哥却说，晓得你心理素质不够沉稳，怕直接问你影响到你的发挥……"

爱情最美好的样子是什么？也许一万个人会有一万个不同的答案。但在陈璐希看来，她和王红旭在一起的那种美好的感觉，就是互相欣赏、互相吸引、互相支持、共同进步……

在王红旭的帮助和支持之下，爱岗敬业的陈璐希教育教学成果丰硕。她先后担任了语文教师、班主任、教研组长等职务，曾荣获大渡口区教委授予的优秀共产党员、优秀老师称号；两次被大渡口区教委评选为先进个人；先后三次参加大渡口区教学竞赛，获得一等奖一次，二等奖两次；在"一师一优课，一课一名师"活动中，被评选为"优课"教师；多次指导学生参加征文、演讲比赛，获得过国家级、市级奖励。比翼双飞的这对年轻教师，都在育才园广阔的天空里越飞越高。

渐渐地，王红旭的一言一行，一举一动，被陈璐希的爸爸陈川林、妈妈唐国信，看在眼里，记在心里，加上陈璐希有意无意地表扬王红旭，他们对王红旭的态度也慢慢发生着变化。

在陈璐希看来，真诚善良、幽默细心的王红旭，就是她心中需要的灵魂伴侣。要是换一个人，肯定不会那么耐心地听自己讲班上那么多孩子的事儿；不会在自己面对压力和挑战的时候，细心地帮着排解焦虑情绪，更不会用贴心的关照，带给自己那么多幸福和感动。

日积月累的精诚所至，金石也为之而开。

眼看着外表憨憨的王红旭，对陈璐希点点滴滴的温暖与守护，陈璐希父母坚决反对的"冰山"终于融化，渐渐默许了两人的恋爱，终于为两个相爱的人儿敞开人生之门，成全了这对真心相爱的年轻人。

2017年初秋，王红旭特意选在陈璐希的生日这天，和陈璐希携手踏进了大渡口区民政局婚姻登记处。两个烫金的小本，一张甜美的合照，宣告了一个幸福家庭的正式诞生。

在甜蜜的婚礼上，王红旭凝视着陈璐希说了一段长长的真情感言，同时郑重承诺：感谢希希，选择了自己……这一辈子，永将珍惜与感激，努力让妻子过得幸福！

婚纱映衬下愈发美丽的陈璐希，也深情回望着红旭，一字一顿地温柔告白："只要心甘情愿，世间万难都会变得简单！"

（四）初为人父，陪伴是最深情的告白

时光如梭，育才园里比翼双飞的王红旭与陈璐希，把二人世界安排得像蜜窝一样幸福甜蜜、有滋有味。

一天下班后，小两口回到家中，一起动手做饭。吃饭时，陈璐希一本正经地开口说："旭哥，我们家要来一个客人了。"

"哦？好呀！你家亲戚吗？啥时来？要住几天吗？我们上哪儿请他们吃饭合适？"生性好客的王红旭高兴地连连发问。

"不用那么客气，也不是外人，而且来了就不走的，要和我们长期住一块呢！哪用上外面请他吃饭呀，他也吃不惯外面的饭菜。"陈璐希继续一本正经地微笑说。

"啊？"王红旭被陈璐希意味深长的表情吸引住了，停下了筷子，带着疑惑望向陈璐希。

原来，陈璐希已经感觉到身体开始发生了奇妙的变化，于是悄悄买来试孕纸一测，果真有了身孕。她决定要给旭哥一个惊喜。

调皮的希希还准备继续捉弄下他，猛地一阵反胃的刺激汹涌而来，她赶紧掩嘴逃进厨房，在水盆边一阵干呕。

素有"宠妻达人"名号的王红旭赶紧追进厨房，看到这一幕，再一想陈璐希刚刚笑意嫣然的话语，顿时恍然大悟！

他惊讶地张大了嘴，眼睛里亮起惊喜的光，一边细心地用餐巾纸擦拭陈璐希的嘴角，一边用手指着她的肚子，轻声地问，"希希……我，要当爸爸了？"

陈璐希带着娇羞的微笑，点了点头，鼻子轻轻地"嗯"了一声。

这温柔的答案，一下点燃了王红旭的兴奋神经，他"哇"地欢呼起来，顿时手舞足蹈地跳了起来，差一点撞上厨房的门框。突然，又赶紧收住手，小心翼翼地摸向陈璐希的肚子，说道："希希，现在你可是'特级保护对象'，一点也不能碰着撞着，快去坐下！"

"瞧你这傻乐样！哪儿像个要当爸爸的人。"陈璐希佯装嗔怪地白了王红旭一眼，然后又笑着问他，"你更喜欢儿子，还是女儿？你猜猜，这小宝宝是男孩，还是女孩呀？"

"不管是儿子还是女儿，我都一样喜欢！"王红旭毫不犹豫地脱口而出，并迅速地将这个问题球又踢了回去，"那你呢？是更想要个儿子，还是女儿？"

"都说儿子更亲妈妈，那我希望宝宝是个儿子吧！好像你，聪明、热情、幽默，又充满阳光……"陈璐希认真地想了想回答道，"而且，最近我连最爱的辣味都不大喜欢了，突然特别喜欢吃酸的东西。老人家们常说，'酸儿辣妹'，看来是儿子的可能性也更大吧？"

"儿子挺好！我还可以带他踢足球。不过，性格可以像我，样子还是要像你才好！尤其是眼睛！"王红旭赶紧认真地进行补充，"同事们常笑我，眼睛这么小，却找了个大眼睛老婆。我一直就说，这就是为了改良基因嘛！"

说完这话，王红旭还一本正经地贴近陈璐希的肚子，温柔地对着肚子里还未成形的小生命认真嘱咐道："宝贝儿子，记住啦，眼睛一定要选你妈妈的模板哦！"

这一席话，逗得陈璐希"咯咯咯"地笑个不停，本来低落的胃口似乎也好了很多。

为了让陈璐希能有胃口吃得多点儿，有足够的营养来确保小生命的成长，从这一天起，王红旭按照希希最近爱吃酸味的偏好，每天早上提前一小时起床，为她精心准备一份番茄鸡蛋面，又是坚持了一个多月，直到陈璐希吃得有些腻味了才作罢。

8月26日，小两口为新生命在重医建了档，让陈璐希感动的是，为迎接这个小生命的到来，王红旭从这天起就开始在手机上，为宝宝写起了日记。

第一篇的日记配发了一张陈璐希低头呕吐的背影，文字内容是这样写的：

宝宝，从今天开始我尽量每天都记录你即将来到这个世界的点点滴滴。其实啊，最关键的原因是我希望你今后能够好好孝敬你妈，每次看到她吐得天昏地暗，为你受罪的时候，我就在想，你今后如果不好好孝敬她，我现在起码有图为证，她为了你，受了多少苦。宝宝，我们已经在重医建好了档，不出意外，你会在阳春三月呼吸到第一口空气，我都有点迫不及待了。

这一系列日记里，王红旭不时也会冒出几句幽默的话语。8 月 27 日的日记里，他写道："晚饭后，天气依然炎热，但是妈妈为了你的健康，主动邀约我去散步，可见，你还是相当有魅力的呢。今天，你有了 35 克，我就在换算，你和一块回锅肉，谁重？但是我知道，你于我和你妈妈而言，必然必须是比回锅肉重要太多太多。"

对于新生命期待的狂喜，莫过于第一次通过产检真切感受到其存在。9 月21 日，王红旭第一次听到了宝宝的心跳，他激动万分地写下："最让我期待的是终于可以听见你那雄健有力的心跳声，我可是期待了好久了呢。事前，我都和你妈妈商量了要她录下来给我听（其实是我苦苦哀求的），你妈妈出来后，我迫不及待地拿她的手机听，终于我听到了我梦寐以求想听到的小火车的声音，虽然有杂音，虽然你妈录的水平很低，但我确定那就是你的心跳。我终于听到了！！！！感谢你，宝宝，因为有你，我有了更多的期待，我现在就在期待十一月你的四维彩超，那个也许算得上是你的第一张彩色照片。爸爸到时候会给你保存好，你今后可以看看，你在你妈妈肚子里的样子。爱你，宝贝，继续健康地成长吧。"

有了对小生命的期待，让王红旭对生命也生出了更多的感悟，2017 年 10月 2 日，他写下一篇长长的日记：

"宝宝，上次产检后，爸爸终于说服妈妈买了一个胎心监护仪，到货后迫不及待地亲自操作一番，虽然操作不熟练，经过几番摸索，终于还是听到了你那强健有力的心跳。宝宝，爸爸内心是激动的，你是我和妈妈爱的结晶，你已经如此真切地来到我们的生活中，我们不需要幻想着你的存在，而是可以真切地感受。

"到了十一长假，我们托爷爷奶奶，把我的奶奶带到了重庆。这可是祖祖第一次来到重庆，是她这辈子第一次出远门。祖祖身体还算硬朗，但是岁月的蹉跎也越发地摧残着她的身体。祖祖都开始有些驼背了，祖祖看着妈妈日益隆起的肚子，也是乐开了怀。你的到来，我们就是四世同堂，可没有多少家庭拥有这份幸运。

"祖祖来到重庆，本来爸爸妈妈准备带她好好去看看我们一家今后生活的城市，可是祖祖太过于晕车，真的只能选择放弃。但愿我们四世同堂的日子还能更长久一些，但愿你能够认识并记得那张满是褶皱的脸庞。

"宝宝，看到这些，爸爸不是想你学会多愁善感，是想让你知道岁月就像流水，能够带来一些东西也能够带走另外一些东西。这是历史的车轮，不可逆转，只是我希望我们一大家子彼此一起的交集能够长一点更长一点。

"宝宝，昨天妈妈告诉我，她已经可以感受到你的动静了。我还将信将疑，今天她说动静越来越明显，在你动得频繁的时候，我轻轻地把手放在妈妈肚子上，居然我也感受到了你的动静，真的感受到了！那一刻，我欣喜若狂！我知道，那可是我的孩子啊！一个鲜活的生命，一个我这辈子最疼惜的人（当然，这里必须还有你妈），离我越来越近了。"

现代人常说，"陪伴是最长情的告白"，在王红旭陪着待产的妻子，写给宝宝的日记里，字里行间就满是他对家人的深爱。

2018年2月25日，在王红旭殷切的翘盼中，他和陈璐希的爱情结晶终于在重医呱呱坠地。陈璐希说得还真准，是个儿子。

看着这个粉雕玉琢般可爱的健康男婴，小两口给他起了个亲昵的爱称"团团"——既有胖乎乎、肉嘟嘟的特点，又有团圆美满的寓意。

为了给小家伙一个更好的生活环境，在团团降生前一个月，王红旭和陈璐希就乔迁了新居，从马王乡的老式居民楼搬进了位于大渡口区江州社区管辖的"康田栖樾"小区，这是一个坐落在大渡口建桥工业园区内的新建小区，小区环境优雅，开发楼盘500多户，已入住业主300余户。

在陈璐希产后恢复的日子里，王红旭这个"奶爸"表现得非常优秀，兑奶粉、换尿片、给小家伙洗澡……他一学就会，全都能熟练胜任，看上去比保姆还细心专业。王红旭每天下班回家的第一件事，必然是抱着宝贝儿子一起"呀呀呀"地对话一番。每晚还会坚持着给儿子读古诗、讲故事，乐此不疲。

在陈璐希休完产假后，由于她是班主任，平时工作更忙一些，所以，团团的陪护和教育，更多时候也是落在王红旭的肩膀上。

有别于一般家庭孩子往往更黏母亲，团团最喜欢的就是陪伴他最多的爸爸。每晚做亲子游戏，总是优先选爸爸，只有在爸爸偶尔不在的时候，才会选妈妈一起玩儿。

对待这个宝贝儿子，王红旭从来舍不得打骂，大声呵斥都没有过。不仅自己对儿子特别温柔，王红旭还时刻提醒父母和岳父母，孩子的教育一定要充满爱心和耐心，言传身教就是最妙的教育方式，不需要靠打骂来树立家长的权威。他将自己多年教育学生的心得和经验搬到对团团的教育上，真心和小家伙"交朋友"，用和风细雨的言行引导儿子的成长。

教团团学会分享，他就像父母小时候将自己的玩具车供小伙伴们一起排队玩耍一样，让团团将他的电动车带到小区里，与大家一起玩儿。还升级了"祖传"的排队轮流坐车的玩法儿，通过"公交售票"或"排队打卡"的游戏，让很多小孩子都能一起开心地共享这辆小车。这既让团团更好地结交了一帮同龄的玩伴儿，也让孩子们在排队、售票、验票的游戏中，模拟了社会的组织性、纪律性，还提高了基础的算术能力，让小朋友们玩得格外开心。

教团团学会公德，王红旭的舅舅李永奎曾亲眼目睹了这样一件小事儿。2020年的夏天，王红旭请从万州上重庆来的舅舅吃饭，他们一起来到大渡口九宫庙步行街。进吃饭的商场前，一个比团团大几岁的小朋友从他们面前走过，小朋友随口"啪"的一声吐了一口痰在地上。看着那个小朋友走远的背影，王红旭的眉毛皱了一下，他低下头问坐在童车里的团团，"团团，你看，这个小哥哥的行为做得好不好？"从小被教育要有公德心，在公共场合要讲卫生的团团睁着大眼睛摇了摇头，脆生生地回答道："一点儿也不好！""那我们帮小哥哥改正一下错误好不好？"王红旭又问。"好呀！"团团认真地连连点头。于是，王红旭取出一张面巾纸，将地上的口痰擦干净，然后将纸团扔进了一旁的垃圾桶。一直目不转睛地看着王红旭举动的团团坐在童车上，为爸爸鼓起了掌。

为了让团团懂得孝与爱，王红旭每次带团团去外公外婆家，一个必不可少的仪式环节, 就是团团对长辈的亲吻, 第一个, 就是最年长的外祖母……而陈璐希印象最深刻的是 2021 年的母亲节。王红旭说妻子平时上班辛苦了, 特意放她半天假放放空, 于是他独自一个人把团团带出了门。等到两爷子回来吃晚饭时, 小团团神神秘秘地把双手藏在身后, 走近妈妈身边后, 才变戏法似的从身后变出一束鲜花献给了妈妈, 奶声奶气地对她说, "妈妈辛苦啦! 祝您节日快乐, 永远像鲜花一样美丽!" 陈璐希感动不已地蹲下身, 紧紧地抱住了宝贝儿子, 一问, 才知道爸爸带他去选了鲜花, 两人还在车库排练了好多遍这两句充满深情的台词。

在王红旭倾心教诲之下, 小团团聪明懂事、口齿伶俐, 很受街坊邻居的喜爱。王红旭成功的育儿经验, 在小区里也收获了不少 "粉丝"。由于王红旭下班后经常带着小团团在小区里玩耍, 他同许多同时段带娃出来玩儿的邻居就成了同道好友。其中, 家住 12 栋、三十多岁的 "方二妹妈妈" 曹型梅, 就是同王红旭见面比较多, 交往比较熟的一位。他们之间最大的共同话题, 当然就是关于小孩教育的心得体会。

一次晚饭后的散步时间, 王红旭带着小团团, 王型梅带着方二妹, 在小区里的林荫道上不期而遇。

王型梅问王红旭: "听说你是育才小学的老师?"

王红旭点头回答: "嗯, 体育老师。"

"体育" 二字一下子拉近两位家长的心理距离。王型梅打开了话匣子: "我大女儿在实验小学五年级读书, 喜欢游泳, 游蛙泳, 两年前, 还在大渡口区的小学生游泳比赛中, 得了蛙泳第一名。"

"好呀, 从小就进行体育锻炼, 既是一门特长, 还可以增强身体的协调能力, 提升对疾病的预防能力。"

没料到王型梅叹了一口气, 继续说道: "但我觉得她好太动了, 屁股跟板凳挨不到十分钟, 做几分钟作业, 就心不在焉了, 要跑去跳绳、躲猫猫了。"

"好动的孩子聪明, 真要是长时间坐着不动, 你还会担心她坐出毛病来!" 王红旭的回答让王型梅既高兴, 又不解, 王红旭接着解释说, "现在的年轻父母中, 不少人对小学教育有一个认识上的误区, 认为只要完成了老师布置的作业,就是一个好学生。其实，小孩子的成长，都有一个从贪玩到认真的过程，小学教师的责任，就是促进小孩子德、智、体、美的全面发展，缺失了任何一个环节的教育，就叫'偏科'。"

他们的交谈，吸引好几个散步的邻居，也围拢过来，站在旁边静听，从王红旭的话语中，他们感觉到，小区里这个"团团爸"，是真正有学问，有见识。

一位邻居插话询问："王老师，我的孩子也在读小学，个子老长不高，你是教体育的老师，有没有长高的诀窍？"

王红旭的回答非常解压："首先，家长不要过于焦虑，现在生活条件都不错，孩子们的营养应该没有大问题的，就像百花盛开有先有后一样，长个子也存在个体差异的先后问题。只要孩子胃口好，肯吃饭，睡眠充足，注意营养均衡，再辅以跳绳等体育锻炼，长个子应该没什么大问题！"接着他又话锋一转，"就算暂时矮一点，可我们改革开放总设计师小平同志的个子也不高呀，他干的业绩，却能让全世界仰望！人不在高矮，而在内心，只要内心世界充实，即便矮一点，也能够登高望远。"

提出问题的邻居，显然也赞同王红旭这一的观点，连连点头称是，对孩子的"不长高"也就没那么焦虑了。

王红旭就是这样，用一言一行影响着儿子团团，也带给周围的人充满阳光的教育观念。他，不仅仅是学校的好老师，也随时随地都是一个充满真善美正能量的践行者和传播者。

在深爱着自己孩子的同时，他所秉持的"幼吾幼以及人之幼"的爱心，也让他对于"爱生如子"有了更真切更深刻的体悟。

（五）亲情和睦，长辈赞许难能可贵

与陈璐希结婚之后，王红旭对陈川林、唐国信改口叫了爸爸、妈妈。随着了解越多，二老也越来越认可和喜欢王红旭这个女婿了。

"现在的年轻人当中，孝，已难得；能做到顺，更是罕见了。"在陈川林的印象中，王红旭最大的特点是孝顺。不过，陈川林认为，普通人对长辈大多还是有孝心的，给长辈钱、给长辈买东西，其实都不难做到。最难做到的，还是孝顺里的顺。

在学校，他是一名好老师；在家里，他是好晚辈、好丈夫、好爸爸。只要时间允许，他都会接送孩子，每天给他讲故事。妻子陈璐希的外婆年事已高，王红旭常常帮老人剪指甲、洗脚。儿子总是跟在身后，帮着擦脚，把掉在地上的指甲捡到垃圾桶里。年过九旬的外婆经常记不起身边的人谁是谁，但只要是"小王"——王红旭一进家门，她就喜笑颜开，嘴里还能喊出"小王"二字来。王红旭不仅经常看望老人，给她买好吃的，给她封红包；更难得的是，他还教育儿子团团，进门第一件事情是去老人跟前喊一声"祖祖"，同时还要在祖祖脸上亲一下，才能去别处玩。王红旭每次到家里来，老人家都会乐呵呵地开心不已。

"所谓的顺，就是顺着长辈的心意，言语态度上不拂逆，不顶撞，愿意付出时间来陪伴老人。"陈川林说，"对外婆尚且如此，对我们两个，红旭的表现更是无可挑剔。"有一次，王红旭无意间听到陈川林抱怨手机的反应迟钝，第二天，一部新手机就送到了陈川林手中。他能不高兴吗？

岳母唐国信对于女婿王红旭心地的善良，也是无比感慨。2019 年 8 月，王红旭和陈璐希带着幼子小团团，到重庆市江津区东胜镇云岭翠湖小区避暑房度假，小区坐落在海拔1000多米的山上。这天上午，王红旭正带着小团团在路边玩游戏，忽然看见一个老婆婆背着一个背篼，背篼里装着一个头破血流，不到3岁的小男孩，一脸焦急地从身边走过。热心的王红旭上前询问是怎么回事儿。原来，小孩子从高低床上摔了下来，摔破了头。小孩子的父母在主城区上班，只有婆婆一个人在这里照看孙子，婆婆没有车，山上一时看不见公交车和出租车，只好背着小孙子下山去治疗。

大热的天气，就算是年轻人，徒步下山也要走40多分钟的路程，更何况是一个老婆婆，还背着一个摔伤了的小孙子。心肠特软的王红旭沉不住气了："老人家，走不是个办法，孩子的伤情耽误不起，我有车，送你们下山去！"

王红旭将小团团托付给一个熟人帮忙照看几分钟，随即打电话给岳母唐国信，请她尽快赶来，接手陪护小团团。王红旭驾驶的小车飞速下山，受伤的小孩子得到了及时救治。

不明缘由的岳母唐国信很快赶来了，发现王红旭托人照看小团团，自己离开了，心里有些不快，但问清楚王红旭驾车下山的来龙去脉后，又忍不住为王红旭的热心肠点赞。事后，唐国信还对王红旭的母亲李永兰说起这事，连声夸赞，"亲家母呀，你这儿子真是好心善啊！"

两千多年前，孔夫子论孝时，都曾感叹过"色难"，意思是说对父母和颜悦色，是最难的。现实生活中，不少人对外人多能宽容有爱，对最亲近的父母却很容易发脾气，但王红旭的孝心和爱心绝不是只对岳父母和外人才有，面对自己的父母，王红旭从来都没大声争执过。而且面对两边的父母，王红旭会尽力做到一碗水端平：每年春节，王红旭都会给双方父母买新衣服；每年寒暑假，王红旭也会轮流带两边的父母去旅游，饱览祖国的大好河山、壮丽风景。

自从王红旭参加工作以后，父母家中新添置的电器几乎都是他买回家的；妈妈李永兰手有风湿，他就特意买回一架电子琴，让妈妈有空时能多活动一下手指；知道父母想念小孙孙，只要是在家里，他每天都会让团团和爷爷、奶奶微信视频；而父母每次往返大渡口和万州来看望他，几乎每隔一小时就会接到他关心行踪的电话，时刻嘱咐着注意安全……

由于王平在铁炉小学是"全科老师"，也在教体育课。每次回老家，王红旭特别喜欢和老爸交流工作经验。渐渐地，父亲王平发现，儿子在体育教学上早已是"青出于蓝而胜于蓝"了。王红旭会很细致地给老爸传授自己的小技巧，怎么教小孩子跳绳、怎么纠正小孩子在田径运动中的姿势、怎么让相对枯燥的田径训练能引起小孩子的兴趣和参与积极性……好多次，都让王平感觉受益匪浅。

父子二人还会经常就一些社会问题展开讨论，有一次就讨论到了"见义勇为"这件事儿上。父亲认为，救人是肯定应该救，但前提条件还是要在确保自身安全的情况下，量力而行。王红旭对此却有不同的看法，他举了一个例子问老爸，"要是你看见你的学生重重地摔了一跤，你要不要去扶起来？"在得到父亲肯定的答复后，王红旭接着问，"那你是赶紧快步跑上前去查看，还是优哉游哉地慢慢踱着步过去？""那当然要快步跑上去。"王平回答说。"那你快步跑上去，自己有没有摔倒的风险和可能？"王红旭一步步将老爸引进了自己的"观点埋伏圈"，"在那一刻，哪还顾得上考虑那么多哟？救人就是作为老师的一种第一反应和本能！对不对？"

父亲已经无话可说，王红旭还不忘乘胜追击，并拉来妈妈当援军，他转头问李永兰，"妈，2008 年 5·12 大地震那天，你为什么要冒着教室可能垮塌的危险，反而从二楼往三楼跑？"李永兰想了想，点头认同了儿子的说法，"是啊，危急关头，确实想不到那么多了。就想着快看看楼上的学生们怎么样了，得赶紧带他们撤下来……"

这场"辩论"，最后以王平和李永兰笑着摇头而告终。王平嘴上不说，心里也承认了儿子红旭说得占理。

很多时候，父子俩亲密无间得像一对不分老少的"兄弟"。回到家中，王红旭就会像小时候那样嬉笑着，抱着老爸的脑袋搓一阵子，还"冬三、冬三"地学着奶奶叫起王平的小名，和老爸开玩笑；有时候径自抱起王平的腰，念念有词地"评估"一下最近老爸是胖了还是瘦了；有时候又一板一眼地催着王平去躺在床上，说要"亲自指导"老爸掌握在体育课上帮助高强度锻炼后学生放松的科学方法，然后就左右开弓忙个不停地给王平做腰背按摩。

每次假期有多的时间，王红旭总是想方设法回山上去看看奶奶，陪老人家说说话。每次回去，他都要给奶奶买新衣服，买奶奶没吃过，甚至没见过的高级糖果点心。

每次红旭回家，奶奶范信秀都像小孩子一样，笑得合不拢嘴。对于那些"稀奇"的美食，老人自己总是舍不得吃。都是小心翼翼地收捡好，但凡遇到乡邻的孩子上学路过礼貌地招呼奶奶时，老人就会取出这些五彩缤纷的罕见糖果，大方地塞到孩子们手里，然后自豪地介绍说："这是我们家的腊敏儿带回山上来的，你们也尝尝！"

王红旭知道后，不免心疼地跟奶奶摊牌说："奶奶，这些东西好贵好贵哟！是专门孝敬您的……"范信秀听了愣了一会，拉着红旭的手坚持说："我的腊敏儿这份心，奶奶知道啦！不过，奶奶告诉你，大家吃了大家香，看孩子们吃得高兴，我心里比自己吃独食还高兴，还甜蜜呢！"从此以后，王红旭再也不劝奶奶留着糖果自己吃了，只是悄悄买得更多一些让奶奶去分享。

良好家风言传身教，王红旭从小乐于分享、乐于助人的心性，也是这份血脉源头的传承吧。

不仅是对父母、长辈孝顺有爱，在日常的生活中，王红旭也对兄弟姐妹们疼爱有加。自从王红旭参加工作后，每年春节，家族亲戚群里发红包，他都是最慷慨大方的一个。其他人大多是几十元、一百元的发一次，图个乐呵，而王红旭总会两百两百地连发三次，李永兰说他发这么多干吗，又不是大财主。王红旭却说："我是家里老大嘛，过年过节的，该给弟弟妹妹们表示一下心意嘛。"

此外，万州老家的亲戚，每次来到重庆主城，不管是办事还是游玩，只要王红旭得到消息，必然会安排酒席招待。为了怕亲戚们客气抢着买单，每次王红旭在预定餐席时，都会先预付一笔餐费，结账时多退少补，完全不给亲友们"抢单"的机会。李永奎每次说起红旭太客气，太破费时，王红旭总是很诚恳地说，"舅舅，我读中学时，长期在您家里'蹭饭'，现在该外甥报答你了！"

不仅是善待家人，知恩图报，对素昧平生需要帮助的陌生人，王红旭也有着本能的善心。李永奎回忆，每次和王红旭一起外出吃饭逛商场，在等电梯时，王红旭总是站得离电梯门最远的一个，从没有见过他抢先上去。尤其是一个夏天，天气暴热，汗水湿透了人们的衣裳，大家都巴不得早点进入电梯，进到商场里享受空调清凉。电梯来了，陪着王红旭站在后边的李永奎正准备进去，王红旭却拉住了他，撇头示意身后一个推着童车赶过来的女士："舅舅，我们等一下，让带娃娃的先上嘛。"

2020 年春节期间，史无前例的新冠肺炎疫情突然暴发，武汉疫情告急。在全国绝大多数人还处于迷茫观望状态之时，王红旭就敏锐地感觉这是一场波及很广的大灾情。虽然没有机会奔赴抗疫第一线，但他很想为之献一份心力。为此，他在 2020 年 1 月 31 日大年初七，各地首批医疗队才开始驰援武汉，还没有任何人号召倡议捐款之时，就第一时间向红十字协会捐献了 500 元抗疫爱心款。要知道，500 元，对于一个小学体育老师来讲，也算得上是一份沉沉的心意了。

献爱心，不爱声张的王红旭从来不甘人后。水滴筹上，有他多次捐款助人的记录；献血证上，见证了他一次次挽起袖管献出热血的义举……

这些点滴的小事儿，比起他勇救落水儿童的义举来，似乎都只是微不足道的事儿；但每一滴水珠都能折射出太阳的光辉，每一个"当时只道是寻常"的小细节，也都是王红旭赤子之心的闪光！

（六）菁菁校园，敬业爱岗求上进

在育才小学，喜欢王红旭的不仅是学生，领导和同事们也特别喜欢这个敬业开朗的年轻人。"热情""细心""温暖"是大家提到他时，出现频率最多的"标签"词。年长一点的领导或老教师，会亲热地叫他"旭旭"，但更多同龄人和更年轻的老师则称他为"旭哥"。

2015 年，学校缺少人事计财干部，育才小学副校长唐婕注意到了工作认真负责、办事踏实细心的王红旭，向李长彬校长推荐了这个人选。

面对完全陌生的工作领域，王红旭没有犹豫，也丝毫没有计较工作量的增加和个人待遇的得失，高高兴兴就接受了新任务，工作重心逐渐开始向人事计财方面倾斜，日常体育课时相应减少，但仍承担着学校田径队的训练工作。

"人事计财工作琐碎繁杂，你又不是学这个专业的，你做得下来吗？"面对同事和朋友的关心，王红旭笑眯着眼说，"这项工作安排我来做，是领导对我的信任。就算暂时不熟悉，我可以学着熟悉嘛！"

王红旭还很自信地表示："别以为我只会跑步、踢球，我小时候数学可好了。重庆市还没直辖的时候，我参加万县地区三区八县的小学奥数比赛，还得过二等奖的！"

事实证明，校领导没有选错人，王红旭也没有说大话。

王红旭接受新任务之初，学校的各项人事计财的表格，没有固定格式，有些混乱。唐婕希望他能将各种表格归一下类，做一套标准模板出来。原以为这琐碎的工作，兼职做人事计财工作的王红旭至少得忙活一周时间，没想到才过了两天，他就交出了一套规范的表格模板。一问才知道，他为此熬了两个通宵。

不过，岗位转型的过程，除了收到夸赞表扬，王红旭也挨过批评。

那是才接手人事计财工作不久时，学校的一位老师调到了其他单位，由于王红旭对业务还不够熟悉，过了两个月都没将其公积金转到新单位。

对方单位的"告状"电话打到了校长办公室，李长彬又把王红旭叫到了办公室，语重心长地对他说："我们选择让你来做这个工作，就是看重你踏实认真、阳光热情。你这份工作，关系着全校教师们的切身利益，关系着他们对单位的认可度。必须要多上心一些，更积极一些啊！"

王红旭低着头涨红了脸，歉疚地表示："对不起，是我的疏忽大意。但请放心，无论如何我会尽快把这个问题处理好，对得起学校的信任！"

从这以后，王红旭积极主动地和全校教职员工甚至离退休人员都有了更多的交集，这也让他温暖的个性熨帖了更多人的心窝。

接下来，王红旭在制作工资表时细心地发现，有两名情况差不多又同一年退休的教师，工资却不一样。之前做人事工作的老师告诉他，这是数据输进去后软件自动计算出来的结果。王红旭觉得这个解释还是有些空泛，于是就把两位老师评职称时间、获奖情况等可能影响工资收入的事项查了个仔细。他说，未雨绸缪，有备无患。如果两位老师有疑问，掌握情况才好做解释工作。

人事计财工作要涉及大量的表格，只是粗通 Excel 的王红旭就从新华书店买来书籍恶补相关知识，并迅速成为全校公认的 Excel 高手。谁遇到表格上搞不定的问题，都总是第一个想到去问下"旭哥"。王红旭也毫不藏私，总是会热心地既授人以鱼，又授人以渔——既帮忙解决问题，还热心地传授技巧。

"没想到他一个体育老师干人事工作也那么严谨。"同事李金妹说，王红旭干工作，既坐得住，又跑得勤，办起事来也是风风火火的，"'有问题找旭哥'，是他的口头禅。"

每年职称评定时，教师办公室到处都是呼喊"旭哥"的声音。王红旭有求必应，一边奔跑，一边回答"好的""来了""稍等"。

"他太细心了。"育才幼儿园园长金娟回忆，她评副高职称时，100 多页资料，王红旭帮忙一张张捋顺，表格逐项审读，证书一个个核实，拿着铅笔标注了几十个问题，"前后耽搁他一下午，最后顺利过关！"

享受过王红旭这样"私人订制服务"的可不止金娟一个人。2019 年，全校包括王红旭在内，有十多位老师要评职称，由于所需材料和表格众多，手续繁杂，王红旭就特意安排放学后和周末，陪着十多位老师加班。为让老师们轻松填报职称，不影响教学，王红旭制作了"傻瓜样表"，给每位评职称的老师人手一份，让大家对表填报。他先是用投影仪示范，为大家细致讲解各个表格的填写注意事项，然后又对个别还不熟悉的老师，进行一对一指导，接连几天，都是加班到晚上九十点以后才回家。

十多位老师上报的材料都准备得非常完善，没有一份材料需要"返工"补充、修改。为了感谢王红旭的无私帮助，十多位老师一致商定，要请王红旭吃个晚饭，以表谢意。

"旭哥，忙了这么多天，今晚聚一聚，给我们一个表现的机会吧？"

没想到王红旭当即婉拒：'聚会就算了吧，吃碗小面就好了，还要早点回家带娃娃呢！"原来，当时王红旭的爱子小团团才一岁，他心里不光装下了十多位老师需要填报的资料，还装着尚在吃奶的小团团。就连他自己那一套评职资料的填写，也是在所有同事的资料都完成后，他才最后抽时间在家里加班完成的。

王红旭的细心和热心，不少同事都曾感受过。被全校同事尊称为"洪妈"的老教师洪丽，不会忘记她退休前的那个生日，即 2019 年 1 月 7 日，育才小学放寒假的前一天。原本 2019 年 1 月 16 日满 55 岁的洪丽，请了几位老师一起吃个饭，只说是放假前的小聚，并未提及生日的事儿。

王红旭的妻子陈璐希是洪丽老师同年级语文组的同事，王红旭也上过洪丽那个班的体育课，所以，小两口都是被洪丽邀的宾客。

晚上 6 时，王红旭准时赴宴，手捧着很大一束红色的康乃馨，人未进门声先到："亲爱的洪妈，祝您生日快乐！"

望着笑眯着眼的王红旭，洪丽又惊又喜，"你怎么知道我生日要到了？"

王红旭笑着指了指自己的脑袋说："别忘了，我是搞人事工作的。我记性好得很，全校老师的生日、学历、家庭简况，都装在我脑子里呢！"

"谢谢你，旭哥！这花太美了，我好开心！"平时就特别喜欢鲜花的洪丽，忍不住也以同事间的昵称，直呼王红旭。在洪丽看来，教师节里，孩子们送给她几枝鲜花，她都会欣然带回家插到花瓶里，但像这么大一束康乃馨，更让她

"心花怒放"起来，也跟着年轻人叫起了"旭哥"。

还有一次，同校教师彭代琼上班时，不小心摔伤了腿，在医院治疗后回到家里，正准备到学校去找王红旭咨询工伤报销事宜，没料敲门声响了，王红旭已将工伤报销需要填报的表格，不误时机地送上了门。

"旭哥，劳你大驾奔波了！"彭代琼想站起身来致谢。

"快坐下，你的腿脚不便。"王红旭最终没有让彭代琼站起身来，还是那一句百听不厌的话，"我就是跑一下，没事儿！"

不知不觉中，2009年入校的王红旭已经悄然从"小王""旭旭"变成了大家口中的"旭哥"。尤其是对于新入校的年轻老师们而言，"旭哥"真的就像是一个邻家大哥般亲切。

2018年6月，大渡口育才幼儿教育集团成立后，王红旭又多了一个身份，作为前辈，他成为了育才幼儿园新到教师陈静的"师父"，负责在人事会计工作上，对陈静予以指导。

20岁出头的陈静，面对繁复的人事财会工作，常常感觉"抓不到缰"，很有些焦虑感。有一次，陈静因为既要组织幼儿园环境创设，又面临园长评职，一时间千头万绪，急得焦头烂额。

此时的"师父"王红旭没有当旁观者，而是及时地化解陈静的焦虑感。王红旭故意拖长腔调，一板一眼地唱起来："静儿听我讲，遇事你莫慌。越急越出错，从容才有方。有啥搞不定，为师来帮忙！"

刚才还愁容满面的陈静，一下就轻松地笑了起来，焦虑感一扫而光。她在王红旭的悉心帮助和指导下，迅速理清了工作思路，大大提升了工作效率。

"他总是给我一种很亲切、很轻松的感觉。"陈静说，每当自己在工作中遇到困难时，王红旭都会耐心地帮她解答，"他从不会批评我，不管我有什么问题，他都会营造一种轻松愉快的气氛，让我感觉毫无压力。"

陈静印象最深的是"师父"王红旭的心细如发，经常在没有想到的时候，他的帮助就送上门来了。有一次，陈静到大渡口区教委办一个手续，在区教委办公室里，与也是来办事的王红旭不期而遇。两人打过招呼，就分别在不同的办公桌前，忙起自己的事儿来。结果，陈静有一个材料表格忘带了，手续完不成，只好悻悻然准备打道回府，下次抽时间再来跑一趟。陈静想给"师父"打个招呼，转身却没见到王红旭。她以为"师父"又神速地办完了事儿先走了，于是就自己低头往回走。

陈静刚走到区教委办公楼门口，手机响了，一看是"师父"王红旭打来的。

王红旭在电话那头问："静儿，你跑哪儿去了？"

陈静叹息着："我遭带漏了一个材料，今天办不成，正准备回去，下次再来办了。""莫慌、莫慌，你快回来。我听到你在那边说带漏了资料，突然想起你差的那份资料，我的 U 盘里好像有，就跑到楼上办公室帮你打出来了。"

那一刻，陈静感觉有点不可思议，这个"师父"心太细了，就像是哆啦 A 梦，有一股神奇的力量，能化解人们心中的烦恼和忧愁。

王红旭对新来的老师，在教学上、生活上也都会悉心关照。例如，新来的体育老师会因经验不足，在上课教学生立定跳远时，把起跳到落地以及整个动作一次性全部教完。王红旭就会提醒他们注意掌握节奏，提升课堂表达的趣味性和权威性，让新教师受益匪浅。看到新的体育老师最初上课时遇到调皮学生难以处理，他会不着痕迹地告诉新老师，不要硬性要求学生，而要采取心理战术，让调皮学生站到老师的位置去看看，换位思考，互相促进。

在育才小学新入职的体育老师张亚眼里，爱笑的旭哥从容豁达，遇事不慌："他的口头禅就是'这个都是小事，看淡点'。还有就是'莫慌，旭哥帮你！'在日常工作中跟他相处，他会让大家心里暖暖的，处得非常融洽。"

张亚还记得，进入育才小学后的第一个秋季校运会，她和王红旭一起搭档做体操比赛裁判。王红旭任组长，张亚是记录员。第一次担任小学生体操比赛的裁判工作，张亚心里很是紧张，害怕出错，甚至担心记错了成绩，班主任找上门来兴师问罪。

于是，张亚问王红旭："他们来找我，我该怎么回答？"

王红旭似乎看透了张亚心中的不安与忐忑，笑着拍了拍张亚的肩膀说："不怕，有旭哥在，一切都不是问题！"

在王红旭的指导下，张亚圆满完成了生平第一次小学生运动会的裁判任务。

往后两年，张亚每次都要求王红旭和自己搭档，并且说："有旭哥带着我，给我讲每一个细节该怎么处理，我就非常有底气。他还说，要把我培养成能独当一面的竞赛组组长。旭哥他是一个有责任感的人！"

作为青年教师，教学经验难免有所不足。有一次，张亚在带学生进行田径训练时，遇到了瓶颈，有点气馁。王红旭看到了，真诚地鼓励她说："你从小就进入田径队训练，再差也不会比这些小学生差到哪里去，更何况还在大学深造过，参加了那么多比赛，经验还是有的，不要着急嘛，慢慢来，凡事都有一个过程。"说完，对着张亚又是一个招牌式微笑。一笑，眼睛就没有了。

情绪低落的张亚，既感动又惊讶，不禁问："旭哥，你怎么对我这么了解？"

王红旭却哈哈大笑，用手边比画边说："你资料上不是都写了吗？我是做人事工作的，我记忆力超好！"

后来，在与王红旭越来越多的工作接触中，张亚才发现，全校老师的出生年、月、日，毕业院校，老家，大致经历，他全部能记得住。仅这一点，就让自感患有"脸盲症"的张亚，对王红旭佩服得五体投地。

"旭哥是一个很会关心朋友的人！"平日里，张亚的喜怒哀乐都会展示在朋友圈中，对此，王红旭曾对张亚有过诚恳的"忠告"。

"有一次，旭哥看见我在朋友圈里发了一条很不开心的信息，他就耐心地在微信上回复，主动了解我的状况和想法。还意味深长地告诉我：'亚亚，生活的道路都不是一帆风顺的，你看淡点，就会少一些烦恼。等这件事情了以后，再回过头来看，这个事情，就真的不算一个什么事了！'

"于是，我和旭哥开始对这个不开心事情进行谈论、剖析。最后，因为我的固执，旭哥说不过我，他又是一阵乐观开朗的哈哈大笑，但还是劝解说：'不管我们对这个事情是什么样的看法，你说出来了，把郁闷从心里发泄出来了，现在是不是就没有那么郁闷了？'"

陈璐希还记得，2021年的春节，学校放假后，难得清闲下来的王红旭和自己正在超市忙着置办年货。虽然新冠肺炎疫情的阴影还未散去，但口罩仍然挡不住小两口甜蜜幸福的嫣然笑意。

小两口正有说有笑间，突然王红旭好像想到了什么，采购的好几样年货礼物都拿了双份儿。

"旭哥，你是想到要去给哪个领导还是长辈拜年吗？"陈璐希好奇地问。

"不是的，我突然想到我徒弟娃儿梁鑫了。"王红旭解释到。原来，因为防控新冠肺炎疫情扩散，学校号召老家在外地的教师尽量留在重庆过一个"抗疫年"。于是，体育组的梁鑫因家在山东，也就只好放弃回家团年，一个人留在重庆过年了。

"你说，这大过年的，小梁'独在异乡为异客'，冷冷清清的没个'年味儿'。"王红旭说，"我得去看看他！"

"好！那你赶紧去！"善良的陈璐希一听这事儿，也连连称是，还不忘嘱咐一句，"干脆叫小梁来我们家，一起吃个团年饭吧！"

那天在王红旭家，吃着团年饭的梁鑫给千里之外的父母打去了电话，说："爸，妈，你们多多保重，不用担心，我在重庆挺好的。现在我在旭哥家里吃团年饭呢，就跟在家里一样……"

这就是一个时时如兄长般关爱着弟弟妹妹的"旭哥"，他的胸膛里总是蕴藏着如旭日一样的暖意，让周遭的人们在与他的交往中，常有如沐春风的感觉。

这就难怪，当王红旭不幸英勇牺牲的噩耗传来，全校同事们都悲痛万分，不敢置信。王红旭的"师父"代宣老师说的一句话，或许最能代表众多同事的心声："育才小学宁可少一个英雄，大家也不愿身边少一个'旭哥'！"

在育才小学，同事们都夸王红旭的性格好，任何时候，总是乐呵呵的，一副不急不争的样子。对于待遇也好、职级也好，都持一种"得之我幸，不得我命"的淡然心态。

甚至，就连好处主动找上他，他也总是予以婉谢。

当上人事计财干部后，王红旭常常要去外地出差，对学校拟招聘的新老师进行政审、提档等工作。这是一份枯燥的苦差事，少不了舟车劳顿。用毛世伟校长的话来说，这几年，学校那台工作车跑了十多万公里，绝大多数行程都是王红旭带着司机去做人事考察跑出来的，其足迹遍布了大重庆几乎每个区县，乃至邻近的川、黔、鄂、湘等省。

有一次，王红旭外出考察一名拟聘教师，回来的路上才发现，被考察对象的父母不知道什么时候悄悄在工作车的后备箱里塞下了几大包土特产。王红旭回到学校，就如实将此事向办公室做了汇报，并多方查询出这些土特产的价格，折换成同等价值的现金，通过微信给对方转了过去。对方父母一开始一直不肯收钱，再三表示，只是一点小小的心意，只为犒劳王老师千里奔波的辛苦。王红旭正色道："不能收取被考察对象的财物，这是我们的工作纪律。你们也不要因为这样的举动，给被考察人留下遭人诟病的话柄，反而成了政审污点。所以，就当是你们帮我购买的土特产吧！"

还有 2019 年的寒假前夕，为了及时计算出全校老师的工资和年终奖金，让大家能开开心心地过好春节，王红旭又接连加了一个多星期的班，常常忙到晚上 10 点后才回家。毛世伟校长看到了这一幕，很感慨地说，"为了全校老师的事儿，辛苦了王老师一个人，我们是不是应该给你考虑点补贴奖励啊？"听了这话，王红旭憨厚地笑着回答，"感谢领导的关心，不过，全校老师的工作都各有各的辛苦，不能为我一个人搞特殊化。能得到领导对我工作的肯定，我就很高兴了！"

就是这样从来不争什么的王红旭，却终于在 2019 年主动递交了一份申请——他积极表态，争取加入中国共产党。此时，他已经在育才小学工作了整整十年。

其实，王红旭身边一直不乏共产党员——他已经过世的爷爷是老党员、奶奶在党已经超过 50 年党龄、他的妻子陈璐希也是早在大学时期就入了党。所以生活中，王红旭也时常受到这些共产党员的影响。

但同样都是老师的王红旭父母却都不是党员，在他们看来，认认真真做好工作，教书育人就够了，是不是党员好像也没什么不同。或许是受了父母的影响，也没有什么功名心的王红旭也总觉得，是不是党员，都不影响自己干好本职工作。以至于推荐他转型人事财计工作的唐婕副校长在 2019 年初，寒假之前找到王红旭谈话说，"旭旭，我看你工作表现很认真负责，怎么还不加入中国共产党呢？"王红旭还不好意思地笑着回答，"我觉得我工作好像还不够优秀，成绩还不够突出。""谁说的，我看你就完全够格！我来当你的入党介绍人吧？"唐婕坚持着自己的看法。

唐婕的话，在王红旭的心湖里激起了一个小小的涟漪。回到家，他和妻子陈璐希说起了这个事儿。妻子也对此大加鼓励，希望丈夫能积极向党组织靠拢。

这一年春节，王红旭开着车，带着妻子和儿子回到了万州老家，又上山去看望了住在老宅的奶奶。从小，王红旭就特别孝顺奶奶，也特别喜欢听奶奶讲她小时的故事。

这次回去，奶奶跟红旭说的一番话对他触动更大。祖孙俩又像从前一样，坐在院坝中间的小凳子上一起闲聊。红旭说学校领导在动员他入党，奶奶范信秀一听立刻拍手说好。老人指着红旭开回山上的小轿车，说："旭儿你看，在解放前奶奶小的时候，旧中国哪个普通家庭买得起车？我是见都没见过的，那是达官贵人才能拥有的身份标志。新中国成立后，我们国家很快发展起来，山里人吃得饱饭了，可还是不富裕。只有那些大工矿企业的职工，可以坐个货车去上班，那才叫人羡慕啊！再看看现在，我们的党把这个国家治理得多好啊，连我们这些山上的农家，买个轿车都不算啥稀奇事儿了。中国共产党好啊！真正能为人民谋幸福！你应该像爷爷奶奶学习，争取早日加入中国共产党，才能为社会作更大的贡献嘛！"

听着奶奶的一番话，王红旭若有所思地点着头，他细细想来，确实，各行各业的领军人物，大多都是共产党员，正是这些中华儿女的精英，在带领着这个国家不断创造一个又一个举世瞩目的成就。能进入这样的优秀组织，确实是难得的机会，也是一种荣誉，也可以帮助和激励他作出更大的贡献。

春节过后，王红旭又和张杨、胡正军等几位铁哥们聚了一次。酒酣之际，王红旭又抛出了"入党"这个话题，他说，"兄弟们，现在我们都已经三十而立，成家当爹了。年轻时，我们老爱比谁跑得快，谁进球多，后来又比谁先找到女朋友，谁先成家，谁先当爹……现在，我提议，我们再来比一比，谁先入党？怎么样？"

当王红旭将这些天来，关于入党的那些思考——讲出后，兄弟们的热情也被激发起来了，几位而立之年的青年纷纷附议，"旭哥说得对！只有和优秀的人同行，才能让自己更优秀！那我们就来比一比，谁先入党！"

几个青年说起兴起，还端起酒杯，学了一段父辈曾爱唱的样板戏《打虎上山》："今日同饮庆功酒，壮志未酬誓不休。来日方长显身手，甘洒热血写春秋！"

新学期回到学校，王红旭就认认真真地写下了入党申请书。

他在入党申请书中郑重写道：

"尊敬的党组织：

我志愿加入中国共产党。

中国共产党是中国工人阶级的先锋队，是各族人民根本利益的忠实代表，是中国社会主义事业的领导核心。作为一名老师，我渴望成为党的大家庭的一员。为各族人民的利益奋斗终身，为社会主义事业添砖加瓦……"

在党史学习教育中，王红旭还曾向组织袒露心迹："我感受到了党带给我的无限温暖。我要踏实肯干，认真完成本职工作，起到模范带头作用。"

2021年5月6日，王红旭被吸纳为入党积极分子。他高兴地表态，"在工作和生活中，我从许多优秀党员同志身上看到了党的优良传统和作风。虽然我还不是一名正式的党员，但我一定会以党员的标准要求自己，吃苦在前，享受在后，勤勤恳恳工作，不叫苦、不叫累。请党组织在实践中考验我！"

谁也没想到，仅仅20多天后，他就用震撼整座城市的英勇壮举，生动践行了对党的铿锵誓言，树立了新时代党和人民满意的好教师形象！

第四章

大爱无私的义渡人

　　王红旭舍己救人的英雄壮举，彰显了一个时代应有的气节与热血，普通百姓争相传颂他的感人事迹，也为英雄的不幸离世扼腕痛惜。

　　2021 年 9 月 15 日，中共中央宣传部追授王红旭同志"时代楷模"称号，号召广大党员干部特别是教育工作者向他学习。教育部追授他"全国优秀教师"称号，重庆市委追认王红旭为中国共产党党员，重庆市政府评定他为烈士、追授他"见义勇为先进个人"，重庆市委宣传部、市文明办追授他"2021 年度感动重庆十大人物特别奖""重庆好人"称号。

（一）一座城，送别一个人

6月4日8时，正是平常育才小学校园里传来琅琅读书声的时候，但是今天育才小学教室里空无一人。

校园上空，晨光斑斓，却是那么令人心碎；跑道润湿，浸透着连日来师生悲伤的泪水。

低年级的孩子们身穿校服，手握白花，安静而整齐地在操场上列队；高年级的少先队员们戴着红领巾，在学校老师的带领下，早早地站在校门外公路两旁的人行道上，静静地等候着。

送别英雄的时刻就要来临。

王红旭老师的遗体将作别大渡口区宝山堂悼念中心，送往石桥铺殡仪馆火化。

二楼悼念大厅内，6名身着崭新白色礼服的工作人员神情肃穆，相对而立，默哀，鞠躬，然后将装有英雄遗体的灵柩平稳抬起。

自红旭遗体找到后，连续两天两夜守护不离的学校专职驾驶员邹鑫，与同样留在悼念中心的红旭亲友和同事们一道，红着眼眶、步履缓慢地走出殡仪馆大楼。

眼前出现的一幕，让邹鑫完全愣住了——

从楼梯口到大门口的道路两旁空地上，密密麻麻站满了晨风中等候送别的人群。

人们脸戴口罩、胸佩白花，拉起挽联，一片静寂地翘首仰望。

他们中有教师，也有市民；最为醒目的是身着整齐的校服、列队肃立的数百名学生，一张张天真的脸庞透着不舍与忧伤。

原来，宝山堂附近的大渡口区公民小学领导得知消息，一大早就带领师生赶来送别，以这样的方式表达对英雄王红旭老师的敬意与哀思；也将尊敬英雄、惜别英雄的主题，作为全校学生一堂特殊的早课。

工作人员抬着英雄的灵柩，一步步走向殡仪车。

夹道相送的人们注视着移动的灵柩，一个个泪流满面。

人们高举过头顶的横幅上写着："送别人民的好教师王红旭！""青年的楷模，道义的丰碑"……

系着红领巾的少先队员向王老师敬礼，高喊："王老师，一路走好！"

人群之外，已见惯生死的悼念中心负责人郭海晨，目睹这前所未有的庄严场面，含泪久久地鞠躬，向心中敬佩的英雄致以最后的告别礼。

天光微霁，流云汇聚。

8时8分，三辆渝警骁骑摩托车缓缓启动，排列成品字形，为灵车开道。

灵车缓缓驶出宝山堂大门，送别车辆秩序井然地紧随其后，依次驶出。

送别车队刚刚收到一个特殊的通知——

英雄灵车要途经育才小学建设村校区和双山校区，只为让王红旭老师能与他无数次跟家人提过的、他无比热爱的校园和孩子们，做一次最后的"告别"。

十里钢城挥泪，长街送别英雄。

车队缓缓驶过迎宾大道、钢花路、重庆第 37 中学……所到之处，都有成百上千名得知消息的市民，自发地来到道路两边，肃立目送英雄归去。

一路上，过往的车辆看到挂有"送别英雄王红旭老师"横幅的灵车车队，纷纷主动地让行，甚至停驻路旁，鸣笛致哀。连日来，街头巷尾的百姓传颂和各个媒体的视频报道，让王红旭的英雄事迹几乎家喻户晓。

上午 9 时许，哀乐声声，由缓行的警用摩托车开道，载着王红旭老师遗体的灵车，沿着钢花路朝建设村方向驶来。

300 米，200 米，100 米——前面就是王红旭老师生前执教的育才小学建设村校区。在这个平日里书声琅琅的校园里，王红旭度过了人生最幸福、最快乐的时光。

校园内，红色跑道环绕的绿茵操场上，身着整齐的校服的低年级学生，面向公路方向列队集合，安静地等候着。为确保安全，学校组织了四、五、六年级的学生在老师的带领下在育才园外的公路边夹道送别；而一、二、三年级的学生就留在学校操场上，集体肃立，等待王老师的灵车经过。

"沉痛悼念王红旭老师！英雄一路走好！"育才小学大门上方的 LED 屏幕上，黑底白字的横幅标语豁然在目。

校门前公路两旁的人行道上，育才小学建设村校区的全体老师，带着身穿整齐校服的四年级以上学生，早已在人行道栏杆内列队等候。

校门口地下通道的鲜花铺内，所有的白色花朵，白菊花、白玫瑰、白百合，都被小学生们用自己的零花钱买了个精光。

不少学生双手托举着"王老师一路走好"的纸牌，不少老师拉开了"江水无情育才园丁铸大爱"的横幅，一些家长则手持白花，满眼含泪，伫立街头。

学校对面的大渡口区人民法院路口、小区路口，甚至相邻主干道的跃进路坡道上，都挤满了从四面八方赶来送别英雄的人们。

"好可惜哦！王红旭老师才 35 岁，好年轻哦……"

"是啊，王老师的娃儿才 3 岁哟！"

"听说他对娃儿特别好，是个难得的好老师！"

在围观群众压低声音的叹息中，英雄的名字和事迹又得以插上翅膀，飞进了更多人们的耳中、心底。

9 时 20 分，育才小学食堂团长侯光莲，正在和同事们一道忙着准备当日全校师生的饭菜。本来，考虑到食堂工作正忙，而且不在师生序列，因此学校领导并没有通知食堂员工参与送别。但侯光莲在不经意间听到王红旭老师灵车车队马上要经过校门口的消息后，她马上招呼同伴们先熄灭了灶上的火，甚至来不及摘下白色的厨师帽和围裙，就带着十多名身着食堂制服的工作人员，如救火一般跑出校门口，只为和曾经天天打照面，印象中特别和善、热情的王红旭老师道一个别。

54 岁的侯光莲一边跑一边流泪地赶到校门外的路边，主动接过一位老师手里的一面道别纸牌，高高举起，滚烫的眼泪止不住地从脸颊上往下掉："多好的王老师！怎么说走就走了？他真的是英雄！"

"来啦，来啦……"9 时 40 分，仰头翘望的人们轻声相互提醒。

当灵车渐行渐近，车头上，"送别英雄王红旭老师"横幅的大字清晰地映入眼帘。

这一刻，曾与王红旭朝夕相处的同事们早已经哭得红肿的眼睛，再一次被深深刺痛！不愿目睹，又不舍得少看一眼的矛盾心理，挤压着胸腔，捏攥着心房，沉重着呼吸。终于，又引爆一波泪海决堤……

"旭旭""旭哥""王老师"……泣不成声中的不同称呼汇成共同的一句，"一路走好！"

灵车缓缓驶过校门，佩戴红领巾的学生们齐刷刷地高举右手，致以少先队员最崇高的敬礼。

孩子们面向灵车，一声声、一遍遍地齐声喊着：

"王老师，您辛苦了！""王老师，一路走好！"

如同山岳回声，许多市民也跟着同声高喊："王老师，您辛苦了！""王老师，一路走好！"

送英雄老师最后一程！长街之上越来越多的老老少少驻足默哀、泣不成声，感恩英雄王红旭老师，用生命为他们上了难以忘怀的最后一课。

这，也是育才小学师生有史以来最心痛、最难忘的一堂早课。

车队旁边快速行驶的轿车、货车与公交车见此情景，全都自觉地停下，静静等待殡仪车队驶过。

维持道路秩序的交通警察、现场安全执勤的新山村派出所所长侯小虎带队，面向车队立正敬礼，致敬英雄王红旭老师。

正在建设村红绿灯路口东侧地下道作业的几位工人师傅，也不由得停下了施工，肃立在路旁目送殡仪车驶过。

此时的育才园内，运动场上列队致哀的低年级学生，什么也看不到，只能凭借校外公路上突然安静下来，随着高年级学生响起的呼喊告别声，感知"王红旭老师"正在经过校外，"王红旭老师"正在聆听孩子们的心声。

育才小学二年级六班的陈相伊睁大眼睛望向校外的大树与高楼，想象着公路上的情形。突然，站在她前面的同班同学刘雨曼，侧头惊奇地低喊："快看快看！"

"云里透出的光，像不像一道梯子？！"刘雨曼激动地补充说，"你说，那是不是来接王老师去天堂的？"

陈相伊赶紧望去，可惜那道光转瞬即逝，很快被云层全部淹没，恍若那就是王老师的化身，最后在空中看了校园一眼，就悄然隐去……

缓缓行驶的车队，慢慢消失在路的尽头，现场群众和育才小学的师生都久久地不愿离去。

孩子们已经看不到殡仪车了，仍然高举着手臂，朝着车队离去的方向，为英雄王红旭老师致以最后的敬礼。

一个人，感动一座城。

一座城，只为哀悼一个人。

相信任何一位有心智和良知的人，听到王红旭的故事和他的牺牲，看到育才校园外长街送别的场景，心中都会深受震撼。

"看到这么多市民自发站在街道两旁，流着泪驻足挥手行礼，送哥哥走最后一程；戴着红领巾的小孩子一声声哭喊：'王老师，一路走好'……我觉得，哥哥他值得！"头天晚上特地从福建福州赶回重庆、送别堂兄王红旭的王俊灏说，"小时候，英雄是踏着七彩祥云而来，从天而降、无所不能的天神；年少时，英雄是武艺高强、路见不平一声吼的江湖好汉；长大后，英雄是身着绿军装，勇搏歹徒，救民于水火的军人战士。从小，哥哥就牵着我到处玩，给我讲故事，讲这些人生道理……

"而如今，我明白了，也真正领悟了习总书记那句话语的含义——世上从来没有从天而降的英雄，只有挺身而出的凡人。哥哥就是这样的人，危难时刻，无私无畏，勇于牺牲。"

王俊灏正在福建农林大学读大三，这几天正值期末考试，听到重庆家中传来哥哥王红旭出事的消息，难以置信地立刻请假，十万火急地赶了回来。

王俊灏今年21岁，是王红旭的幺爸的儿子。王红旭是他们这一辈兄弟姐妹中的老大，他对弟弟妹妹特别爱护，常掏钱给他们买鞋、买衣服，关心他们的学习与品德培养。

王俊灏最喜欢，也最佩服自己的堂兄王红旭。

3日晚，王俊灏到达重庆江北机场后，匆匆拦下一辆出租车请驾驶员以最快速度赶到大渡口宝山堂。那位出租车司机注意到他从机场出来，却什么行李也没带，还满脸惊慌的样子，主动问："你家里出事了吗，这么心急火燎的？"

王俊灏无心地随口一答："是，我哥哥救人被水冲走了。"中年出租车司机马上追问："就是在江边救小孩的那个王老师？"王俊灏低头说："是。他是我哥。"

"他真是一个好老师！爱孩子是本心，救孩子是本能！我还说下了班去看看他！"那司机立刻就说，"一会我送你去，我也去看看他！我就不收你费了！"王俊灏听着有些意外，连连摇头，心里既难过又骄傲。

在这个看似大无边际的社会中，所有不期而遇的温暖，其实都悄然地影响着我们每一个人。

王俊灏终于赶到了宝山堂，与各地赶来的亲人一起守在王红旭的灵堂里，彼此都无言地泪目相望。

第二天凌晨一点过，一位年过七十的老人，一个人出现在宝山堂悼念祈福厅。他走近王俊灏和几个守夜的年轻人身边，主动介绍说自己是育才小学的退休教师，得知王红旭舍身救人、英勇牺牲的消息后，真是老泪纵横、辗转难眠，就自己开车想来看王红旭最后一面，尽一份绵薄心意。老教师在英雄灵柩前献上白菊花，默哀致意，又坐下来与守灵的家人们说了许久的话。最后，老教师对红旭家人建议，出殡车队路线可以选择从育才小学外的建设村经过。他诚恳地说："我想，应该有很多人都会来送别英雄王红旭老师……"

果然，这一路上，坐在殡仪车副驾驶位的王俊灏亲眼目睹人们自发前来送别的场面——除了一段土路巷子没有站着送别的群众，沿途几乎都有市民自发地驻足送别，鞠躬致敬。

守护哥哥最后一程的王俊灏不知不觉地流下眼泪。成长中经历的每一分触动，都会是一次心灵的觉醒，让自己在变得更好的路上前进一点点。

送别英雄，心之恸之，哽咽难言。

在出殡车上一起护送红旭灵柩的育才小学副校长兰凤成，对王俊灏说："王红旭老师有一颗善良而伟大的心，他值得我们学习！"

他是一个普普通通的小学教师，却又不是一个简简单单的教师，他始终在通过默默的奉献，唤醒人们的良知、理性和勇敢。

就在长街送别英雄王红旭老师的当天，万州上海中学党委为致敬英雄校友王红旭，铿锵题下十二字，以让后来的莘莘学子更好地铭记——舍生取义，义薄云天；师德楷模，母校荣光。

（二）深沉的爱，写在信里

亲爱的团团：

你好！你爸爸常常念叨你，说你是一个懂事、开朗的小男子汉，真想抱抱你，可爱的孩子。

最近，家里有点不同寻常，你是不是好多天没看见爸爸啦。不要担心，不要着急，我告诉你——爸爸他救人去了。就在 2021 年儿童节这天下午 5 点 40 分，他正在长江边陪你玩儿，突然听到"有娃儿落水啦"的呼救声，你善良勇敢的爸爸，就毫不犹豫地跳到江里救人。他好厉害呀，面对湍急的江水，一点都不畏惧。先救起了一位小姐姐，又快速转身，用尽所有力气，救起了一位小哥哥。而自己，却没有了力气，被无情的江水卷走。

你爸爸做出的义举，让所有人都敬佩不已。大家都想伸出援助之手帮助你，努力让你和妈妈过得开心一些。因为，你爸爸是一位盖世英雄！你是英雄的儿子！

团团，我知道，当看到别人有爸爸陪着玩，你一定会很想爸爸，你一定会难过。不过没事的，你可以来育才园。育才园里有爸爸上课的操场，有爸爸工作的办公桌，有爸爸和妈妈相遇的地方。这里的每一位叔叔阿姨，都能给你讲一段爸爸的往事，都会给你如同爸爸一样的拥抱。育才园里的每一位叔叔阿姨，都是你的亲人！不仅如此，社会上所有知道你爸爸故事的人，都会给你亲人般的温暖。如果以后有小伙伴问起你的爸爸，你一定要骄傲地告诉他：我爸爸是一位了不起的人民教师，更是一位超级勇敢的大英雄！

团团，爸爸已经离开了，但是你的身上流着爸爸的血，寄托着爸爸所有的希望和爱；一定要让热血传承下去，成长为像爸爸一样顶天立地的男子汉！

团团，擦干眼泪，带着爸爸妈妈对你的爱，带着我们对你的爱，带着祖国对你的爱，心怀旭日，无畏前行吧！

育才园所有爱你的叔叔阿姨

2021 年 6 月 4 日

亲爱的团团：

你好！经常听你爸爸提起你。

你可能发觉了，好些天没看见爸爸啦，问到爸爸在哪里，妈妈、外婆都在悄悄流泪。

团团，你知道吗，你爸爸是一个真正的大英雄！

他再也不会对着你笑，陪着你玩儿，给你讲故事了……我知道你很伤心。没关系，男儿有泪不轻弹，但我们的小英雄团团为了找爸爸，可以哭一哭，我们都很伤心，也忍不住想哭的。

但是，团团哭完了，要更勇敢哦！不管外面怎样狂风暴雨，我们的怀抱永远向团团敞开。委屈了，让我们抱抱；累了，让我们背背。

团团放心，只要我们在，你依然是那个活泼可爱、无忧无虑的男孩儿，加油！

你的世界一定会重拾快乐，重见阳光！

相信自己，相信育才。让你和妈妈都快乐起来，好吗？

育才小学所有爱你的叔叔阿姨

2021 年 6 月 8 日

……

这一封封含泪书写的《致英雄儿子团团》的书信，正是育才小学的领导和老师们每次走过熟悉的校园，心中翻腾着痛心的追思与惋惜，一遍遍念叨的心语。

"我们一直在思考，什么是纪念红旭最好的方式。"毛世伟说到，"对我们所有人来说，或许，这是向红旭老师致敬的最好方式。"

"很想为旭哥家人做点什么。首先觉得可以安慰一下年幼的孩子，本身也是搞教育的，跟孩子打交道比较多，知道他需要什么。"代表育才小学教师执笔写信的学校教导处主任胡伶俐说，"就想跟孩子说说话，安慰团团。如果可以的话，我只想无条件地宠宠团团，给他最多的爱；同时想给他打气，告诉他：虽然爸爸不在了，但育才园的叔叔阿姨永永远远在你身边。再大的风雨，我们挡；再大的困难，我们扛。时间会治愈一切，一定要坚强地面对生活。当然，现在这个时候。我们其实什么也做不了，就想写封信给团团，可能比较合适……"

"婴童的哀伤辅导是最难的，所幸大家都希望深度保护好孩子。"应育才小学邀请，危机干预心理专家吴秀英数次来到大渡口，对红旭的至亲进行心理疏导，她心里非常清楚，这样的危机干预中最有难度的，就是红旭的儿子团团对突发事件的接纳，"这是我难忘的哀伤辅导经历，英雄很了不起，活着的母亲和妻子真的很不容易，她们表现得非常坚强。"

王红旭老师牺牲后，育才小学领导班子戍立应急专班，制定应急工作方案，建立综合协调小组、家属安抚小组、后续跟踪小组、心理疏导小组、善后工作小组和外围后勤保障组，从精神、生活、工作等方面，对王红旭家人及时跟进相关优抚工作。学校党员教师积极带头，短时间捐款15.3万元；校领导及工会多次到家中慰问家属，以党委工会名义送去1.2万元慰问金。学校通过协调，争取民众体检中心为其双方父母特制金卡，终身免费予以体检。

英雄已逝，大爱长存。

红旭，就像是一面人性的镜子，又像是爱的火种，点燃了这个人心越来越冰冷麻木的时代，也唤醒了身边人久违的关爱。

育才小学上上下下都在担心着、牵挂着红旭的儿子小团团的生活情况及情绪反应。

2021暑假来临，毛世伟叮嘱各个工作组，持续跟进安排好红旭家人的陪护工作；学校专门协调育才幼儿园金科星辰分园，安排相关人员对王红旭的儿子开展特别关爱行动，让团团在幼儿园的班主任坚持每天到红旭家中全程陪伴，尽可能地帮助红旭家人回到正常的生活状态。

"至今，我好像还觉得红旭没有离开。有时候在办公室、在电话里谈工作，我几乎脱口就说出他的名字……"育才小学党委书记、校长毛世伟说，"红旭永远都在，永远都在我们的育才校园。"

是啊，育才园里很多老师都产生过这种幻觉，在操场上，在办公室，甚至穿行在教室外长长的走廊间，不经意间就会浮现"旭哥"笑眯了眼睛，迎面走来热情招呼的情形。

可以说，平凡而温暖的他已经化身为了一座时代的灯塔，仍然在映照着、影响着千千万万的普通人。人们说到"王红旭"，自然就联想到他为了救人，不顾一切百米冲刺的身影；这份无私的师者大爱，将默默引领着人们向善而行。

（三）用生命托起师魂

2021 年 7 月 6 日下午 3 时许，英雄王红旭老师的妻子陈璐希和 9 位见义勇为的英雄，一起走进了中共重庆市委的办公大院。

灯光明亮的接见大厅里，中共中央政治局委员、中共重庆市委书记陈敏尔正在等待着英雄群体的到来。

陈敏尔同陈璐希及 9 名见义勇为者一一握手后，特地招呼陈璐希就坐在自己身旁。亲切的话语和温暖的细节，让接见的氛围显得特别和谐暖心。

中共重庆市委副书记、市长唐良智，市委副书记吴存荣，市委常委、市委政法委书记刘强，市委常委、市委秘书长、常务副市长王赋，副市长熊雪等市领导参加了接见。

陈敏尔、唐良智首先代表重庆市委、市政府，向王红旭表达深切的缅怀，向陈璐希表示亲切的慰问，向参与生命救援的"救命人链"群体，表示由衷的敬意。

"习近平总书记指出，新时代是需要英雄并一定能够产生英雄的时代。"陈敏尔坚定地说，"王红旭同志平常看得出来、关键时刻站得出来、危难关头豁得出来，正是新时代重庆涌现出来的英雄。"对王红旭率先跳入江中勇救落水儿童的英雄壮举，陈敏尔作了掷地有声的评价，"他以生命托举生命，展现出见义勇为的人间大爱；他潜心施教、勤奋耕耘，展现出爱岗敬业的奉献精神；他热爱学生、师者仁心，展现出爱生如子的高尚境界；他心地善良、古道热肠，展现出乐于助人的优秀品质。"

对于王红旭生前积极申请加入中国共产党的热切愿望，陈敏尔给予了充分的肯定。他谈到，王红旭同志生前积极向党组织靠拢，他以生命践行了入党誓愿，是党史学习教育中，涌现出来的优秀共产党员。

对"救命人链"成员的大爱之举，陈敏尔表达了由衷的赞许：参与救援的9位热心市民，危急时刻不顾个人安危，手挽手、肩并肩，和英雄王红旭一起合力，完成了救人壮举，勾勒出重庆人民守望相助、见义勇为的精神风貌，展现出英雄城市的英雄本色，为你们点赞！

当晚7时30分，重庆广电大厦演播厅座无虚席，这里即将举行一场前所未有的现场发布会——"感动重庆"特别奖发布会。

演播大厅响起了经久不息的掌声，掌声中，全国优秀共产党员，重庆市人民小学党委书记、校长杨浪浪，把一枚装在精美盒子里的中国共产党党徽，双手捧付给王红旭的父亲王平。

全场的灯光都辉映着一个名字，全场的目光都关注着一个名字、全场的话题都谈论着一个名字：王红旭。

"我眼前无数次浮现起儿子在育才校园带领田径队孩子们背着手一步步跳石梯训练的身影，他脸上的神情是那么的快乐。"克制着锥心之痛，王平缓缓地说，"红旭是打心眼里关心和爱护每一个学生，是发自内心地'爱生如子'……"

这时候，舞台背景墙的超大屏幕上播映出王红旭的照片和视频，王平的眼泪终于没有忍住，他身体微微颤抖着，仰头向大屏幕不舍地望着……

6月8日下午2点，巴南区金竹民兵训练基地上，巴南蓝天志愿救援队队部走来一对举着锦旗的中年夫妇。

"感谢你们，用热情的双手，挽救了多少个生命！感谢你们……找到我儿子……"在育才小学相关负责人陪同下，王红旭的父亲王平、母亲李永兰两位老师亲手将两面锦旗送到蓝天志愿救援队队员手中。

救援队队长握着李永兰老师的手，热泪盈眶地说道："感谢王妈妈，感谢你们培养了这么伟大的儿子！"

正如天下所有的母亲一样，李永兰老师把唯一的儿子当作自己心肝、自己的宝贝。王红旭的离去，给母亲带来的伤痛，不亚于万箭穿心；但是面对志愿救生员们的安慰，这位同样爱生如子的母亲坚强地说："作为母亲，我是多么希望他活着，能活下来多好！可是世上没有两全其美的事情，我也为我的红旭自豪和骄傲。危急时刻，祖国和人民需要他的时刻，他没有犹豫，伸出了援助之手！"

"红旭拯救的，是一个生命，但他不仅仅是一个生命，他也是一个家庭，更是一个国家未来的小主人。"英雄的父亲王平老师也在现场呼吁人们要有更多的社会责任感，把无私大爱奉献给社会，报效我们的祖国。

这就是王红旭的家庭，三代为师，三代人牢记"为党育人，为国育才"的使命担当，勤勤恳恳甘当学生的"铺路石"，愿为孩子"摆渡人"。

在育才小学发出的《红旭纪念专刊》上，九零后语文老师刘潞写下这样的诗句：

在你身上，我看到了

一个时代应有的气节与热血。

你是真的男儿，你是真的英雄，

你是至高无上的人格之光。

我们相信，在英雄身后的日日夜夜，他的精神将点亮成千上万的心灵；有良知的人们将追寻红旭之光，并借由这束光芒走向更加宽广的未来。

2021年暑期中的一个周末，王显才和邻居王素芳两家人再度来到万发码头江边"六·一"节儿童落水的地方，祭奠英雄王红旭老师。

那片临水的沙地上，插着素白的花束，还留着人的脚印……看得出来，在这段时间，已陆续有人来这里祭奠过英雄。

"不再来看下英雄，我心头始终觉得有个事情没做完。"远处江面上涛声依旧，只是再也见不到英雄的身影，大颗大颗的泪珠从王显才眼眶里滚落，"现在江水已经退潮了，这里成了沙滩，但是红旭无私大爱的精神永远在。"

老老小小两家人含泪放下了手中的白菊，久久伫立不愿离去。王素芳的媳妇杨晓莉，目睹了"六·一"江滩整个救援过程，也是救命人链之一。她牵着8岁的儿子杨博文说："我们的勇气，是可以被激发出来的。身处那个场景，你会有一种使命感！"

王红旭无所畏惧冲出去的那个身影，王红旭舍生取义托举孩子的那个姿势，就是一堂活生生的生命课堂，如洪钟大吕一般振荡着人们的心灵。

他用平凡而伟大的生命，为这座城市绘出时代的雕像，用生命托起了伟大的师魂！

9月16日晚9点，中央电视台《时代楷模发布厅》栏目播出大渡口区育才小学老师王红旭的英雄事迹，现场宣读了《中共中央宣传部关于授予吴蓉瑾、王红旭同志"时代楷模"称号的决定》，并颁发了"时代楷模"奖章和证书。

王平一步步走上星光闪耀的台上，双手接过儿子红旭的奖章，挺直了脊梁面向一直鼓掌的观众，浑浊的两眼泪光闪闪。

节目播出那晚，山城之夜点亮万家灯火，这个年轻的直辖市各大地标建筑纷纷为"时代楷模"王红旭亮灯——解放碑商圈、观音桥商圈灯幕闪亮、星光璀璨，江北嘴十屏联动、渝中区黄花园大桥两江丽景酒店外墙、渝北恒大中渝广场、新光天地、南滨路皇冠国际，以及全市各区县商圈、重要路段等 LED 显示屏，都打出巨幅字幕，向英雄王红旭致敬，为"时代楷模"喝彩。

德国哲学家雅斯贝尔斯在《什么是教育》中提出："教育的本质是一棵树摇动另一棵树，一朵云推动另一朵云，一个灵魂唤醒另一个灵魂。"

王红旭曾经说："每一粒种子都有适宜的土地，每一棵苗都会开出自己的花朵。"他总是善于发现学生的优点、欣赏学生的优点、放大学生的优点，让孩子们始终对自己充满信心，用真情、真心、真诚滋润着孩子们的心田。

谢林巧在巡回宣讲时，噙泪说道："现在，每当我在学习生活中遇到困难时，想到王老师笑眯眯的眼睛，我就会感到满满的鼓励……"

启蒙时期就遇到好老师，是一个人一生的幸运。

尽管王红旭老师舍身救童猝然离去，不曾留下只言片语，但他抛下妻小、不顾一切朝江中奔跑的背影，就是他为这个社会留下的最后一课——用生命托举生命，用灵魂唤醒灵魂。

2021 年 8 月 7 日，曾经的育才小学田径队员、西师附中高三学生赵睿灿收到大学录取通知书后，他第一时间通过育才田径队 QQ 群，向王老师报告了这个好消息。

发送出录取消息的那一瞬，赵睿灿才意识到"永远关心着他们"的王老师，已经永远离开了他们。

窗外阳光强烈，赵睿灿却泪流满面，双手颤抖着放下了录取通知书。

"王老师虽然走了，但这个群不能解散，我们要在这里与王老师分享成长路上的喜悦。"这时候，谢林巧在 QQ 群对大家说。

群里的同学们纷纷说着自己的心里话——

"王老师，如今我们田径队的队员都变得很好，我们会在田径的道路上一直坚持，一定不会辜负您对我们的期望。"

"王老师，您也一定会化作天上的白云，地上的草木吧，您会看着我们一路成长。"

"我们奔跑中的每一缕风中，也一定会有您的呐喊加油！"

2021 年 8 月 26 日，即将离开重庆，到上海政法学院读书的罗晗，在已经永久停息的王红旭老师 QQ 空间写下留言："感谢你出现在我的生命里，我的好老师。"

师者，人之楷模也。

王老师，你做到了。

你就是榜样，是力量，是星辰，是奔跑中的那道光。

尾声

2022 年 3 月的一个寻常周末。陈璐希带着儿子团团，张亚带着小言午还有谭北京的妻子带着女儿一起来到郊外，孩子们在春日的微风中欢乐地奔跑，周围还有更多的孩子无忧无虑地玩耍，生活回归正常。然而，张亚还是会固定地每周一次梦到旭哥。在梦里，旭哥还在关心她最近过得好不好；在梦里，旭哥说自己好想希希和团团……

张亚平静地述说着这些，微笑着不停地流下眼泪。

"妈妈，我对你的爱像石头一样。

"为什么呀？硬硬的。

"因为很坚硬才不会融化呀。

"妈妈，你吵我的时候你的爱很小很小，小得像小老鼠一样。"

……

2022 年春，陈璐希的朋友圈在经历长时间的沉寂之后，偶有发出儿子团团的动态。或许是心中的爱，迎来了这个崭新的春天。

故事集

愿做红旭暖人心

前言

　　这是一个呼唤英雄的时代，这是一个培育英雄的时代，这是一个诞生英雄的时代，这是一个崇拜英雄的时代……

　　呼唤英雄的声音响彻在大江南北；

　　培育英雄的土壤遍布在长城内外；

　　诞生英雄的国家一定是底蕴深厚；

　　崇拜英雄的民族一定会永不言败。

　　凝眸新中国九百六十万平方公里浩渺天地，辽阔疆域，聚焦群山怀抱，景色绮丽的新兴直辖市重庆，人们会发现，在重庆市各具特色的主城区板块中，有一个紧靠着长江水域，蕴含了抗战文化、钢城文化、义渡文化底蕴，并见证了抗战文化、钢城文化、义渡文化相互依存、交映生辉的行政区——大渡口区。因为一位人民教师奋不顾身地跳入江中顽强拼搏、力挽狂澜，营救了两名落水儿童的生命而光荣牺牲，一夜之间，大渡口便成为一座孕育出大义英雄，"点击率"迅速飙升的城市。

　　大渡口的古地名又叫"义渡"。据清王尔鉴等纂修的《巴县志》和民国《巴县志》记载：早在清道光、光绪年间，为了免除长江南、北两岸庶民百姓渡江费用过高的忧虑和疾苦，就有当地乡绅和民众集资设"义渡"，聘请船工无偿为百姓摆渡，"大渡口"由此得名。

此后，"义渡"的仁义之举、侠义之举、大义之举，便成了大渡口的代名词，在民众的记忆中口口相传，不曾淡忘；在档案的记载中字字有据，不曾消逝。

"义渡"升起了红旭。红旭不是在渲染红色旭日的景观，红旭也不是在彰显红色旭日的浪漫。红旭其实就是人民教师王红旭的本名，王红旭就是那位舍生忘死，一纵身跳入波涛翻滚的长江之中，倾尽洪荒之力，营救了两名落水儿童生命的大渡口区育才小学体育老师。

两名落水儿童在救援人群的接应下，在手拉手结成的"救命人链"传递中，先后脱离险境，安全地回到了岸边，而身世平凡、出手果断、浑身是胆的王红旭老师，却在完成了生命的最后托举之后，再也没有回来。

王红旭牺牲这一天，是 2021 年 6 月 1 日；王红旭牺牲这一年，正值风华正茂、才情横溢的 35 岁。

翻开王红旭的人生履历表，所有的文字都同他善良的微笑一样，真诚、朴实、简单。

王红旭，男，重庆市万州区余家镇人，身高 1.72 米，生于 1986 年 12 月 6 日；2008 年 6 月，毕业于重庆师范大学体育系体育教育专业；2009 年 8 月参加工作。生前系重庆市大渡口区育才小学体育老师、人事干部，多次带队参加市、区运动会，获得一级教师、重庆市优秀教练员等称号。

毫无疑问，是奔腾的长江陶冶了王红旭这个时代英雄；毫无疑问，是舍身的情怀成就了王红旭这个感人壮举。

英雄的壮举感天动地。短短 10 余天时间，中央电视台、中央人民广播电台、新华社、人民日报、新华每日电讯、中国日报、工人日报、中国青年报、新华网、人民网、环球网、中国教育电视台、中国冶金报、重庆日报、重庆电视台、重庆人民广播电台、重庆晨报、重庆晚报、重庆商报、华龙网、上游新闻……国内64家中央级媒体、291家省市级媒体，或是派出记者采访，或是增设专题栏目，或是安排重要时段，对王红旭的壮义之举，进行了大规模、大范围、大篇幅的重点报道，这在改革开放40多年来的中国新闻战线上，并不多见。

英雄的事迹催人泪下。短短10余天时间，有情有义的大渡口市民，便以捐赠、资助、汇款、书信、诗词、歌曲……等方式，向英雄教师王红旭及其家属，表达了崇高的敬意和慰问之情，其人数的众多、格调的高亢、影响的深远，在大渡口区建区56年来的群体记忆中，也不多见。

英雄的身世本无神奇，还是让我们细数义渡行船推开的浪花，还是让我们登上巴渝大地峻峭的山崖，还是让我们追寻楷模一生留下的足迹，去辨识王红旭35年平凡而又伟大的生命行程中，那些挥之不去、历历在目的场景和故事吧！

泪别英雄

洒热泪长街送别

2021 年 6 月 4 日清晨，由渝警骁骑摩托车开道，承载着英雄王红旭遗体的灵车，从大渡口区宝山堂出发，途经钢花路，缓缓驶向王红旭身前执教的育才小学建设村校区外的主干道，向石桥铺方向驶去。

这是育才小学校领导特别要求的路线，只为让王红旭能与他深爱的、工作过三分之一人生历程的校园，做一次最后的 "告别"。

这时候，育才小学建设村校区的全体老师和四年级以上的孩子，早就身着校服，整齐地列队等候在校门前的人行道上了。低年级的学生则在操场集合，面向公路方向为王老师送行。育才小学大门前的 LED 屏幕上，历历在目的是 15 个黑底白字—— "沉痛悼念王红旭老师！英雄一路走好！"

在此之前，校门口地下通道的鲜花铺，所有的白色花朵，都被戴着红领巾的育才小学学生，用自己的零花钱，买了个精光。

不少学生双手托举着 "王老师一路走好" 的纸牌，不少行人拉开了 "江水无情，育才园丁铸大爱" 的横幅，更多的学生则手持白花，满眼含泪，伫立街头，为敬爱的老师、救人的英雄王红旭，送上生离死别的这一程。

校园马路对面法院路口，小区路口，从四面八方自发赶来送别救人英雄王红旭老师的学生和市民，也含泪肃立，久久不愿离开，坚持要为救人英雄王红旭老师，送上最后的行程。

学校伙食团的十多名名后厨员工，因工作繁忙，且不在教师序列，所以本来没在学校通知之列。但得知这一消息后，他们也赶紧关了灶上的火，来不及摘下围裙，也来到校门外，只为送这位曾在 2015 年短暂管过伙食团的 "前任领导" 最后一程。

上午 9 时 40 分许，由缓行的警用摩托车开道，载着王红旭老师遗体的灵车、从九宫庙方向，向着建设村缓缓驶来。

"王老师，一路走好！""王老师，一路走好！""王老师，您辛苦了！"

灵车从王红旭老师生前工作的育才小学建设村校区门前经过时，全校师生肃立默哀，长街之上，哭声一片。

车笛呜咽，哭喊声声，震天撼地，撕肝裂肺。

维持道路秩序的交通警察，面向车队立正敬礼。

学生们面向灵车，高举右手，致以少先队员的敬队。

周边的轿车、货车、公交车全都在此处停行，鸣笛致哀。

街道上，成千数百素昧平生的老老少少群众驻足默哀、泣不成声。

正在施工的工人也纷纷停下来，肃立目送。

车队缓缓离去，气氛依然肃穆，学生和群众仍不愿离去。

"他真的是英雄！"

"开慢点，开慢点，请再开慢点……"

"应该在校园路口停一停，让我们默哀三分钟。"许多学生家长喃喃而语。

人们想多看一眼王老师，也想让王老师多看一眼他熟悉的校园。

学生们久久地高举着手臂，致以王红旭老师最后的敬礼；老师们三日来哭红的眼睛，仍然止不住奔涌热泪。

"逐波踏浪奋力救孩童，泪雨悲风舍身铸丹心。"多少人在咬唇强忍心中的痛惜，多少人依依不舍目送着王老师的灵车在路口慢慢消失。

送老师最后一程！送老师最后一程！

感恩王老师用生命为他们上了最后一课。

"他好伟大啊！"

"如果他不去救第二个孩子的话，就不会牺牲了。"

"江边是一个危险的地方。"家在育才小学附近的一位大婶悲痛又坚决地说，"我一定要教育孩子，不要去江边的危险场所玩耍了！"

一个人，感动一座城。一座城，只为哀悼一个人。

从钢花路到建设村、到双山街道，一路上汽车鸣长笛，市民自发地驻足挥

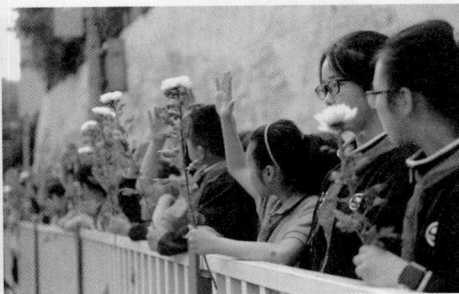

▲ 大渡口区育才小学师生自发送别王红旭

手、行礼，沿途送别英雄的场面令人无比动容。

王红旭是一个普普通通的小学教师，却也不仅仅是一个简简单单的教师。他始终都在透过默默的奉献唤醒人们的良知、理性和勇敢。

相信任何有心智和良知的人，听到王红旭的故事和他的牺牲都会深受感动。

大渡口区教委程晶老师写下《送别》绝句：江滩暮水寒，托子出飞湍。隔岸歌声起，英雄不见还。

育才小学陈燕老师在朋友圈写到：灵魂化作万物，融入进春风、夏雨、秋霜、冬雪里，伸手便可拥抱，仰脸便能亲吻，一路从不缺席，在身边，在心里，在脑海！

送别英雄，心之恸之，哽咽难言。这是平凡英雄王红旭老师，他用尽一生的力量，照亮无数的孩子，沿着人性最温暖的方向出发。

当你看到万千重庆市民自发站在街道两旁，红着眼、流着泪陪王红旭老师走完最后一程，当你看见育才小学的孩子们戴着鲜艳的红领巾，哭喊"王老师，一路走好"的时候，我想，我们都会忍不住热泪盈眶。

小时候，英雄是踏着七彩祥云而来，从天而降、无所不能的天神；年少时，英雄是武艺高强、路见不平一声吼的江湖好汉；长大后，英雄是身着绿军装，勇搏歹徒，救民于水火的军人战士。而如今，我明白了，也深深领悟了习总书记话语的含义："世上从来没有从天而降的英雄，只有挺身而出的凡人。"

真正的英雄要从书本走向现实，真正的正义并不仅仅是抽象的概念，而是一个个鲜活的故事，英雄和正义不仅仅要在书上得到体现，更重要的是要在个案中得到回响。

　　王红旭老师正是以不顾一切舍己为人的生命托举，践行了舍己为人、见义勇为的大爱精神，用自己的实际行动和英勇壮举诠释了"四有"好老师的深刻内涵，树立了新时代人民教师的光辉形象。

　　"我希望通过自己的实际行动教育孩子，做人要无私、高尚，当别人遇到困难时更要勇敢地去帮助别人。"目击王红旭老师英勇救人的市民王显才说。

　　"这位可敬的人民教师，用一颗善良而伟大的心，践行了对党和人民的承诺。"

　　我们相信，在英雄王红旭身后的日日夜夜，他的精神将点亮成千上万的心灵。人们希望能够追寻红旭之光，并借由这束光芒走向更加宽广的未来。

　　如果你能够成为一束光，你就能照亮周边的人。我们无法成为伟大的人，我们只能心怀伟大的爱，做细微的事情。这个时代需要英雄，这个时代也必定出现更多的英雄。

义渡含悲夜无眠

义渡沙滩，悲歌一曲；育才校园，长夜无眠。

2021 年 6 月 1 日晚 7 时零 3 分，大渡口区育才小学党委书记、校长毛世伟的手机铃声，突然间急促地响了起来。

毛世伟拿起手机接听："谁呀，什么事？"

手机里传来了本校体育老师张亚的哭诉声："毛校长，王红旭他……他跳进江里营救落水的儿童，两个落水儿童已经得救，但是，已经一个多钟头了，他还没有上岸……"

毛世伟顿感事态严重，急忙答道："你们等我，我马上就到。"

针对突发事件的应急行动，在育才小学拉开了序幕。

毛世伟立即向大渡口区教委主任伍平伟、副主任张宁作了情况汇报。伍平伟、张宁向毛世伟明确提出三点要求：

第一，学校领导现场办公，协调推进搜救工作；

第二，教职员工坚守岗位，维持正常教学秩序；

第三，保持手机无碍畅通，及时汇报搜救动态。

事不宜迟，毛世伟通知党委副书记、副校长兰凤成，马上组织力量，赶赴现场参加救援。紧接着，他传话总务处副主任黄开保、教师谭国强赶快上车，一路双灯闪烁，一路喇叭疾鸣，直奔万发码头江边沙滩而去。

晚 7 时 30 分，他们来到了大滨路通往江边沙滩的开"口"处，沿着石梯路下行到江边沙滩，扑入眼帘的是一个悲痛欲绝的场景：张亚陪伴陈璐希在哭泣；谭北京搀扶着王红旭的母亲李永兰在流泪……为了防止意外，毛世伟请求大渡口区人民医院派出救护车，停靠在大滨路边值守，车上医护人员高度警觉，随时准备参与救治。

晚 7 时 40 分，育才小学副校长兰凤成、唐婕、赵红，总务处主任黄雷、副主任代宣，办公室主任叶郑，教师陈建、龚家樵、杨卫等一行 10 多人，或是打的，或是自驾，穿过浓密的夜幕，陆陆续续来

▲ 搜救队伍开展搜寻工作

到沙滩上。他们悲从心起，泪水长流，把祈愿寄托在忙碌的公安干警、消防队员身上，盼望奇迹出现。

晚 9 时 30 分，育才小学协助搜救王红旭的现场办公会议，在大滨路明亮的路灯下召开，会议决定：成立专班、明确分工、各司其职、不惜代价，全力以赴推进搜救工作。专班人员分工如下：

党委书记、校长毛世伟，任现场总指挥，总揽处置全局工作；

党委副书记、副校长兰凤成，任现场副总指挥，具体协调搜救工作；

副校长唐婕，具体负责来访接待、家属安抚工作；

副校长赵红，具体负责信息提供、资料上报工作；

副校长杨梅，具体负责人力调配、资源保障工作……

毛世伟在会议结束时强调："我校的优秀教师王红旭临危不惧，舍身仗义，营救了两位落水儿童的生命，至今还没有回到岸上，此时此刻，我最想说的一句话就是，育才小学宁愿拥有一位忠于职守、助人为乐的体育老师，也不愿出现一位功在当代、扬名天下的不归英雄！"

晚 10 时，毛世伟、唐婕、叶郑一行 3 人，在驱车前往王红旭、陈璐希居住小区的路上，接到了大渡口区教委领导打来的电话："王红旭老师勇救落水小兄妹的感人事迹，已经向在家的大渡口区区长张国智、副区长唐勇等领导作了专题汇报，区领导要求，要尽最大的努力开展搜救工作，不放弃一线希望……"

在王红旭、陈璐希家中，毛世伟叮嘱贴身陪护在王红旭母亲李永兰身边的育才小学教师曾晶等人说："拜托你们了，你们代表育才小学的 4000 多名教职

员工和学生，在这里作安抚工作，因为触景生情，你们的身心也会痛苦，我们的心情也不好受！"

晚11时，大渡口区教委副主任张宁、区政府办公室副主任刘奇带着慰问品，来到王红旭、陈璐希家中。他们传达了区长张国智的指示精神：要调动一切力量，推进搜救工作，必要时，可以向社会上的专业搜救组织求援，打破目前搜救工作的僵局。

晚11时30分，大渡口区教委主任伍平伟、区教委安稳办主任江胡、区教委办公室主任何瑞的身影，出现在夜色苍茫中沙滩上，他们慰问了现场搜救人员的辛劳，感谢了现场搜救人员的苦战。

晚11时50分，获救小兄妹的爷爷，一位白发苍苍的老者，也颤颤巍巍地来到搜救现场，他告诉现场领导和搜救人员，被救的小兄妹已经住在医院里，目前正在康复。

6月2日凌晨零时40分，王红旭的父亲王平、王红旭的舅舅李永奎、万州区铁炉学校的教师和亲友代表，披着夜色驱车300余公里，来到了大渡口区。他们的到来，使搜救王红旭的氛围更加肃穆，使呼喊王红旭的声音更加催泪。

6月2日凌晨1时10分，大渡口区教委主任伍伟平，在现场主持召开了办公会议，紧急部署了3项工作。

其一，制定宣传预案，请育才小学副校长赵红、教师龚佳樵立即回校，收集整理王红旭的事迹材料，准备向上汇报。

其二，增强陪护力量，由育才小学副校长唐婕、教师龚佳樵轮换曾晶等人，对王红旭的妻子陈璐希、母亲李永兰随卫陪护。

其三，升级外围服务，由副校长兰凤成，教师黄雷、谭国强跟车待命，24小时停放在陈璐希住家楼下，随时执行接送任务。

这一夜，频繁的会议召开，众多的领导慰问、重要的人事安排，时间延续到6月2日凌晨4时，才暂时宣告结束。

6月2日上午9时，毛世伟在育才小学建设村校区，主持召开了搜救工作情况通报会，大渡口区育才幼儿园园长金娟受邀参会，因为王红旭3岁的儿子小团团在育才幼儿园读书，爸爸没有回家的日子，小团团需要特殊照顾。

▲ 育才小学组织学校相关人员现场组建 0601专班

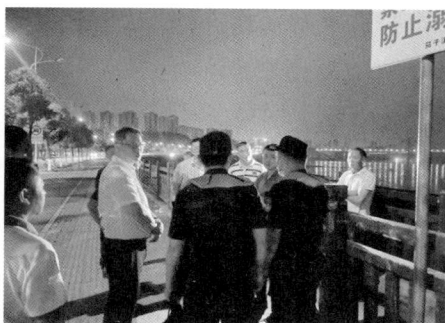
▲ 事发当晚，大渡口区教委工作人员在现场协调搜救工作

搜救工作情况通报会本是一个通报6月1日搜救工作的会议，没料到会议一开始，就开成了一个泪雨倾泻、泣不成声的追思会。与会人员谈及王红旭的音容笑貌、救童壮举，无不赞赏有加，感慨系之。

上午9时30分，得知王红旭的父亲王平、母亲李永兰、舅舅李永奎已抵达搜救现场，毛世伟率育才小学工会主席王守成、教师谭国强，再一次来到万发码头岸边的沙滩上，陪同3个老人凝望江水之波，寄托思念之情。

在这里，大渡口区融媒体中心记者罗维，受区委宣传部部长郭诏彬的派遣，专题采访了从外区闻讯赶回来的王显才先生。王显才先生是王红旭6月1日营救落水小兄妹时近距离的目击者，他接受记者的现场访谈，成为重庆市乃至国内媒体报道王红旭英雄事迹的第一条新闻，此后，各级领导批示，媒体宣传升温，形成了全国范围内的宣传热潮……

上午10时20分，经过电话联系、邀请，巴南区蓝天救援队、沙坪坝区应急救援协会两支专业从事水上救援的队伍，带着心理咨询师、冲锋舟，出现在搜救现场。这时候，"搜救"二字已经改变成"搜寻"二字，个中苦痛，不言自明。

心理咨询师吴秀英心地善良，善解人意，心细如丝地抚慰着王红旭家人及其亲属的心理创伤；

四艘冲锋舟紧跟着蛙人行踪，循环往复，不知疲倦地搜寻着王红旭身躯及其灵魂的沉睡之处。

下午4时许，英雄王红旭的遗体，在距事发点不远乱石成堆、渔网成麻的下游江底被发现……

紧接着，大渡口区区委副书记陈中举亲临搜寻现场，听取了搜救、搜寻全过程情况的工作汇报后，语气凝重地拍板："为了表达全区人民的敬意和哀思，应该在大渡口宝山堂最宽敞的悼念大厅，用最崇高的规格，为王红旭同志举行最隆重的告别仪式……"

王老师是真英雄

王红旭用舍身救回两名落水儿童，以悲壮托举走完了自己 35 岁的人生行程。有人不禁会问：他在江水中同恶浪搏斗，他在江水中同死神抗争，真的就没有活命的机会吗？真的就没有生还的可能吗？

还是让育才小学的感言墙，用重塑三观的文字，来解码这个并不难解码的疑问吧！书写这些精彩文字的领导和老师，都是王红旭的同事，他们是王红旭日常生活的目击者，写出的文字才不同凡响。

育才小学党委书记、校长毛世伟坦言：

"一个时代，只有英雄横空，才能奏响时代的共鸣。英雄事迹为人所敬仰，英雄精神为人所效仿。王红旭老师以无疆大爱、大义，生动地诠释了'爱满天下'的真谛和内涵，让 2021 '六·一壮举'里的每一个生命，都无限精彩。他是家人的骄傲、育才的骄傲、新时代人民教师的骄傲，他永远活在我们心中。"

育才小学双山校区数学老师张君抒怀：

"曾经总觉得英雄离我们很遥远，甚至感觉在这个时代，已经不会出现英雄了，直到王红旭老师毫不犹豫地用自己的生命，拯救了两个生命。这种大义，让我们深切明白了英雄的含义。正是因为这种大义，让这个时代更有信仰。王红旭老师带给我们的信仰，会化作万物，融入春风、夏雨、秋霜、冬雪里，一路从不缺席，在身边、在心里。"

育才小学建设村校区语文老师文昕明感叹：

"一个社会，没有英雄，那唯有冷漠。一个国家，没有英雄，那就跪倒于世。一个民族，没有英雄，那就绝望。一个文明，没有英雄，那就衰落断绝。

英雄，偶然，但因为有浩渺之水，才能汹涌，才能起舞。人，不可能人人成为英雄，但至少不能蜷缩于自私的壳内自保。为己，为人，至少可以有点英雄气概，舍我其谁的担当，挺身而出的豪情。"

育才小学建设村校区数学老师冉娟独白：

"孩子说，王老师是真英雄，我要好好学习，长大后也做一个真英雄；家长说：能被这样的老师教育，我们家长一百个放心；我说：旭哥你是我们育才的骄傲，你的光辉形象将永远清晰地刻在我们的心中。我们以你为榜样，将教育这份事业奋斗到底。"

还是请事发现场的目击者，用简洁纯朴的话语，来回答这个并不难回答的问题吧！讲出这些凝重话语的人，都是王红旭惊世一举的见证人，讲出的话语才饱含真情。

目击者一：王显才，男，69岁，中国冶金报原重钢记者站记者。谈及王红旭老师的义举，王显才的眼眶中饱含着泪水：

"两位小孩落水的时候，我和老邻居杨定祥就坐在离沙滩前沿约5米远的一个礁石上。只有10来秒钟，王红旭老师就从近百米处飞奔而来，跳入江中施救，他救起了第一个小女孩，在水中交给了接应的年轻人。这时候，岸上有人在喊：还有一个！还有一个！他又毫不犹豫地转身，扑向迎面而来的大浪，向着被冲得更远的那个小男孩游去。我在岸上看见，他的体力可能已经严重透支，划水的频率开始减慢，浪花无数次淹没过他的头顶，他在江水中几度沉浮，他在江水中始终坚持，终于抓住了这个小男孩，但他已经无法在江水中推着小男孩游回岸边了，于是，他就把自己的头颅深埋进江水中，用双手托举着小男孩，一分钟、两分钟地坚持，用最后的力气，把小男孩推向了接应的'救命人链'。

"我相信，如果王红旭老师放弃营救那个小男孩，他一定能够存活下来，因为他当时已经营救小女孩靠近了岸边。但是我看见他一直没有放弃。因此，他是重庆人民的英雄和最优秀的老师，目睹了他舍身营救两个落水儿童的义举，我彻夜难眠，我老泪长流，我应当为宣传他可贵的精神，尽一份责任和心力。"

目击者二：许林盛，男，30 岁，重庆市巴南区典雅小学体育老师。谈及王红旭老师的品格，许林盛的言词中倾诉着不舍：

"我是追随着旭哥的身影，紧跟在他身后，跳进江中营救那两个落水小孩子的。他在江水中把第一个小女孩交到我手中后，我就和张广荣就护送小女孩上岸了。听见'还有一个'的呼喊声后，回头一看，旭哥没有喘一口气，转身又去营救还在江水中沉浮的那个小男孩。这时候，岸上的'救命人链'正在链接，我和张广荣又跳进江水中去接应旭哥，他把托举着的那个小男孩猛推给我后，就被无情的回浪反推了两三米远，我是拉着'救命人链'的手，被人拖上岸的，把小男孩交给'救命人链'中的营救人员后，准备下水去救旭哥，却被人死死拉住说，'你没有力气了！'

▲ 王显才（上图）、许林盛（中图）、张亚（下图）接受媒体采访

"我是多么地希望旭哥能够游回岸边，重上沙滩呀！他有可爱的儿子，他有漂亮的妻子，他有年老的父母，他有幸福的家庭。他跳江营救两个落水儿童时，家里的钥匙还在他裤子的荷包里。我真的后悔，'六·一'那一天，不该同他结伴到江边的沙滩上去，不去，善良的旭哥就还在。这么好一个人，怎么说走就走了，老天爷为什么瞎了眼啊！"

目击者三：李姗姗，女，29 岁，重庆市大渡口区春晖路街道松青社区专职网格员。谈及王红旭老师的形象，李姗姗的神情中充满着崇敬：

"'六·一'儿童节那天，我和老公带着两个孩子，到万发码头旁边的沙

滩上去玩耍，下午接近 6 点钟的时候，老公收拾好帐篷准备回家，我正在拍最后一张照片，突然听见惊恐的喊声：有人落水了！一眨眼时间，就看见王红旭老师向着江边跑去，第一个跳入江水中，不久，又看见一个中年男子抱着一个小女孩往岸边跑，这是王红旭老师救起的第一个落水孩子。我往江中看去，发现还有一个孩子的人头，在江水中漂浮，于是，来不及思考，我就跑到江边参加了'救命人链'的链接。是王红旭老师在江水中坚持营救，才把第二个孩子救回来的。

"不一会儿，王红旭老师 3 岁的儿子，就从沙滩那一边哭喊着跑过来找爸爸，旁边有人说你爸爸是英雄，救人去了。这时候，王老师的爱人抱着儿子放声大哭，我的心当时像刀绞一样难受，王红旭老师把生的希望留给了两个孩子，用自己的生命保全了一个完整的家庭，他是值得我崇敬的楷模！"

生命托举

江滩上过儿童节

2021 年 6 月 1 日，国际儿童节。

国际儿童节始于何时？答案信手拈来：为了保障世界各国儿童的生存权、保健权、受教育权和抚养权，改善儿童的生活，反对虐杀儿童和毒害儿童，1949 年 11 月，由国际民主妇女联合会在莫斯科召开执委会，经过投票表决，设立了这个全世界少年儿童独有和共享的节日。

1949 年 12 月 23 日，中华人民共和国中央人民政府决定：将中国的儿童节与国际儿童节统一起来，于是，每年的 6 月 1 日，就成了深受中国少年儿童憧憬和喜爱的节日。

在中国，虽然"六·一"儿童节不是国家法定有休假期的节日，但是对于数以亿计的善良的中国父亲、母亲而言，都无一例外地，为孩子们准备了节日的礼物、购置了节日的新装、送上了节日的祝福、安排了节日的行程。

因为，家里的天地太小，外面的世界有很多奥妙和神奇，总是牵引着孩子们的心不肯安分。

"六·一"这一天，从上午 9 时开始，就有不少年轻的父母，带着他们身穿节日盛装的孩子，或是乘坐轻轨、或是呼叫的士、或是逍遥自驾，由重庆市沙坪坝区、渝中区、南岸区、巴南区、九龙坡区……来到了长江流域途经的大渡口河段万发码头江边玩耍。当然，前来玩耍的游人中，以大渡口区"土著"最多。

万发码头何以有这么大的吸引力？先看看万发码头的地理位置。

万发码头地处长江流域的北岸，蛰居 15 公里江岸线上，是城乡接合部的繁忙地段，也是一个主营木材集散和零星装卸的货运码头。

万发码头背靠宽阔的"大滨路"，"大滨路"双向四车道，钢筋混凝土铺筑，

▲ 万发码头景象

全长 4.8 公里，与重庆市政府的重点工程钓鱼嘴"音乐半岛"、著名的千年古镇马桑溪一路贯通、首尾相连。

万发码头面对延绵的长江航道，航道上早迎缥缈晨雾，午披暖身艳阳，夜闻渔歌晚唱……

真一个诗情画意、赏心悦目的驻足之地。

为什么选择到万发码头江边玩耍？再瞧瞧码头江边的人文景观。

江边展现着一段平缓的沙滩。沙滩是滔滔长江一泻万里的遗存，沙滩是滔滔长江吻别义渡的馈赠，沙滩的沙粒有如精细的珍珠，白色、耀眼。尽管沙滩的长、宽边缘线很不规则，然而，在这个昔日以盛产钢铁而闻名于世的主城区板块上，只要有沙滩的存在，就会感觉到生活的情趣，有着别样的亲切、别样的温暖。

站在平缓的沙滩上，可以看见江面上航运的轮船，正加足马力行驶。轮船或是顺流而下，或是逆水而上，满载的集装箱、木材、钢材、石材、水泥、机械……都会让人感觉到，这座城市的脉搏，正应合着一个新时代前进的步伐，在有张力地贯通，有节奏地跳跃。

站在平缓的沙滩上，还可以看见"桥都"重庆的缩影，在蓝天白云下显现。沙滩下游约两公里处，通车多年的马桑溪大桥横空出世，实现了大渡口区和巴南区在水一方的握手；沙滩上游约一公里处，在建的白居寺长江大桥正在合龙，大桥横跨长江南、北两岸，再一次拉近了大渡口区和巴南区的时空距离……

好一个远离尘世、放飞遐想的览胜之点。

临近中午时分，暖阳凌空普照，气温逐渐升高，从"大滨路"人行道的两个开"口"处，拾级而下的人群络绎不绝、有增无减。很显然，他们慕名而来的地方，就是万发码头，他们心仪已久的地方，就是江边沙滩。

一对小兄妹手牵着手，在他们母亲的陪同下，也来到这个平缓的沙滩上，开心地享受快乐的时光。

哥哥，6岁；妹妹，4岁，他们都是大渡口区半岛逸景幼儿园的学生。出门之前，他们用小小的心思，向心爱的爸爸和妈妈，表达了同一个小小的愿望：要在临江的大自然生态环境中，置身热闹的环境，度过自己的节日。

儿童的交往最没有城府，儿童的交流最显得纯真，儿童的交谈最具备显性。很快，哥哥和妹妹，就与好多不认识的同龄儿童一起，开始了奔跑、开始了追逐、开始了嬉戏……

在父母们关注和赞许的目光下，风筝飞了起来、沙堆垒了起来、儿歌唱了起来。风筝幻化成儿童们飞翔的翅膀、沙堆连接成儿童们夸耀的城墙、儿歌传唱成儿童们心灵的桥梁。

童真、童趣、童声，以其强烈的感染力、温馨的聚合力，把这个平时形影孤单的码头，把这个平时人迹稀少的沙滩，装点成了"彩蝶"开心纷飞、"花朵"遍地开放的儿童世界。

▲ 在建的白居寺大桥

正午时辰，孩子们困乏了，如同归巢的小鸟，穿梭在大人们组成的热带雨林之间，辨识着自己熟悉的面孔，回归到自己的父母身旁。

放眼望去，铺开的塑胶地毯上面，依父母而坐的，是孩子们一张张红扑扑的笑脸；撑开的遮阳大伞下面，偎父母而躺的，也是孩子们一张张红扑扑的笑脸。只有这个时候，在父母的心目中，身边的孩子，才是自己唯一的寄托，才是自己唯一的牵挂。

正午时辰，孩子们饥饿了，父母们又扮演起家庭厨师的角色，叮嘱孩子们赶快用湿毛巾擦汗，用湿纸巾擦手，然后，解开早就准备好的各式提包，把可口的食品，摆放在孩子们面前。

放眼望去，三明治、巧克力、小蛋糕、易拉罐、哈密瓜……应有尽有，伸手可拿。只有这个时刻，在父母的言谈中，真的没有了禁忌、没有了训斥、没有了尊卑，每一个小家庭，都在万发码头旁边的这个江边沙滩上，不可理喻地变了"天"。

三个家庭结伴行

2021 年 6 月 1 日，也是在重庆市大渡口区，有三个家庭的年轻父母，带着他们的孩子相约结伴，因行程临时改变，也参加了去往万发码头江边沙滩上的儿童节之行。

不妨将这三个家庭组成人员的身份，略作介绍：

丈夫王红旭，35 岁，大渡口区育才小学体育老师；妻子陈璐希，32 岁，大渡口区育才小学语文老师；儿子小团团，3 岁，大渡口区育才幼儿园读书。

丈夫许林盛，30 岁，巴南区典雅小学体育老师；妻子张亚，30 岁，大渡口区育才小学体育老师；儿子小言午，3 岁，大渡口区育才幼儿园读书。

丈夫谭北京，31 岁，大渡口区育才小学书法老师；妻子杜利娟，29 岁，大渡口区钢花小学语文老师；女儿小砚台，3 岁，大渡口区城邦国际幼儿园读书。

很显然，教书育人是这 6 位父母的本职工作，"人类灵魂的工程师"称号，是这 6 位父母共同的身份。

王红旭体格健壮，膀宽腰圆，浑身充满阳刚之气，加上年龄居于首位，被乐于行侠仗义的许林盛、书法功底深厚的谭北京，尊称为旭哥。

还是在 2021 年 5 月 31 日夜晚，他们在手机中就约定，第二天上午 9 时 30 分，在距王红旭住家很近的大渡口区万达广场集合，驱车去沙坪坝区"太寺垭"森林公园亲近大自然，陪伴孩子们过儿童节。

为什么选择去"太寺垭"森林公园过儿童节？因为早在 2020 年 6 月 1 日，他们也曾相约结伴，去过沙坪坝区的"萤火虫"探险营地，在那里有着率性于花草之丛，寄情于山水之间，陪伴孩子们一起过儿童节的体验。"太寺垭"森林公园也是一个花草繁茂、山水诱人的景区，何乐而不为呢！

然而，不曾预料到的是，由于一路上多次堵车，行驶缓慢，加上购买孩子们的节日礼物，也耽误了不少时间，许林盛和谭北京驾车到达约定的万达广场时，已经临近中午 11 时了。

一行人围着王红旭商议："旭哥，已经误时了，咋办？"

王红旭抬头望了望天空，沉思片刻后答道："现在太阳当头，温度偏高，孩子们顶着太阳游玩，肯定受不了，加之今天是'六·一'，是儿童们的天下，家长们也过儿童节，驾车蜂拥而出，堵车的情况不会缓解。我建议，不如就在万达广场先吃个中饭，再安排下午的行程。"

话音刚刚落地，站在王红旭身边的陈璐希，立即接过未完的话题："下午的行程我来安排。午饭后，邀请大家先到我们家休息，大人喝茶，孩子们玩儿童玩具，3 个孩子聚在一起，肯定会玩出很多兴趣。下午，等到太阳落山的时候，我们再去逛大滨路，大滨路沿途有马桑溪古镇、盘果山庄、牛栏坝沙滩……凡是到此一游的客人，都会有不虚此行的收获。"

王红旭的建议和陈璐希的邀请，切实可行、心诚意恳，得到了众口一词的赞同，得到了拍得很响的巴掌声。

于是，围定一桌午餐，餐毕，开动小车缓行，很快就行至一个小区，在小区车库停车后迈步，步入了王红旭、陈璐希家中。

一路上，6 个父母都担心孩子们有失望情绪，都不停地相互提醒道：今天是孩子们的节日，一定要践行早前对孩子们的承诺，要暂别父母的身份，要忘掉年龄的差异，要回复童年的时光，同孩子们一起，过一个久违的儿童节。

父母亲一言九鼎，没有撒谎；孩子们如愿以偿，当然高兴。

洁净的客厅里，孩子们玩得笑逐颜开；观景的阳台上，菊花茶喝到落日西斜。王红旭一看手表，时针快指向 5 时了，于是，一拍大腿："走啊，出发！"

王红旭驾驶小车，第一个驶出了小区，另外两辆小车紧随其后，在大滨路上鱼贯而行。车到马桑溪古镇路口，人多车多，无法转弯从路口驶入古镇公路，只好继续前行。车到万发码头路口，大滨路上的两个路口都暂无人流车流，于是，王红旭熄火停车，走到路边探望，立即便回过头来："下面沙滩江风轻拂，儿童很多，热闹非凡，就这个地方吧！"

有了"旭哥"发话，许林盛、谭北京当然遵从。有了不虚此行的玩乐处，3个孩子自然也拍手叫好。

下午5时许，一行9人以大携小，前后护卫，从大滨路的开口处拾级而下，来到了有礁有岸、有石有草的沙滩上。

6位父母在沙滩上选好位置，卸下行装，相继站定之后，进入了指点孩子玩沙、举起手机拍照……的游乐流程。

王红旭站在沙滩的高端处，环顾四周的景色后，甩开了大嗓门："这地方好呀，上有在建的白居寺大桥，下有跨江的马桑溪大桥，两桥飞架南北，一江横贯东西，景色不错！景色不错！"

"让开，让开！旭哥，莫挡我的镜头，我在拍视频……"张亚急切地招呼。

"都说旭哥平时里术业有专攻，生猛洒脱，没想到现在置身沙滩，诗兴大发，为了今天不虚此行，就来一首吧？"许林盛见王红旭触景生情被泼了"冷水"，急忙机巧地捧了一个"场"。

"来就来吧，你以为我们旭哥只有体育是强项？"同在沙滩高端处观景的谭北京，此时也来了劲头，似真似假地道出一个秘密，"想当年，要不是旭哥一首接一首的情诗冲锋陷阵，捕获了少女的芳心，我们美丽的陈璐希，还不知道至今嫁人没有哩！"

"乱说，你又乱说了！"此时，正在拨弄手机的陈璐希立刻抬起头来，认真地纠正了谭北京的"谎言"，"他一个帅哥，会没有爱情么？"

▲ 热闹的岸边

友善的嬉笑源于高兴，短暂的调侃归于平静。

出于体育老师对速度、对时间、对距离常有的偏爱和职业本能，行事谨慎的王红旭向前跨了一步，对眼前这个沙滩的体量，作了精准度极高的目测。

不足 500 平方米的面积上，极其随意地生长着零零散散的荒草，阳光斜照的沙滩上，聚集了大大小小 200 多个人体，看来，人口密度是有一点超标。

紧接着，王红旭把敏锐的目光，投向了沙滩的前沿和宽阔的江面。

沙滩的前沿在王红旭站立的左前方，呈圆弧形伸入江水之中，与王红旭的直线距离约 80 余米。此刻，只有 6 岁的哥哥和 4 岁的妹妹，正踩着沙滩前沿湿润的沙粒玩耍。见此情景，王红旭不安地皱了一下眉头。

宽阔的江面倒映青山，荡漾微波，一艘装载着集装箱的大型货船，正拉响汽笛，告别即将合龙的白居寺长江大桥，顺流而下。大型货船的船头，犁出了犹如扇面的涌浪，涌浪前呼后应，你追我赶，一浪推着一浪，肆无忌惮地向着江边的沙滩猛扑过来……

涌浪卷走小兄妹

涌浪扑向了沙滩，正低头踩着沙粒蹦跳玩耍的两兄妹玩兴正浓，完全没有注意到无情的涌浪，已经迅速地向他们逼近。他们神情专注，把快乐融合在脚下的沙粒和沙粒上显现的脚印之中。

说时迟，那时快，也就是眨眼的一瞬间，不曾预料的险情，不曾经历的祸患，就在下午 5 时 40 分这一时刻，突如其来地发生了。

涌浪一波接着一波扑向沙滩的前沿，沙滩前沿上的积水，顷刻之间上涨了30 公分、40 公分、50 公分……涌浪的回落野性十足、咆哮狂乱，它释放出巨大的反冲力，将 6 岁的哥哥和 4 岁的妹妹卷入了江水之中。

"不好了，有人落水了！"

"有人落水了，快救人呀！"

"是两个小孩子，刚才还在沙滩上！"

"是两个小孩子，掉在水里了！"

尖厉的呼叫声在沙滩上空回响，尖厉的呼叫声引发了沙滩上人群的引颈张望，尖厉的呼叫声镇住了沙滩上的喧嚣。

尖厉的呼叫声中，王红旭把目光再一次投向沙滩的前沿处时，发现沙滩的前沿已经空无一人，不见了两兄妹的身影，而在距离岸边 20 余米的浪涛中，有两个飘浮的人头，在起起伏伏、隐隐约约晃动。

见此情形，王红旭顿时热血上顶，他没有丝毫犹豫，没有片刻迟疑，甚至来不及脱掉衣服、长裤，来不及向妻子陈璐希打一声招呼，来不及向 3 岁的儿子小团团投去一个微笑，便把掌中的手机往身后一扔，以百米冲刺的速度拔腿就跑，直端端向着沙滩的前沿跑去，第一个跳进了冰凉的江水中。

紧接着，与王红旭结伴而行的老师许林盛，家住沙坪坝区、现年45岁、时任重庆（香港）营销策划顾问有限公司中原中新城上城分行经理的张广荣也迈开冲刺的脚步，追随着王红旭的背影，直端端向着沙滩的前沿跑去，面无惧色地跳入了冰凉的江水中。

他们3人组成了一个营救落水小兄妹的侠义团队，与激流、漩涡、涌浪……展开了舍生忘死的搏斗。

不一会，陈璐希、张亚、杜利娟，也沿着沙滩上留下的脚印，向着沙滩前沿处一路狂奔，加入了营救落水小兄妹的行列。因为谭北京不会游泳，承担起了看护小团团、小言午、小砚台的责任。

惊魂未定的人群面面相觑，面面相觑的人群惊魂未定，直到他们看清了确实是有人跳江救人的义举后，才回过神来，才从沙滩的不同方位，向着两个小兄妹落水的沙滩前沿，靠拢过来，随即开始了打探和议论：

"第一个跳水的，是孩子的父亲吧？"

"不是，他的孩子还在沙滩那边玩气球哩！"

"你说不是，咋个跑得那么快？"

"救人要紧，人命关天，不跑快行么？"

议论不出结果，各自保留观点，但对落水孩子和救人汉子安危的关注，牵引着他们的眼睛都焦急地望着江面，一颗颗跳动的心脏，也随波起伏，沉入到无法预知真相的江水下面。

沙滩前沿的江水下面，是一个无法用肉眼观察到的断层，断层因江水潜流长年累月的浸刷、冲掘，形成了一个陡峭的暗崖。断层无法测量其深度，断层有如潜伏在江中的陷阱，它会借助江面的流水，把一切真相都遮掩得严严实实，不见天光，

▲ 救命人链的锚头就是王红旭

由于断层的存在，有一个后果可以肯定，它会殃及无辜的生命。

王红旭从沙滩前沿跳入江中之后，因为断层就在身边，脚下没有支撑点，没有着力点，加之衣服、长裤被江水浸泡后造成的拖累，整个身躯悬浮在波涛汹涌的激流之中，但是，即便这时视线迷蒙、凶吉未卜、腿重如铅，他也没有丝毫回游上岸的念头，他也没有丝毫退缩求安的打算。

他的脑海中牵挂着落水儿童的命运，他觉得自己有不错的水性，能够确保落水儿童的生还，因此，他没有惊慌失措、没有心生恐惧、没有止步不前，也没有暂缓划水的频率……

他急促地划动有力的双臂，与扑面的恶浪搏斗。他眼前只有沉浮晃动的目标，他必须向沉浮晃动的目标迅速靠近。是的，靠近了，很快就靠近了，他喘着从丹田喷涌而出的粗气，终于抓住了小女孩的头发，双脚再奋力一蹬，进而抓住了妹妹的小手臂。

这时候，岸上的目击者看见他改变了游泳的姿势，他迅速地侧转过身躯，用一只手托着小女孩幼小的身体，让她平躺在江面上，用另一只手急促地划水，开始向着岸边游来。

快到岸边了，担任接应的许林盛、张广荣已经游到了他的身边，他把昏迷不醒的小女孩交给了许林盛，许林盛把昏迷不醒的小女孩转交给张广荣，两人一前一后相继上岸，紧搂着小女孩疾步快跑，把小女孩传送到了沙滩上，传送到了一个有着更多接应人群的一双双温暖的大手中。

指压人中、掌按胸腹，短暂的施治后，小女孩睁开双眼，醒了过来，小生命得救了！

此时，王红旭仍然浮游在冰凉的江水中，继续艰难地喘着粗气。他听见了沙滩上传来的鼓掌声和欢呼声，圆圆的脸上泛起了笑容。

这时候，沙滩上又传来了一阵急促的呼叫声：

"还有一个……"

"还有一个小男孩没有上岸！"

王红旭听见了沙滩上传来的急促呼叫声，他深情地望了一眼沙滩上的人群，猛地一个转身，再一次扑进了浪花翻滚的激流中。

生死关头的托举

第二次义无反顾地扑进浪花翻滚的激流中，王红旭面临的处境，更加险象环生。

江面上的涌浪，你推我搡，互不相让，有如一锅锅乱粥，毫无节制地向外扩散；江面上的漩涡，你重我叠，互不服气，有如一个个漏斗，变着花样地向下着力；江水下的潜流，你来我往，互不择道，有如一支支暗箭，居心不良地向前发射……它们的意图都非常明显，要用自身的能量向王红旭示威，向王红旭挑战，在这个没有秩序、没有规矩的水域，是弱者，就不可能获得搏斗的胜算。

王红旭胆大心细，精力过人，决不是一个弱者。

但是，岸上的施救者发现，王红旭已经明显的体力不支了。

他划水的双臂显得沉重、变频，他拍水的双脚显得僵直、缓慢，然而，他依旧没有泄气、没有沮丧、没有畏缩，他继续拼尽全力，向着波峰浪尖上那个飘浮的目标游去。

小男孩也在江水中顽强地挣扎，从被涌浪卷入江中的那一刻起，他也不愿意就这样悄无声息地离开爸爸和妈妈。爸爸上班辛苦，妈妈持家劳累，血脉相连的养育之恩，还需要他长大之后，用孝顺之心加倍报答……

这个时候，小男孩的母亲，仍然在江岸边的沙滩上长跪不起，她知道5岁的小女儿，已经被营救上岸，但是6岁的小儿子，仍然浸泡在江水中，不知生还的希望，还有几许？

心情沉重的女人们围上前来，好言相劝，善语相慰。一位好心阿姨把小男孩的母亲扶起来，让她坐在沙滩上，喂她喝矿泉水，给她捶肩和背。

▲ 王红旭再次返回江中救第二个孩子

好心阿姨安慰小男孩的母亲说："有好几个男人跳下水救人了，救起了一个，还有一个正在营救，你要相信他们，都是些不怕死的汉子！"

小男孩的母亲双手合十，拖着哭腔回答："求求老天爷保佑，保佑那些勇敢的男人，保佑我可爱的儿子，让他们都平安回来吧！"

空气在万发码头附近凝固了，沙滩上空弥漫着令人恐惧的沉寂，小男孩母亲哭的喊声不曾远去。

她撕肝裂胆地哭喊着哥哥的名字，她甚至悲痛欲绝，倒地不起，这让沙滩上的每一个父亲频频动容，这让沙滩上的每一个母亲阵阵心痛，而那些刚才还在无忧无虑地追逐玩耍的小公主、小王子，已经怯生生地躲进了父母亲的怀抱，正惊惶惶地紧抱着父母亲的双腿，他们无法明白和知晓，爸爸妈妈赠送的"六·一"儿童节礼物《十万个为什么》中，还有一个"为什么"没有印在书上。为什么有一个妈妈的哭泣，会有这么多流不完的眼泪，会有这么多说不完的话语？

王红旭听不见小男孩妈妈的哭喊声，因为他的耳朵沉浸在江水之中，但是他仍然不时扬起头来，睁开明亮的双眼，努力搜寻江面上的目标。猛然间，他发现漂浮的目标就在眼前晃动，不是很远，就在离岸二十余米，眼前四五米的江水中沉浮。

为了尽快地靠近目标，王红旭立即改变了泳姿，他把头埋进乱浪迸飞的江水里，拼尽全力划水，艰难地向着那个漂浮的小生命靠近。

一米、两米、三米……

平时双臂轮换，只一次划水的工夫，就能到达的距离，现在却划了两次、三次、四次……

终于如愿以偿，心想事成。王红旭抓住了小男孩的头发，进而抓住了小男孩的手臂，但是，他已经没有体力，用一只手把哥哥托护在江面上，让哥哥平躺在江面上，有一个换气的空间，然后，用营救小女孩的泳姿，单臂划水，把小男孩推送到岸边去。

他唯一的办法，唯一的姿势，只能是把自己的头颅，深深地埋进江水之中，久久地停止换气，用双脚频踩着一江流水，用双手托举着小男孩潜行，护送小男孩，踏上生还的归途。

一厘米、两厘米、三厘米……

潜行的王红旭在艰难潜行，托举的王红旭在艰难托举，小男孩生还的归途就在眼前，王红旭把托举小男孩的姿势，定格在了滔滔的长江，定格在了巍巍的天地。

毋庸讳言，在万里长江流经华夏大地的编年史上，这肯定是见义勇为者营救落水者的一个大特写，一个大奇观。

切莫认为王红旭托举起的就是一个小男孩，不，王红旭托举起了一个男人的全部精气神，而这种精气神所蕴含的道德精髓、人格气质、形态神韵，已经不是属于王红旭个人的私有物，王红旭托举起的精气神，就是一个时代全部真善美的集中诠释、集中体现。

这是意志品质的坚定托举。意志在江水中展示，品质在激流中升华，因此，就选择坚定二字，昭示王红旭的师德师风。

这是仁心大爱的神圣托举。仁心在漩涡中跳动，大爱在涌浪中传播，因此，就确定神圣二字，诠释王红旭的凡人凡事。

这是无畏舍生的悲壮托举。无畏在涨潮中挺立，舍生在逆沱中聚义，因此，就推崇悲壮二字，倾诉王红旭的所念所思。

救命人链手拉手

　　时间就是生命，营救仍在持续，王红旭始终托举着小男孩在艰难潜行，沙滩上的人群开始沉不住气了，几乎是同时，好几个声音高喊道："快！快！把手拉起来，进入江中去接应！"

　　还没等到把手拉起来，"扑通"一声，许林盛跳入了江水中；

　　还没等到把手拉起来，"扑通"一声，张广荣跳入了江水中。

　　这是他们第二次跳入江水中营救落水的小兄妹，这是他们第二次跳入江水中接应无畏的王红旭。

　　很快，慌乱的沙滩上，男人们和女人们用血肉之躯，手拉手接成了一条"救命人链"；很快，奔忙的沙滩上，男人们和女人们用仗义之举，手拉手展现了一个难以置信的新景观。

　　不妨把"救命人链"链接者的顺序略作介绍：

　　许林盛，男，30岁，重庆市巴南区典雅小学体育老师；

　　张广荣，男，45岁，重庆（香港）营销策划顾问有限公司中原中新城上城分行经理；

　　马波，男，34岁，重庆市九龙坡区从事汽车配件批发；

　　贺琴琴，女，30岁，重庆市九龙坡区某医院门诊护士；

　　夏欢，女，32岁，重庆市九龙坡区从事汽车配件批发；

　　张亚，女，30岁，大渡口区育才小学体育老师；

　　张学锋，男，38岁，重庆市长安汽车采购中心员工；

　　李珊珊，女，29岁，重庆市大渡口区春晖路街道松青路社区专职网格员；

　　余洪，男，33岁，重庆市 ABB 变压器有限公司员工；

　　……

▲"救命人链"每一个人都是英雄

据现场目击者介绍，手拉手接成这条"救命人链"的勇士，超过13个男人和女人，很显然，略作介绍的这份名单中，有好几个"救命人链"的链接者，或者是有意埋名隐姓，或者是决意淡泊功利，或者无法追寻行踪，都成了令人钦佩的无名英雄。

不妨把新景观展现出的亮点略作描述：

由10多个男人和女人手拉手接成的"救命人链"，经受着涌浪一波又一波的猛烈冲击，有好几次，"救命人链"被扑面的涌浪拦腰折断，"救命人链"被汹涌的江水劈头冲散，然而，男人们和女人们顾不得水深已经齐腰，水流已经过顶，顾不得衣裤已经湿透，浑身已经打颤，他们吆喝着、互励着、坚持着，一次又一次地把手与手拉起来，一次又一次地把手指头扣起来，锲而不舍地把"救命人链"延伸到激流中去。但是，万般无奈的是，无论怎样延伸，"救命人链"离托举着小男孩的王红旭，还是差了四五米远。

情急之下，有人撕烂了床单，把它接上了"救命人链"；

情急之下，有人递来了木棍，把它接上了"救命人链"；

情急之下，有人拣来了树枝，把它接上了"救命人链"……

冷峻的现实是，尽管把床单、木棍、树枝，都添接在了"救命人链"之中，但距离王红旭托举着小男孩的那个"点"，还是差了二三米远。

"救命人链"拼着性命也要向江水中的王红旭靠近，托举着小男孩的王红旭，也拼着性命要向江水中的"救命人链"靠近……

一分钟、两分钟、三分钟……

王红旭托举的信念没有放弃，王红旭托举的姿势没有改变，王红旭的整个身躯在开始下沉。就在这个时候，奇迹发生了，一个大浪向沙滩扑来的那一瞬间，王红旭顺势猛地一推，把托举着的小男孩，推到了许林盛和张广荣手中，而他自己，则因为顺势猛地一推的反作用力，把自己，推向了离"救命人链"更远的江水中，把生命，定格在了完成托举使命的那一瞬间。

小男孩在无数双大手的拥抱下，被迅速地传递到夕阳西照的沙滩上，七八个阿姨、叔叔立即围了上来，面对这个四肢已经僵硬，嘴唇已经发紫，双眼已经紧闭的小生命，组成了一道高大的围墙，他们要为危在旦夕的小生命，遮挡住从江面袭来的风寒。

抢救是在一位内行阿姨的指导下进行的，先是按压胸部，做人工呼吸，紧接着翻转小男孩的身体，把他的腹部紧贴在施救者的大腿上，促使小男孩把腹中的江水，尽快吐出来。浑黄的江水，果真被小男孩吐了出来，

一口、两口、三口……

小男孩的四肢变软了、嘴唇泛红了，双眼睁开了。

又一个落水的小生命得救了，可是，连续营救了两个小生命的王红旭，却沉入了江水之中，没有回到沙滩上，没有回到32岁的妻子陈璐希和3岁的儿子小团团身边。

夕阳西沉，沙滩作证，江岸边传来了呼天抢地、催人泪下的哭喊声。

无数个求援电话打到公安、消防等部门，二十分钟左右，大渡口区公安局茄子溪派出所、重庆市公安局水上分局九渡口派出所、大渡口区刘家坝消防救援站……立即派出警力、援兵，火速赶到现场，开始了拉网式的搜救。

一时间，夜幕初罩的沙滩上，人头攒动，步履绵密；石缝沙窝，不留死角。

一时间，浪波闪烁的江面上，水花飞溅，搜救者众；断层暗崖，不曾放过。

头上星月惨淡，脚下江水呜咽。许林盛、谭北京痛苦地低垂着头，长久地站立在沙滩前沿，他们的旭哥从这里纵身扑向大江，抢救落水小兄妹，至今未

▲ 悲痛欲绝的王红旭父亲

▲ 悲痛欲绝的王红旭母亲

归，不断线的万千泪水，一滴滴掉在沙滩上，浸入了江水中。

没有任何人组织指挥，没有任何人安排仪式，此时此刻，沙滩上的全体男人和女人，包括他们年幼的孩子，全都站起身来，他们肃立在江边，他们面对着长江，要向长江倾诉无尽的悲哀——

长江啊，您是中华民族的母亲河，母亲河承载着华夏儿女繁衍生息的庄严使命，母亲河澎湃着对华夏儿女的万般钟爱，但是母亲河也有失态的时候，母亲河您今天的失态，就是千不该，万不该，不该在"六·一"儿童节这一天，狠心地把王红旭强拽进自己的怀抱，您应该知道，王红旭的妻子、儿子、父母、学生、同事……对他也有着深深的依恋和不舍啊！

童年时光

探访英雄出生地

　　2021年6月27日晨8时，一辆中巴车冒着蒙蒙细雨，从大渡口区育才小学出发，沿沪渝高速公路向着重庆市万州区余家镇急驶。车上坐着育才小学党委书记、校长毛世伟，党委副书记、副校长兰凤成，工会主席王守成，王红旭读大学期间的同窗好友，大渡口区王红旭事迹专班写作组成员……共10人。

　　他们此行的目的有二：一是代表育才小学4000余名教职员工和学生，向王红旭的奶奶范信秀、父亲王平、母亲李永兰，表达崇高的敬意和慰问；二是走访王红旭的出生地余家镇硝水村，走访王红旭就读小学、初中、高中时的班主任、科任老师和校友，真实地还原王红旭一路走来，留在故乡土地上的深深足迹。

　　在此之前，大渡口区区委宣传部和区教委，已向万州区区委宣传部和区教委发出公函并商定，请万州区百安移民小学副校长、王红旭的舅舅李永奎，代表万州区教委，全过程陪同并参与慰问、采访的行程安排和接待工作。

　　上午10时30分，中巴车在沪渝高速公路垫江收费站下道，同迎候在此的李永奎会合，直奔万州区余家镇而去，中巴车在余家镇稍作停留，同王红旭的爸爸王平、妈妈李永兰见面后，驶上了前往硝水村的行程。

　　从余家镇到硝水村，是18公里蜿蜒曲折的盘山公路，因为6月26日夜里下了大雨，盘山公路上，不时有多处塌方坠落的乱石堆积，阻碍了中巴车的行驶，直到中午12时40分，中巴车才到达硝水村。

　　硝水村是一个海拔标高1000米，西与重庆市开江县长岭镇、北与重庆市开州区五通乡、南与重庆市梁平区复平乡接壤的小山村。由于海拔度较高，硝水村常年云雾缭绕、雨水充足、低温湿润……

1986年12月6日晚9时许，王红旭就诞生在硝水村一个普通的农家小院里。农家小院的墙体，由大山村取之不尽的黄泥巴夯筑而成；农家小院的院坝，由白石灰混合着小沙石碾压而成；农家小院的屋梁，挂满了玉米、高粱、辣椒等收获于田地里的果实。

山村降临了小生命，这个孩子还是一位延续香火的男丁，王红旭的爸爸王平、妈妈李永兰、爷爷王世才、奶奶范信秀，当然是喜上眉梢、异常高兴。

▲ 幼儿时期的王红旭（右二）与家人合影

山村降临了小生命，原桥亭区铁炉乡永乐村赤脚医生余朋春前来助产，孩子在余朋春的怀抱里，手脚频繁蠕动、哭声分外悦耳。

余朋春突然来了灵感，他向李永兰建议道："给孩子取个乳名吧？"

李永兰回答："好呀，那就请你赐名吧！"

余朋春沉思了片刻，极其认真地说道："就叫腊敏如何！"

"腊……敏……"李永兰有点不解，"此名有何含意？"

余朋春笑道："寒冬腊月即将到来，小小男婴身手敏捷。腊敏、腊敏，就有迎着腊月出生的孩子，必定敏锐、聪慧的寓意。"

"好，就这个乳名！"

李永兰喜笑颜开之际，还嘱咐王平将家里的鸡蛋、腊肉、香肠……装了一大包，赠送给余朋春，表达自己的感激之情。

山村降临了小生命，这个孩子却不同于其他农家的孩子，从小就有爷爷、奶奶、外公、外婆、爸爸、妈妈的轮换陪护和照顾。这个孩子的爷爷、奶奶、爸爸、妈妈，都有自己的岗位职业和神圣使命。他们的岗位职业都是辛勤园丁，他们的神圣使命都是教书育人。

爷爷王世才，曾任万州区铁炉小学校长 20 余年。那时候，每周没有"双休日"，王世才只有星期天才能回家看望小孙孙。

奶奶范信秀，曾在硝水村民办村小任教。进入二十世纪八十年代，农村实行联产承包责任制，土地下户了，家里需要劳动力，范信秀便于 1983 年 8 月辞教，回家耕种承包的土地。

爸爸王平，硝水村民办村小教师。1995 年 9 月，考入原万县师范学校民师班学习，两年后毕业，调入铁炉学校任体育老师。

妈妈李永兰，硝水村民办村小教师。1987 年 9 月，考入原开县师范学校民师班学习，两年后毕业，调入铁炉学校任语文老师、毕业班班主任。

孩子断奶之后，妈妈为了增强执教技能，彻底改变"民办"教师的命运，于 1987 年 9 月，考入了四川省开县师范学校民师班学习，学制两年。两年后拿到民师班的毕业证书，就意味着跨过了"民办—公办"这一道过去难以逾越的门槛，可以更大范围地施展自己的育人才华了。

妈妈离家赴校住读那一天，抱着自己孕育的小生命失声痛哭。这一时刻，妈妈何其不舍，小生命降临世间还不到 9 个月啊！

妈妈离家去攻读民师班后，每隔一个月或是重要节假日，才能回家看望孩子。从此，爸爸就需要又当爹来又当妈，成了孩子百般依赖的保护神。爸爸要协助奶奶安排孩子的吃穿住行，奶奶有时上课不能分身，爸爸便用一条长布带，把孩子绑在背上，走进教室去履行他的神圣使命。

这一天，时任万县桥亭区区长助理、分管教育工作的王顺培，检查硝水村的小教工作，轻轻推门走进简陋的教室，眼前的情景让他大吃一惊。孩子在爸爸的背上睡着了，王平聚精会神地朗读课文，教室里学生端坐，用心倾听、鸦雀无声。

没有批评、没有训斥，

▲ 王红旭爷爷、爸爸、妈妈工作过的万州铁炉小学

有的只是上级领导那一双泪水滚动的眼睛。

王顺培紧握着王平的手说："哎，真的委屈你们这些村小老师了！"

王平淡定地回答："没办法的事，总不能看着村里的孩子都成文盲呀！"

王顺培用泪眼关切地盯着熟睡的孩子："背着孩子上课，肩上可是育婴和育人的两副担子啊……"

不料王平却风趣地说："让孩子在背上听爸爸讲课，不也是对他进行幼教么。幼教，幼教，就是对婴幼儿实施学前的教育啊！"

临别时，王顺培坦言：要为改善村小教师的待遇和环境奔走呼号，王平表态：坚守三尺讲坛的信心决不动摇。

没过几天就到了月末，到了李永兰从开县师专回家"探亲"的日子。她把一件用绒线编织的"毛衣"，穿在孩子的身上，绒线是她在师专用节约的饭菜票，置换成现金购买的。

晚饭后，她听了丈夫王平用凝重的语气，讲述王顺培检查教学工作的事后，一个母亲和妻子的柔弱心房里，顿时涨潮涌动、浪波翻滚。

她思考了一会儿，一狠心把深埋在心底的话语，向王平讲了出来："要不，我退学吧，回家相夫教子，也不失一种职责。"

王平立即变了脸色，不同意李永兰的"胡扯"："你好不容易考上了师专，怎么能说退学就退学呢？"

"孩子和你在家里受苦、受累，我于心不忍呀！"

"忍，必须忍，忍过这两年，日子会好起来的。别忘了，以科班毕业的身份，堂堂正正地执教，是你多年的理想和心愿啊！"

他们相互鼓励着"忍"下去，李永兰"忍"了两年，终于获得了开县师范学校民师班的毕业文凭；王平也"忍"了整整八年，才于1995年9月考入万县师范学校民师班，攻读自己梦寐以求的执业文凭。

这一夜，他们计议孩子的成长，憧憬未来的生活，话题延绵不绝，直到雄鸡为山村的黎明啼来了曙光。

姓名字字有学问

时光在换洗尿片和冲兑奶粉的过程中，从指缝间匆匆滑过；日历在计算天日和细数星光的晨曦中，页页更新。

小山村降临的小生命快要"满月"了，应该给孩子取一个属于他自己的名字了。

1987 年 1 月 4 日是一个星期天，也是爷爷王世才的休息日，晚 8 时许，他把妻子范信秀、儿子王平、儿媳李永兰等家庭成员召集在一起，主持召开了别开生面的家庭会。

王世才笑望着摇篮中的孩子首先发话："今天，不讨论柴米油盐的贵贱，不揣测三峡工程的勘探，也不回顾世间行路的凶险，只有一个话题，为我们家庭的新成员，为摇篮中的这个小生命，取一个朴实而不华贵，平凡而不晦涩的名字……"

一家之长有言在先，众人自然心领神会。

在中国汉文化传承的广袤地区，特别是偏僻的原野山村，为新生幼儿取一个从属于父姓的名字，是一件令人愉悦的大事，也是一种证明新生幼儿生命存活形态的习俗。

开始是诚恳的推辞，王平和李永兰请孩子的奶奶范信秀先发表见解，理由很简单，也很得体：家里的"内"当家，遇事拿主见，老一辈最有发言权。

范信秀初次当奶奶，爱孙之心急切，为小孙孙取名之事也有定见："先说姓氏吧，姓王，子随父姓，这个王字风吹不走，雷打不掉！最近几天，我也抽空查了一下中华姓氏演进史，王姓起源于商周，虽历经几千年战火动乱、世事变迁，但王氏血脉繁衍生息，盛势不见衰减。另外，从字义上理解，王字还有坚强而不软弱、好胜而不言败、争先而不后退、血性而不媚俗的寓意，我的小孙孙承先辈的遗风姓王，传师道的家谱姓王，也是一种福分哟！"

对于范信秀别有情趣的姓氏题解，王世才点头默认，王平含笑应允，李永兰举手赞同。

接下来，是如何为孩子议定大名了。依然是王世才发话，他面对李永兰快意说道："为我小孙孙取名，你这个当母亲的不能无所作为。十月怀胎，一朝分娩，这个过程经历的困苦和阵痛，只有你才有亲身体验，所以，由你给我小孙孙取个大名，也是天经地义，合情合理的事情，你就不要推辞了。"

李永兰当然不会推辞。她把手中的奶瓶轻轻地放在桌上，站起身来，胸有成竹地说道："我和王平商量过了，取名叫红旭，怎么样？"

"红——旭——"王世才一字一停顿地咀嚼着红旭二字的滋味，同时侧过头去问范信秀，"你这个当奶奶的，意下如何？"

范信秀不假思索地答道："红和旭，都是很阳光的，简洁、明快、上口，不落俗套，具有很正面的思维导句作用，但具体的文字内涵，还是要请永兰仔细解释一下。"

"好！"李永兰也没有谦让。"在我看来，红是颜色的标识，也是小生命这一代人的字辈；旭是阳光的简称。红字代表了现今我们一家两代人，献身教育事业的心愿；旭字寄托着我们一家两代人，盼望孩子长大成才、发热发光的理想……"

这个时候，王平接过了李永兰的话语："我们不指望孩子今后有大财大产的积累，也不指望孩子今后有大富大贵的生活，就指望他在成长的道路上，能够继承红色的家风，旭日的蕴含，给人以温暖，对社会有贡献！"

用不着举手表决，一家两代为人父母者，对眼前这个小生命在襁褓中的定名，作出了非常肯定的结论。

也不着多用笔墨，一家两代教书育人者，对今后如何培育孩子健康成长，也达成了非常一致的共识。

用王世才的话来阐述：这个共识可以用 6 个字来概括：不圈养、不富养。

这大概就是家庭会没有结束的缘由吧，这大概也是给孩子定名后必须延续

▲ 从小不圈养、不富养的王红旭

▲ 9岁的王红旭（左二）和父母合影

的话题吧。不圈养、不富养6个字，又何尝不是字字有学问、句句含真情的家规和约法呢？

第二天，奶奶范信秀喜形于色地到了派出所，给孩子上了户口，从此以后，王红旭三个字，就同腊敏这个乳名并存，成为了孩子不曾更改的姓名。

但是，对于如何培养教育王红旭的话题，并没有在这个两代教书育人的家庭里，因岁月的流逝而中断，因住地的变迁而消失。

爷爷王世才给"圈"字作了界定："圈是一个封闭的概念，如果把王红旭圈定在一个不食人间烟火，不与外界接触的小角楼里成长，他的目光会短浅，他的视野会狭窄，他的性格会孤僻……"

奶奶范信秀给"富"字作了诠释："富是一个时髦的概念，如果把王红旭富托在一个满眼金钱流淌，满屋铜臭熏天的小天地里成长，他的见识会异化，他的性格会偏执，他的追求会利己……"

爸爸王平对"圈养"作了坚决的否定："我们的家庭是一个充满书卷气的家庭，我们每天面对的，都是来自社会最底层的学生，把王红旭摆放在这样的环境中培养教育，他会尝到人间烟火的滋味，他会懂得收获五谷的不易……"

妈妈李永兰对"富养"作了断然的回应："我们的家庭是一个散发书香味的家庭，我们每天发出的，都是源自内心最坦诚的声音，把王红旭安置在这样的氛围中培养教育，他会得到潜移默化的影响，他会步入可以选择的人生……"

家里有了开心果

天高云淡，船靠港湾；金秋时节，果实满园。

1989 年 7 月，李永兰在原开县师范学校民师班完成了学业，获得毕业证书，经过短暂的休息，被安排在了余家镇铁炉小学任教。为了让王红旭获得更多的母爱，3 岁的王红旭，也被李永兰接下山，回到了母亲身边生活和接受教育。

告别硝水村的那天上午，太阳难得地钻出了云层，把硝水村的山林、田野、院坝、小路……照耀得格外清晰，格外亮丽。一个泪别故居，泪别亲人，依依不舍的场景，也在普照的阳光下，展现在送行的乡亲们眼前。

王红旭哭叫着伸出小手，紧紧抱着奶奶的脖子不放："我要奶奶、我要奶奶，我不下山、我不下山……"哭叫声像锋利的钢针，刺穿了奶奶心中的痛点，奶奶顿时也泪流满面。是的，今日小红旭下山，一步朝天走远，拉长万千思念。

王红旭挣扎着伸出小手，紧紧拉着爸爸的大手不放："爸爸，爸爸，留下我吧，留下我吧，有你在我不会孤单……"小手向大手传递着子与父的血脉亲情，引发了爸爸的决堤泪泉。是的，今日小红旭离去，一周七天太长，只能在梦中相见！

铭记着奶奶的疼爱，暂别了爸爸的身影，小红旭牵着妈妈温暖的大手，一步一回头，一步一抽泣，终于来到了铁炉小学校园里，妈妈住宿和夜里经常批改作业的小房间。房间虽小，但图书很多、灯光很亮、墙壁很白，校园里的读书声也传得很远。就是在这个崭新的环境里，小红旭开始了学龄前的学习，开始了有许多小朋友的陪伴，也开始步入了人生行程中一个新的驿站。

天真无邪、活泼好动、看图识字、结伴游玩……小红旭孤僻的性格变得开朗了，小红旭求知的欲望变得强烈了，小红旭清瘦的脸蛋变得红润了。

小红旭在顽皮中释放着天性，小红旭在淘气中寻求着快乐，小红旭身上发生的每一丝细微变化，爷爷、奶奶、爸爸、妈妈都看在眼里，铁炉小学的老师、家长、叔叔、阿姨也看在眼里，都夸小红旭是一个人见人爱的开心果。

让家里人开心的事例还真的不少，不妨略举三例，可见小红旭的坚强、孝顺和诚实。

事例一：登山回硝水村。

每逢农忙季节的星期六，小红旭几乎都要跟着妈妈回一趟硝水村，看望还留在山上"坚守"阵地的奶奶和爸爸。当时，从铁炉小学回到硝水村，不通公路，没有汽车，只能徒步登山而行。山路是一条陡斜的小道，海拔落差800余米，山路由碎青石铺筑，石缝中长着杂草……

这一天下午5时许，小红旭跟着下班后的妈妈，又踏上了重返硝水村的归途。临行前，妈妈温和地问小红旭："又要走两个多小时的山路，怕不怕？"

小红旭仰起脸蛋脆生生地答道："走过好几次了，我不怕。"

妈妈又问："你最想看见什么人？"

又是一串充满童真的回答："最想看见奶奶和爸爸，奶奶经常喂我吃饭，爸爸背着我上课，我现在好想好想他们哟！"

一路上，小红旭低着头一直往上窜，他想把妈妈甩在身后边。可是妈妈却寸步不离，想法没有实现。到了半山腰，妈妈还是紧跟在身后边，小红旭有些泄气了，终于放慢了脚步，喘着重重的粗气。

山路旁的草丛中，有一块供登山人歇脚的青石板，妈妈怜爱地问小红旭："累了吗，歇一会吧？"

"就要看见奶奶和爸爸了，我不累！"

母子俩继续向上攀登，一会儿是妈妈牵着小红旭的小手行走，一会儿是妈妈背着小红旭行走，又走了一个多小时，小红旭终于看见爸爸的身影了。

事例二：给奶奶发糖果。

浓重的暮色中，爸爸站在路边的山崖上，迎接着小红旭和妻子的到来，他把小红旭举起来坐在了自己的肩上；树下的家门口，奶奶笑得合不拢嘴，直呼

▲ 幼儿时期的王红旭

"快洗手、快洗脸，大家趁热吃饭！"

可是，小红旭却扑进了奶奶的怀里，他贴在奶奶的耳边同奶奶说悄悄话："奶奶，猜猜我给你带来了好东西？"

"什么好东西？"奶奶笑得更加开心了。

"礼物，小礼物，好吃的。"小红旭指着自己的小荷包说道。

"嗯，好吃的，奶奶一定吃下去。"

"那你先闭上眼睛。"奶奶果然闭上了眼睛。

"可以睁开眼了！"

就在奶奶睁开眼睛的一瞬间，几颗大白兔奶糖，捧在小红旭手中，呈现在奶奶面前。紧接着，小红旭撕开大白兔奶糖的包装纸，把洁白如雪块的奶糖，送到了奶奶的嘴边："奶奶刚才说了，好吃的，一定吃下去。"

原来，这几颗大白兔奶糖，是小红旭昨天晚上做完作业后，妈妈给他的奖励。小红旭没舍得吃，特地给奶奶带回来的。

嘴里含着大白兔奶糖，奶奶对小红旭的夸奖声，从窗口向静寂的山林间飞去。

事例三：老师没叫回家。

小红旭满4岁了，妈妈把他送进了铁炉小学托儿所的大班跟班学习。大班就如同一个学前班，都是6岁左右的孩子在上课学习。大班也留下了小红旭诚实，遵守"纪律"的趣事。

这一天下午 4 时许，上听写课，同学们的听写成绩普遍不理想，语文老师便告诉同学们：下课放学后，都留在教室暂不回家，反思成绩不理想的原因……

一个多小时过去了，妈妈发现小红旭还没回家做作业，顿时心生疑虑，于是来到了大班教室寻找小红旭，发现小红旭的头颅在教室门口晃了一下，就不见了。走进去一看，小红旭同大班同学一样，在翻看课本，闷闷不乐，一言不发。

妈妈缓步走到小红旭身边问道："放学这么久了，还在看书？"

小红旭红着脸回答："妈妈，上了听写课，老师没叫回家。"

妈妈似乎明白了缘由，立即来到语文老师办公室，笑着对语文老师说："我家红旭，就是不肯离开教室……"

语文老师也开心一笑："他是跟班学习，没叫他也不回家呀！这娃儿真的诚实，听话，没把老师的话当耳边风……"

很快，语文老师出现在大班教室里，直呼小红旭"起立，可以回家了"，小红旭才抢在妈妈前面，放开脚步跑回了家。

求学生涯

铁小时光暖同窗

1992 年 9 月 1 日，小红旭背着小书包，成了地处余家镇的万州区铁炉小学一年级年龄最小的学生。

余家镇因原镇人民政府所在地余姓农户较多而得名。余家镇交通运输便捷，沪蓉高速、渝万城际铁路、达万铁路、G243 国道、X552 孙余路、余开战备公路穿境而过。

由此看来，一开始就把小红旭安排在余家镇这个交通便捷的地方，接受启蒙教育，并寄希望于他由此起步，走向"外面的世界"，确实体现了小红旭从事教育工作的两代长辈，有极其精明的施教眼光，有极其良苦的育才用心。

当然，促使其对小红旭培养教育计划的落实，也有一言难尽的现实原因。

二十世纪八十年代，中国西部农村的民办村小，教师薪酬很低，师资力量很弱，授课压力很重，导致的普遍后果是：学校留不住人，教师生活拮据，学童流失量大，子女营养不良……小红旭身高未曾达标、体质不见强壮，便是这种普遍后果的直接承担者。

沉重的一页翻过去了，全新的生活展现在面前。

妈妈就在铁炉小学教书，小红旭的学业受到李永兰的精心指导，

饿了就在铁炉小学吃饭，小红旭的温饱受到李永兰的特别照顾；

放学就在铁炉小学作业，小红旭的成绩受到李永兰的多次表扬，

困了就在铁炉小学睡觉，小红旭的起居受到李永兰的密切关注。

不可否认，由于"近水楼台"，小红旭成长的物质条件，已经使许多同班同学非常羡慕了，然而，李永兰更看重精神层面，更看重思想境界，更希望在物质条件的支撑下，小红旭的情操、品质，应当有一些值得赞许的亮点。

▲ 王红旭（左一）和母亲合影

小学 6 载，小红旭的表现没有让妈妈李永兰失望。小红旭在小学三年级、四年级时，助人为乐的善意和富于同情的善举，成了李永兰心中最甜蜜的回忆。

——1995 年 9 月，进入初秋，小红旭顺利地进入了小学三年级上半期学习，几乎是同步，时令也进入了令人生厌的雨季。连绵不断的秋雨从天而降，充足的雨水带来了山洪，洗涤了大地，充足的雨水带来了降温，气温降低到了 12 度，不少从大山深处走进铁小课堂的同学，因为没有足够的衣物，感觉到了寒冷，领略到了颤抖，体验到了畏惧。

这一天下午 3 时许，李永兰正在办公室批改作业，突然间，小红旭"乓"的一声推门进来，头发上挂着雨珠，鞋面上粘着土泥，嘴里不断地喊着"好冷，好冷，妈妈把钥匙给我！"

李永兰大吃一惊："你已经穿了毛衣，还冷？"

小红旭摇动着双手："不是我冷，他们冷……"随即用手指着窗外那间熟悉的教室说，"山里下来的同学穿得太少了，我回家拿些衣服，帮助他们克服困难，抵抗寒冷。"

李永兰也急了起来："快，快，衣柜里面，他们能穿的，都拿去吧！"

小红旭迅速打开衣柜大门，不一会，长衣、厚裤、围巾、棉帽……找出了一大堆。李永兰正欲准备打捆，没料到小红旭抱起这堆衣物转身就跑，跑进了风雨中，跑到了教室里，把这些御寒物品，一件件分发到冷得打抖的同学手中。

一位山里来的女同学，衣衫单薄，眼巴巴望着小红旭分发御寒物品，一声不响。小红旭见状，又转身跑出教室，回到家中。

小红旭亮开小嗓门："妈妈，还有一位女同学冷得发抖，拿你的衣服哟！"

"好，赶快送去吧。"

"谢谢妈妈！"小红旭丢下一句话，抱着妈妈的长袖衣，再一次穿过风雨，跑进熟悉的教室，招呼那位女同学，叫她穿上了李永兰的长袖衣。

——1996年3月，春暖花开，戴着红领巾的小红旭，进入了小学四年级下半期学习。这时的小红旭已年满9岁，茂密的黑发、高挺的鼻梁、活泼的天性、得体的衣着……充分证明与大山深处那些常年打猪草、三餐喝稀粥的孩子相比，他已经提前"脱贫"，提前享受到衣食无忧的"小康"生活。

"小康"生活是妈妈李永兰打造的。李永兰在尽可能为小红旭补充肉类、蛋类等营养品的同时，也保持着勤俭持家、节省开支的习惯。

例如：穿旧的衣裤决不扔掉，翻新处理后还可再穿；中午的剩菜决不倒掉，晚上加热后还可再吃；每天的米饭多煮一点，第二天不用再次煮饭……

言传的作用可以立竿见影，身教的效果却在潜移默化。直到有一天，看见小红旭也能关心同学的温饱了，李永兰对小红旭更是倍加喜欢。

这一天中午，小红旭回到家里，桌上的米饭冒着热气，桌上的蒸肉发出召唤，桌上的蛋汤飘着清香……

小红旭并没有立即端碗，他问李永兰："妈妈，还有多的饭吗？"

李永兰不解地回答："你平时的饭量一大碗，怎么，今天不够了？"

"班上有同学没带中饭，我想给他送过去，不知道你……"

"妈妈当然同意，快点，端上这碗饭，多撇一点菜，给他送过去。"

"妈妈真好！"又是一声稚气十足的男高音，小红旭小心翼翼地端着热饭和热菜，向着那间熟悉的教室走去。

望着小红旭步稳步行走的身影，李永兰一瞬间觉得小红旭长大了，脸上浮现出宽慰的笑容。

▲ 10岁的王红旭已经显露体育天赋

赴万中雏燕单飞

1998 年 9 月 1 日，毕业于万州区铁炉小学的王红旭，跨入了万州区万州中学的大门，开始了初中三年的学业。万州中学曾有过万县沙河中学、万县中学的校名，是三峡移民工程的搬迁单位，由对口支援的清华大学规划设计建成。

王红旭入读万州中学时，学校地址位于万县沙河子，距离母亲李永兰任教的铁炉小学 70 余公里。由于不能每天回到妈妈身边，王红旭开始了住读，开始了独立生活，开始了人生行程的第一次"单飞"。

"单飞"生活有三年，初识春寒又三度。在三年"单飞"的近 1100 个日日夜夜里，王红旭面对春寒、夏暑、秋雨、冬雪的磨砺，是否丢掉了山里孩子的本色？是否内生了多梦年华的爱好？是否具备了善解人意的品格？都成了爷爷王世才逝世后，爸爸、妈妈和奶奶，放心不下的牵挂；都成了爸爸、妈妈和奶奶，经常谈论的话题。

长辈的牵挂情深意长，王红旭的"单飞"自有方向。还是由王红旭的表妹李金凤，王红旭的同班同学牟书英、李玲，用回忆的方式，来对长辈们经常谈论的话题，作一个不施"添加剂"维系"原生态"的诠释吧。

▲ 万州中学

李金凤是王红旭三舅李永锋的大女儿，她对王红旭假期里回到硝水村参加收获苞谷的劳动，至今保持着童年时代的记忆：

"那一年，红旭哥哥14岁，读万州中学二年级，我只有7岁，家里种在山坡上的苞谷成熟了，丰收了，爷爷就为我们编织了几个小背篼，叫红旭哥哥和我背上小背篼，到山坡的土地里把成熟了的苞谷摘回来。那一天，太阳很刺眼，田坎路很窄，红旭哥哥怕我摔倒了，总是牵着我的手慢慢行走。我们在太阳下钻进了苞谷林，摘下了不少苞谷装进小背篼，虽然手和脚都被带刺的苞谷叶划出了血痕，但是，能够把用汗水换来的果实收回家里，我们心里都非常高兴。

"回家的路上，因为我人小，步子迈不高，经常踢到田坎上的野草根，被绊倒了好几次，这时候，红旭哥哥总是来到我身边，把我抱起来，让我在路边的石板上坐好，为我拍掉衣服上和裤脚上的泥土，心疼地不停问我：'妹妹摔得疼不疼？'同时又自责地说，'都是哥哥不好，没带你走一条好走的田坎路。'然后，他又默默地蹲在田坎上，把散落了一地的苞谷捡起来，收拢来，大部分都装进了他的小背篼里。我受不了太阳的直晒，红旭哥哥又用小手帕，为我擦去额头上的热汗，同时用食指贴在嘴唇上，轻声叮嘱我：'回家后要保密，不要给爷爷说摔倒了的事情！'

"一路上，红旭哥哥单薄的双肩，被小背篼的背带压出了深深的印痕，他的脊背被压弯了，满脸汗珠掉在地上，但他始终没有哼一声，牵着我的手不曾有片刻分开，同时还不断地提醒我：小心一点，不要再摔倒了。回到家里，我们把苞谷倒在院坝的阴凉处，他做的第一件事，不是坐在阴凉处休息，而是跑到厨房里，端来凉水给我喝，又端来小木盆给我洗脸。看着红旭哥哥的脸已经被汗水浸染得通红，我当时就很感动：我有一位好哥哥，他关心我、爱护我，带着我劳动、成长……"

牟书英与王红旭有两年的同窗之谊。牟书英如今是万州中学的生物老师，她说王红旭被"罚"上讲台去吹"口哨"，给她留下了终身难忘的印象：

"王红旭是一个小球迷，很喜欢踢足球，这在我们班上尽人皆知。每一次下课铃声响了之后，第一个抱着足球跑出教室的男同学，几乎都是王红旭。王红旭个子较小，我们都叫他'小不点'，王红旭也很单纯，我们也常议论他没有长

▲ 初中同学牟书英(左)、李玲(右)含泪忆红旭

'醒'。就是这个'小不点'和没有长'醒'的王红旭，大概是感觉在足球场上的冲击力不足，过人技术欠佳，课余的休息时间里，几乎都是在球场上踢足球。记得有一年暑假，为了踢好足球，他没有回家，整个假期都是在学校的足球场上度过的。

"王红旭有一门'绝技'，吹口哨，他的口哨能吹出很多流行、好听的歌曲。因为踢足球而被'罚'上讲台去吹口哨，是班主任老师唐运琼的严教和同学们善意的起哄，促使他表演的一个"直播"节目。那一天上午，课间休息后的上课铃声响了，王红旭最后一个跨进教室，他汗流浃背地把足球抱在怀中，小脸蛋被黑汗水染出了一道道沟痕，这个形象站在明净的教室里，确实有点'煞风景'。王红旭刚要走向座位，却被唐运琼老师叫上台去，请同学们评判：这个小花脸要上课，大家同不同意？同意！同意！50多个口音齐声回答，但是要他接受处罚，'罚'他吹口哨，吹一首我们爱听的歌！

"王红旭还算是大方，果真站在了讲台上，他用双手拉长了嘴巴，一首《爱就一个字》，伴随着同学们的掌声，从他的口腔中悠扬婉转地吹了出来。歌声给教室带来了朝气，歌声给同学们带来了享受，歌声也给校园带来了欢乐……"

李玲也是王红旭的同班同学，如今是万州中学的英语老师，她说王红旭尊敬老师、善解人意，表现出非常难能可贵的品格：

"班主任老师唐运琼对全班同学德、智、体、美的全面发展，承担了巨大的责任，全班同学在班主任老师唐运琼的心目中排第一位。正是因为她在心目中对学生的排位很高，对学生的爱之心切，她就会在教室外，时不时举起望远镜，透过教室的玻璃窗，透过敞开的教室门，观察全班同学的课堂纪律、回答提问、完成作业、安静自习……等情况。

"没想到唐运琼老师的这个举动，被一位同学不经意间发现了，于是，一传十，十传二十……在全班同学中，引发了不小的议论。议论的主要议题是：班主任老师可不可以在教室外，暗中'观察'全班同学的各种表现？不少同学说不可以，理由是中学生也有自己的'隐私'，中学生也有言论和行动的'自由'，希望班主任老师唐运琼，今后不要再暗中'观察'全班同学的一举一动了。但也有少数同学说可以，王红旭就是敢于表达'可以'观点的同学之一。

"就因为表达了'可以'的观点，'小不点'王红旭就同不少大同学，展开了面对面的争执、辩论。王红旭解释自己的观点时，他的说法很有意思：如果不可以暗中'观察'全班同学的表现，唐老师对第一个学生的认识和评价，就会心中无数！我就愿意唐老师随时在暗中'观察'我，我在教室就没有'隐私'，也不愿意在教室有'自由'。我认为唐老师对我们的暗中'观察'，是爱生如子，望生成才的心愿表达。如果没有了这种暗中'观察'，教室处于失序状态，无组织无纪律现象就会翻天。一席话怼得几个大同学也憨笑起来：'你以为是在踢足球，你是裁判……'"

结缘体育逐梦想

2001 年 9 月，未满 16 岁的王红旭，怀着对生活的无限憧憬，跨进了万州区分水中学，一年后，酷爱足球的他又转学到万州区上海中学艺体特长班。上海中学的前身，是我国著名教育家、诗人杨吉甫于 1945 年创办的鱼泉私立学校；1952 年，鱼泉私立学校更名为万县第三初级中学；1982 年，万县第三初级中学升级为万县市第五中学。

由于地处三峡工程淹没区 126 米水位线，第五中学被确定为移民二期搬迁学校，1998 年 8 月，第五中学被整体搬迁到了五桥百安坝上海大道。为了纪念上海市政府和上海人民对第五中学整体搬迁的对口支持、无私援助，第五中学更名为万州区上海中学。2009 年 1 月，重庆市政府批准上海中学为重庆市重点中学。

置身于这所有着历史传承、优良学风、搬迁往事、崭新校园的重点中学，王红旭眼前展现了一片光明的前景，他暗自发誓：在攀越科学文化知识峻峭岭峰的行程中，决不能在自己的人生履历中，留下污点、留下遗憾。

应当说：家庭的教养，青春的时光，就是激励王红旭在高中三年的求索中，奋然前行的力量源泉。

谈及王红旭 17 年前在上海中学高中班求学时的情景，王红旭的班主任、体育老师谭鸿博，英语老师付荣，地理老师张茂怀，历史老师何天成，都有许多历历在目的记忆，仿佛就发生在昨天。

班主任老师谭鸿博说："我任班主任的这个班，是上海中学 2004 级艺体特长班，也是首届培养有音体美特殊专长学生的高中班，全班学生 50 余人，都是万州区各校送来的艺体尖子生，王红旭是 2003 年 10 月，由万州分水中学转入艺体特长班学习的。王红旭特别喜欢踢足球，用左脚倒地铲球，是他化解对方进攻势头的'绝招'。选择了接受体育专长的发展方向，就意味着他今后的前程，基本上可以断定，就与体育结缘了。王红旭高中毕业时，报考了重庆师

▲ 上海中学王红旭当年的班主任谭鸿博（左一）

范大学体育系体育教育专业，可以说就是在艺体特长班奠定的基础。进入我班之前，听说他在小学时的数学成绩也不错，参加全区小学生'奥赛'，还拿过二等奖。

"大多数专攻体育方向发展的学生，都身强力强，好胜心强，表达情绪的方式也比较外向、激烈，但是王红旭却与众不同，他为人低调，不事张扬，性格特点是不露声色、少有锋芒。他在足球场上的站位是中场，中场队员发挥的是组织进攻、协调联防的核心作用。记得是高二那一年，王红旭作为学校的第一届足球队员，参加了全区中学生足球联赛，由于他在中场组织了有效的进攻和防守，足球队获得了冠军奖杯。他一高兴，就唱起了《光辉岁月》这首歌，说明他参加比赛的过程，就是充分享受足球乐趣的过程，有很不错的素质沉淀！"

英语老师付荣说："王红旭是一个品学兼优的乖娃娃。不懂就问，善于提问，是他学习英语的最大特点。他的英语成绩虽然在班上不是特别冒尖，但是也不在后进之列。他特别听老师的话，不相信学习英语有'捷径'可走，有'奇路'可达，他非常愿意按照老师的要求，坚持死记硬背，按时完成作业，每一次考试，都没有拖全班成绩的后腿。

"记得有一次在课堂上进行英语单词听写，因为事前没预告，有点突然袭击的意味，不少同学都由于缺乏思想准备，成绩没有过关，王红旭也没有过关，我就要求全班同学在晚自习时，给自己加压，给自己加班，把没有记牢的英语单词，反反复复背诵 20 次，又反反复复书写 20 次，直到自己都感觉得真正背

▲ 2003年6月，万州上海中学足球队合影（王红旭位于第一排左一）

熟了，真正记牢了，再不会忘记了，才算完成了今天的作业。我是站在教室外的树荫下，观察全班学生补习英语单词情况的，我看见王红旭和几个同学，是关灯后才最后离开教室的。对他的学习态度，我非常满意。"

历史老师何天成说："同艺体特长班的学生相处久了，对每一个学生的了解深入了，会产生知根知底的感觉，会产生难舍难忘的情愫，王红旭就是我知根知底、难舍难忘的学生。王红旭的求知欲特别旺盛，理解力也特别强。上下五千年，唐宋元明清，在他脑海里，都有明确的划线，都有清晰的断代。特别是我讲中华民族的近代史时，讲到西方列强对中国人民的压榨，对中华民族的欺凌，对中华国土的侵占……王红旭听得都十分专注，他的胸部都会剧烈地起伏，他的眼中都有晶莹的泪光，这在他的同龄人、同辈人中，十分少见。

"最难忘的是艺体特长班全班同学毕业前夕，时令还是金秋，王红旭就和班长特意去了一趟新世纪百货公司，细心挑选了一条质量很好的围巾。他们把这条围巾作了精心包装，作为有缘师生一场的礼物，呈送到我的手中，并附上了动情的临别赠言：'亲爱的老师，两年来您给我们带来了温暖和力量，我们要毕业了，就让这条围巾，把温暖永远地留给您吧！'这条围巾至今还完好地珍藏在我的家中，只有在寒冬腊月，窗外飘雪的日子，我才把它围在脖子上，这个时候，会有一股强大的暖流，从我的脖子上，直接渗入到我的心扉。多好的一位学生啊，我多么希望他不是那一位营救落水小兄妹的英雄啊！"

书香传承

执教鞭三代传承

2021年6月27日中午，由大渡口区育才小学领导和教职员工代表组成的慰问队，来到了万州区余家镇硝水村，来到了王红旭35年前降临人世的地方，来到了王红旭的奶奶范信秀面前……

王红旭是奶奶范信秀的心肝宝贝，也是奶奶范信秀内心深处埋藏得最隐秘的"痛点"，得知心爱的孙儿勇救落水小兄妹献出生命的消息后，范信秀经常老泪纵横、泣不成声、夜不能寐。面对前来慰问的育才小学领导和教职员工代表，她眼角挂着两颗浑浊的泪珠，强忍着悲痛说："是党的精神，党的信仰，给予了他救人的力量。只要是人民需要，他一定会去做的。"

范信秀一下又一下，吃力地拨开那个厚重的光荣"在党五十年"纪念章盒，抬起头来接着说道："所以，当有孩子出现了危险，需要救命时，他就会奋不顾身跑去了……这一点不奇怪。"

为什么不奇怪？因为王红旭爱生如子的信念，舍身救人的品质，都源自正能量的从小积聚，都出于教师世家的三代传承。

王红旭的家庭三代为师。爷爷王世才曾在余家镇铁炉小学任校长，执教42年；奶奶范信秀曾在硝水村民办村小当老师；爸爸王平和妈妈李永兰，也曾是硝水村民办村小的老师。王红旭的出世，给这个普普通通的乡村教师之家，带来了无限的憧憬和希望。

爷爷王世才身为一名执教42年的人民教师，对"教书育人"四个字，有着坚定不移的认识。他总结自己的执教经验和体会，对后辈及亲属从事人民教师这一崇高的职业，提出了"王家教师"执教的"三原则"。

第一条原则：要教良心书，决不能误人子弟；

第二条原则：要教清廉书，决不容歪门邪道；

第三条原则：要教公平书，决不搞厚此薄彼。

对于自己的长孙王红旭，王世才特别器重，经常亲自辅导功课，亲手教他做加减法，亲自教他写字。

同样有着多年执教经历的范信秀，虽然身材瘦小，却是动作利索，人很精干，也很善良。遇到夏季涨水，放学后她坚持将孩子送到河边，看到孩子们平安过河后，才放心地回家。

在王世才和范信秀的言传身教下，王红旭的爸爸王平、妈妈李永兰，踏上执教岗位后，也在各自的教育生涯中，牢记"王家教师"执教"三原则"，克服各种困难，坚持学习进步。

最艰难的那段时光，是王红旭一两岁的时候。当时，妈妈李永兰要去原开县师范学校读"民师班"，爸爸王平就独自带着小红旭坚守在村小上课。好在小红旭乖巧懂事，裹在爸爸身后的襁褓里，一向安安静静，从不在课堂上哭闹。或许，那段耳濡目染父亲上课的岁月，也是王红旭今后选择讲台生涯的缘之所起。

通过进修，爸爸王平和妈妈李永兰，都先后从师范学校"民师班"毕业，由村小的民办教师转为了公办教师，来到了余家镇铁炉小学任教。他们都带毕业班，都任班主任，他们经常放弃周末和节假日的休息，义务为学生补课，不辱使命的言行，直接影响着王红旭的成长和进步。

学校分配了一间小小的教师宿舍，给王平和李永秀居住，就是在这间小小

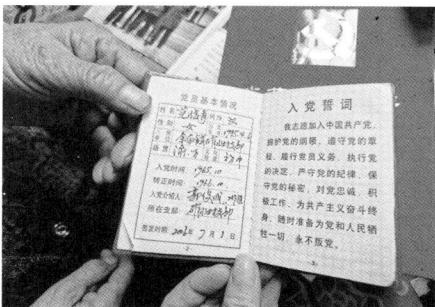

▲ 奶奶范信秀的党员证

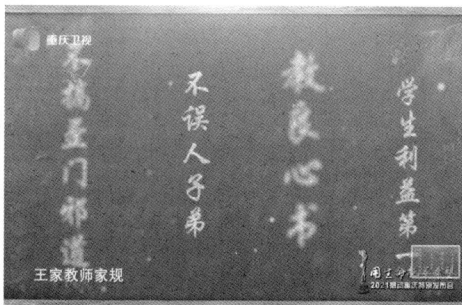

▲ 王家教师三原则

的教师宿舍里，就是在这个忙碌而充实的幸福家庭里，没有上过托儿所的王红旭，开始了接受启蒙教育。

王红旭牺牲后，面对不少媒体记者关于二老是怎样培养英雄儿子的提问，王平和李永兰都是这样回答："我们在教室怎么教学生，回家后就怎么教小红旭，没有什么特别的地方。"

李永兰还说："我们一辈子的心愿，也就是做一个普普通通、尽职尽责的人民教师。王红旭从小就看到，跟着我们出去，一路上不断地有人招呼我们：王老师好！李老师好！就是一句'老师好'，我们就很开心、很满足了！"

一家三代的育人情怀，遵从家训，薪火相传；血脉相连的教师世家，潜移默化，植根心田。长辈们的爱岗敬业、关爱学生，乡亲对长辈们的尊敬与爱戴，在王红旭幼小的心灵里，种下了真善美的种子。他没有辜负长辈们的期望，从小就成了周围人眼中听话、懂事、乐于助人的好孩子。

每年寒暑假回老家，要攀越陡斜的山路，要跋涉蜿蜒的小道，但凡遇到挑不动、背不动物品的老人，王红旭总是二话不说，上前帮忙。面对老人们的致谢，王红旭也总是眯着眼睛憨憨地笑着回答："不用谢，我顺路，小事儿一桩！"

积小善成大德。王红旭在成长路上，尽管生活平淡清苦，他总是尽己所能，点点滴滴地温暖着身边的亲人同学和许许多多陌生人。

父亲王平说："我对红旭最满意的就是，他也成了一名教师，而且他对工作也是兢兢业业。对于这次舍身救人，我一点也不感到惊讶，因为在人命关天的时刻，他作出了正确的选择。"

这是一种关于精神、品格和爱心的传递。王红旭的爷爷、奶奶，把执教的精神，传递给了王红旭的爸爸、妈妈这一代；王红旭的爸爸、妈妈，又把执教的品格，传递给了王红旭这一代；王红旭用自己的生命，也把执教的爱心，传递给了自己的学生。正是因为精神、品格、爱心的三代传递，王红旭在生命的最后时刻，定格于天地间的托举，才感动了整个重庆，感动了整个中国。

在代表儿子接受重庆市政府对王红旭颁奖的时候，王红旭的父亲王平哽咽起来。这位痛失爱子的父亲喃喃而语："我的天都塌了，我再也不想装作勇敢，我也是血肉之躯啊！"

在白发人送黑发人的悲恸中，王红旭的母亲李永兰也声音嘶哑地说："那是两条生命，也是国家的未来，是国家的接班人，我们都是教孩子的教师，我们一辈子都是爱生如子……"

面对记者的采访，王红旭的奶奶铿锵有力，一字一句地说："从内心出发，我确实为红旭的离去而感到惋惜，但他是见义勇为牺牲了自己，救起了两条小生命，我感到自豪，他没白死，他死得光荣！"

多么朴实的话语，多么伟大的心灵！这个平凡而伟大的教师家庭，给了我们这个喧嚣的社会，富有良知的人们，最温暖的慰藉、最有力的鼓励。

师范志愿梦成真

2004 年初夏，万州区上海中学足球场上，高 2004 届 10 班，正在和同为毕业班的对手，进行告别母校的最后一场比赛。足球场上中场控球的那小个子球员，正是 10 班的王红旭。王红旭灵活的身姿在场上不遗余力地飞奔，一个勇敢的倒地铲断，他抢下足球并迅速地妙传给前插的前锋队友，前锋接球一记劲射……球进了！观众席上掌声雷动，欢呼与呐喊声直冲云霄。

告别赛结束后，王红旭同艺体特长班的全体同学一起，迎来了高三年级参加高考的日子。

高考是对高中三年学习成绩的一次集中检验，是对青春驿站知识收获的一次总结测评，也是对人生行程去向的一次重大选择。

道理很简单，参加高考的同时，他们要在班主任老师和科任老师的指导下，

▲ 高中时的足球队员王红旭

▲ 考上师范大学，心愿得偿（王红旭位于第一排左二）

填写自己思量已久的高考志愿，明确自己心仪的高等学府，选择自己向往的学习专业。

王红旭没有选择的烦恼，没有纠结和动摇，他秉笔直书：重庆师范大学体育系体育教育专业。

为什么选择体育系？为什么选择体育教育专业？

还是让难以忘怀的那一天晚上，王红旭在温馨的小屋里，在明亮的灯光下，同妈妈李永兰、爸爸王平，敞开心扉、无拘无束的一席对话，来作证实和回答吧！

那一天是临近高考的前两天，晚饭后，王红旭把碗筷洗涮完毕，坐在妈妈李永兰和爸爸王平的身边，一家人聊起了高考志愿的事儿。

王红旭告诉妈妈李永兰："不少同学在填写志愿时，都二心不定，拿不准主意，不知道填写哪所高等学校最好，但是我很坦然，也很专一，就填写了重庆师范大学体育系。"

李永兰淡淡一笑："知道你会这样填写的，足球是你最热爱的一项运动，体育也是教书育人的一个职业，能够把自己的爱好和今后的职业结合在一起，就是一种最好的选择。"

王红旭接着说道："妈妈，其实我选择重庆师范大学，还有一个现实的考虑，我不想离开你和爸爸太远，重庆师范大学毕业后，我可以在重庆找个工作，这样就能经常回家看望你们，经常陪伴在你们身边了……"

李永兰又何尝不想让儿子留在身边呢，她高兴地说："能够经常回家就好，如果大学毕业后走远了，妈妈爸爸也会很想你，很不习惯的。"

王红旭同爸爸王平的对话风格是直来直去，开门见山："爸爸，你猜我为什么选择体育教育专业？"

王平不假思索就回答道："还用得着猜么，子承父业嘛！"

"你真聪明！"王红旭难得地同爸爸王平开起了玩笑，"老汉当的体育老师，怎么看也是身手矫健，儿子将来也当体育老师，怎么看也会身手不凡。"

一家三口就这样交心倾谈到了深夜。对于王红旭填写志愿，选择进入高等学府接受体育教育专业的培养，爸爸王平、妈妈李永兰当然是打心眼里满意、赞同：在他们看来，"王家教师"一家人丁兴旺，后继可期，这不，有了接班人！

连续三天的高考结束后，王红旭的自我感觉是"还可以"；从高考现场回到家里后，王红旭唯一的心思是等着揭开"锅盖"。这"锅盖"下罩着的是喜悦还是沮丧？是幸运还是失望？目前看来，暂时无解。

但王红旭并没有多余的时间去等待，也没有因等待而冷漠自己的兴趣。

他依旧约上同窗好友，到足球场上去奔波，去踢他割舍不掉的足球；

他依旧安排不少行程，到长江岸边去漫步，去望他故乡土地的风景；

他依旧不嫌乘车劳累，到同学家里去客坐，去赴他即将离别的聚会……

总算迎来了揭开"锅盖"这一天。2004 年 8 月的一个上午，一纸《录取通知书》寄到家里，首先映入眼帘的是"重庆师范大学"六个大字。王红旭兴奋异常，高考前夕填写的志愿，终于实现了。

他立即将喜讯告诉了独居在硝水村农家院落里的奶奶范信秀；

他也把兴奋异常的情绪传染给了爸爸王平和妈妈李永兰；

他还与张扬、李旭等七八个同班同学、同窗好友约定，就要辞别人生的又一个驿站，踏上人生的又一段行程了，大家再聚会一次，聚会的主题词，是心照不宣的五个字：为青春壮行！

这确实是一次即将告别故乡，为青春壮行的聚会。因为填写的高考志愿都得到了实现，因为这一步跨出去，"外面的世界"就离可爱的故乡会越来越远。于是，王红旭提议：

——把青春之歌唱起来吧！他们唱起了《年轻的朋友来相会》，雄浑的男生小合唱歌声中，王红旭吹起了明快的口哨，为青春的聚会伴奏，青春的旋律余音绕梁，悠扬婉转。

——把青春之酒喝起来吧！他们斟满了诗仙太白、斟满了红葡萄酒，一起举杯相庆。王红旭酒量虽然不是很大，但是他表现得格外豪爽，碰杯的声音清脆悦耳，不同凡响。

——把青春之劲鼓起来吧！他们离开了座位排列成同心圆，每一个人上前一步，用依次击掌的方式，表达彼此的祝福和美好的心愿。

大学生涯多义举

"风雨里追赶，雾里分不清影踪。天空海阔，你与我，可会变？"王红旭最喜欢唱的歌曲，是黄家驹原唱的《海阔天空》，以至于高中毕业前那场球赛，他在攻进一球后，甚至兴奋地抱起足球要跑到场边吼完一段。"仍然自由自我，永远高唱我歌，走遍千里……"才肯回到球场开球恢复比赛。

时光为证，天空海阔，光阴荏苒，但王红旭的热情与善良一直没变。

与王红旭相识相知 17 年的胡正军，是当年一起考进重庆师范大学体育学院的同班同学，还曾是一个寝室的室友。

"我们是很好的朋友。"胡正军动情地回忆，"我还清楚地记得，2004 年 9 月 14 日，我到重庆师范大学报名的第一天，在寝室遇到的第一个同学，就是王红旭。他很随和，也很健谈，一见面就对我这个陌生的室友嘘寒问暖。第一印象，我觉得他这个人很开朗阳光，爱笑，热情，是个热心人。当天，他主动提出陪我逛三峡广场，陪我去采购洗漱等生活用品。我知道他的意思，他比我先到半天，已经去过了一次，比我要熟悉一点，顿时我感觉到了在这个新地方的一份温暖，我就认定他这个朋友，值得交。在后来的接触中，充分印证了他真是一个很好的人。"

回忆起大学校园的生活，胡正军侃侃而谈，讲了他亲身经历，亲眼所见的两个故事：

"记得在大一期间的一个星期天，我们俩到重师后校门的一个小餐馆去吃饭，点了一份尖椒鸡，吃着、吃着，我突然胃部一阵剧痛，瞬间脸色苍白，几秒钟的时间，冷汗一下子就冒了出来……兄弟，我遭不住了！看见我的神色不对，王红旭马上结了账，扶我回寝室躺下，用湿毛巾帮我擦汗。我躺在床上，忍不住翻滚呻吟，他见我的病痛没有缓解，又立刻送我到校医务室。在校医紧急处理后，才慢慢地控制下来。

"还有一次，是在大三时，我们同寝室的成员，到重庆大学 C 区对面的'两江风情'火锅店聚餐。大家一起正开开心心地吃着，聆邻桌的一个女生因醉酒一下子倒在我们桌边，女生的朋友忙着去扶她，一边解释说她喝醉了，一边给我们致歉。王红旭见状，招呼我们这边的几个同学说：'来，我们帮帮忙，把她送回去，不然她们弄不回去哦！'他又关切地问她们，'你们是哪里的嘛？远不远嘛？我们是重师体育系的，有的是力气。'对方同学连连感谢地说：'是重师的。'王红旭说：'那更应该互相帮助了！'于是，王红旭和我们寝室几个同学，就从重大 C 区那边，把那个女生背到重师的女一舍 6 楼才离开。第二天，她们找上门来感谢，才知道她们就是重师成教学院的同学。"

谈及王红旭为人善良、勇于救人的义举，王红旭的大学同寝室同学梁锐，高中同窗好友何勇，也讲了他们印象很深的两个故事。

梁锐对往事记忆非常深刻，他说："是 2007 年，大学三年级的暑假期间，王红旭、何勇，还有我，我们一起到铜梁的一个游泳馆去勤工俭学，因为还未取得救生员资格证，只能在游泳馆当售票员和后勤人员，那一天，王红旭巡视时，注意到一名 6 岁左右的小孩子，因扑在浮板上划水，一不小心，滑落在了水中，只剩下一双小手在水面上挥舞，王红旭赶紧飞身上前，一把将孩子拉上岸来，使小孩子脱离了危险。"

何勇回忆也打开话题的闸门："记得是读大四的那一个暑期，我和王红旭又一起外出勤工俭学，在市里的一个小区游泳馆打工。王红旭非常心细，目光始终追随着游泳池里的人们。这一天中午，我们两人值班，刚刚换了游泳裤走到游泳池边，他突然叫了一声'不好！'立即一头扎进水中，把一位坐在深水区边玩水而不小心落水的中年妇女托了起来，并把她送到了游泳池边。落水妇女因惊吓过度而虚脱，如果不是王红旭及时发现并施救，后果不堪设想。事后，这位中年妇女的丈夫，还特意买了一大包食品，来向王红旭表示感谢，王红旭却笑着予以婉拒：'这是应该的哈，没事儿。'或许是感激之情表达未尽，第二天上午，这位中年妇女就带着家里小孩子，来到了游泳馆，把他交给了王红旭，说是要报名参加暑期的游泳培训，并指名点姓要王红旭当他儿子的教练。"

得知这次王红旭舍身营救两名落水儿童而牺牲的事迹后，胡正军肯定地说："这不是偶然的举动。后来，我们还一起通过考试，获得了游泳救生员证，从那一开始，王红旭就认定了，营救落水的人，不管是大人或是儿童，就是救生员的天职。他在关键时刻有这种挺身而出的勇气，是他的本能反应，是一个热心肠的人，一个热爱生命的人的本能反应。"

王红旭在重师校园与同学们朝夕相处，同学们都说：王红旭心地善良，为人耿直，骨子里就有乐于助人的优良品质。

大学期间，沙坪坝区陈家湾一带，不时有一些残疾人向路人乞讨，虽然有同学说他们可能是装可怜的职业乞讨人，背后可能比很多人都有钱。但王红旭心软，总是会在自己的生活费中，抠出 50 元、100 元，为残疾人送去温暖。

大学期间，班上也有贫穷地区来的同学，时有经济拮据，王红旭也时常将自己的饭卡，拿给这些有困难的同学去打饭。

王红旭在和同学们的交往中，从没和谁红过脸、吵过嘴，他随时随地都洋溢着乐观、开朗、阳光的笑容。老师和同学们都非常喜欢他，有什么事都喜欢找他帮忙，他永远都是那句口头禅："没问题，小事儿一桩。"

与王红旭是大学同学，又一起在大渡口区从事教育工作的好友张扬回忆说："你随便跟他开什么玩笑，他都是喜笑颜开的，让人觉得很亲近。王红旭的人缘非常好，对昔日的同学，也特别热情、上心。有一次，一位当时在马来西亚工作的同学返渝，到重师看望当年的老师，返程时，王红旭专程把这位来自马来西亚的同学，送到飞机场，并把重庆的土特产，买了一大包送给这位同学，说是看见这些土特产，就像看见了当年同学一样，吃着这些土特产，游子的心一定会留在令

▲ 同窗聚会，再叙友情

人牵挂的父母之邦。

"还有一次，有一个东北同学家中突发意外，王红旭不仅掏钱帮他买了飞机票，主动送他去机场，下车时还贴心地把一件自己的过膝长羽绒服塞给同学说：你下了飞机就是冰天雪地，带上就不冷！"

如今，王红旭离开他的大学同学而去，他的大学同学，也失去了一位好兄弟。在为王红旭举行追悼会、出殡的日子里，胡正军、张扬、李旭等同窗好友、莫逆之交，也参与了王红旭的身后事，整整三天时间里，他们几乎都没有好好地合眼睡觉，想到王红旭生前的点滴往事，他们一次次地热泪盈眶，在无人之处失声痛哭……

遂心愿应聘育才

2008 年 6 月，王红旭以优异的成绩，完成了在重庆师范大学的四年学业，正式步入了社会，他此时的第一要务是就业，因为只有就业，他才能靠自己的双手养活自己，同时也才能证明，一个堂堂正正的师范大学本科毕业生，已经成为了自食其力的劳动者。

然而，在一个对大学毕业生不包分配的时代背景下，就业的选择都是"双向"的，重庆师范大学的一纸本科毕业文凭，难以成为王红旭寻求理想职业的"灵符"。王红旭参加过万州区的教师招考，在众多的报考者中，只录取 2 个名额，而他的成绩，是最失落的第三名。

严峻的现实无法回避，王红旭不可能坐在家里，等着天上掉下"馅饼"来。他也曾把自己关在家里，妈妈天天催他赶紧找工作，孝顺的他口中应承着，但内心彷徨无助，焦虑感无处发泄，他躲进自己卧室里，重重一拳把衣柜门都砸破了。在破裂的门板间，他也想看清路在何方！

于是，他恳切地告诉爸爸、妈妈："你们给我半年时间，我去闯荡一下江湖，一是适应一下眼前的社会生存环境，二是见识一下外面的大千世界……"

于是，王红旭游走于重庆市主城区的高楼、别墅之间，找到了一份在建楼盘的"营销经理"工作，他每天必须费尽口舌同前来看房的"有钱人"们打交道，但始终是当看客的很多，真正下单的极少。这样的工作毫无成就感可言。

王红旭也填写过《2009 年重庆市选派大学生到乡镇基层工作登记表》，即以应届大学毕业生志愿者的身份，到僻远的乡镇，去推进城乡一体化建设，去参加脱贫攻坚的战役，在不是固定职业的岗位上，去散发自己的光和热。

王红旭也接到过"诚邀"入职的惊喜电话，"诚邀"他入职的是重庆市一家小有名气的游戏公司。"诚邀'人坦言：听说王先生曾作为战队成员参加过"CS"射击游戏的重庆市级大赛，而且战绩不俗，欢迎王先生来当一名职业的"电竞运动员"，玩着游戏就能挣钱。但这份新兴职业，只怕在父母眼中还是叫"不务正业"。

不能说寻求职业的过程都是碰壁，也不能说面临的机遇都是陷阱，但在整整半年时间里，在王红旭权衡利弊、扬长避短的择业过程中，他的内心深处确实有过苦闷、有过反思、有过自省。

苦闷、反思、自省的结果终于当众公布，他宽慰自己：还是吃教育这一碗饭吧，爷爷、奶奶、爸爸、妈妈，都吃过或者至今在吃教育这一碗饭，长辈的耳提和面命，当初的理想和热望，不能随波逐流，就像那水上的浮萍！

王红旭天天浏览微信，收集朋友圈发来的信息；王红旭天天打开电脑，关注网络上招聘的公告。

终于盼来了这等候已久的时刻。2009年年初，大渡口区人社局发布招聘公告：面向社会，面向应届毕业生，招聘人民教师，凡有志于教育事业的年轻人，都可以在网上下载报名登记表，经过笔试、面试、政审、体检等流程，加入人民教师队伍，成为教育战线上的一名新兵。

在招聘教师入职的好几个学校中，大渡口区育才小学，引起了王红旭的极大兴趣。"育才"，不就是他心心念念、朝朝暮暮，不忍放弃的两个字么！

王红旭兴奋之至，毫不犹豫地填了表，报了名。他乘坐轨道2号线，专程来到大渡口区育才小学，把育才小学的内、外环境，仔仔细细看了个够，还用手机拍下了清晰的照片，接连不断地发回家里，他要用真实的图像证实自己的眼光：在大渡口区，我发现了一个"新大陆"！

不妨借用王红旭的眼光，将大渡口区育才小学的内、外环境，略作介绍：大渡口区育才小学，是一所始建于1962年的全日制公办小学，它以"生命教育"为办学主旨，有"让校园的每一个生命都精彩"的办学理念。重庆市的第一个奥运会冠军李雪芮、享誉世界的"钢琴王子"李云迪、世界武术冠军汤露……都在这里接受过小学教育。另外，"中国书法兰亭小学""全国最美校园书屋""重庆市德育示范学校'等荣誉称号，都足以证明，育才小学的文化底蕴

▲ 大渡口区育才小学——王红旭工作了 12 年的学校

深厚、教育质量上乘、名校口碑不假。

跨进校园大门，人民教育家陶行知的半身塑像迎面而立，高耸的教学大楼窗明桌净，环形的运动场地绿草如茵，满园的鲜艳花朵四季盛开……

走出校园大门，宽敞的公路上车辆如织，便捷的轨道交通站就在学校近旁……

把育才小学的美景都看在了眼里，把育才小学的氛围都记在了心里，此时此刻，发现了"新大陆"的王红旭已经认定，回应大渡口区人社局的招聘，靠岸育才小学这一个港湾，今生今世就没有其他的选择了。

据王红旭的好友李旭回忆，有整整两个多月时间，王红旭谢绝了一切社交活动，王红旭关起门认真备考，他对任何人的关注、询问，都用了八个字来回复：机不可失，时不再来。

2009 年 3 月，对应聘者进行了严格的笔试；2009 年 4 月，对应聘者进行了五官的面试，接踵而来的是体检、政审……王红旭都不出意外地顺利过关。2009 年 6 月上旬，一纸录取通知书下发，王红旭心想事成，成为育才小学教师队伍中的一员。

王红旭的母亲李永兰回忆说："接到录取通知书那一天，王红旭高兴得在床上打滚，走上育才小学执教岗位之后，王红旭迎来了人生道路上最开心的日子。

师德浸润

尽职责施教体育

王红旭入职育才小学后，担任了体育老师，还肩负起了学校田径队训练工作，通过科学、系统的训练，育才小学田径队取得喜人的成绩。

2013年，王红旭代表育才小学，参加了大渡口区体育优质课竞赛获得二等奖，但他并不满意这个成绩。他把这次比赛，看成为教学生涯的一个新起点，在不断提高自身理论知识、执教能力的同时，先后撰写了《浅析小学体育课堂教学工作优化方案》《浅谈体育游戏在小学体育教学中的运用》《试论小学田径训练现状及应对措施》《现代家庭式班级建设的构思与实践》《瑜伽运动对办公室人群身体素质影响的实验研究——以教师人群为例》《每天锻炼一小时对促进学生体质健康实证研究》《论小学体育家庭作业之防疫于未然》等论文，多次在市、区级征文比赛中获奖。其中，三次获得市级奖、两次获得区级奖；三次获得体育教育技能大赛区级奖，三次获得区级优秀教练员奖，一次获市级优秀教练员奖。由王红旭负责训练的育才小学田径队，两次获得区级比赛第一名，三次获得区级比赛第二名；由王红旭训练的田径队员，有5人在比赛中获市级前8名，其中两人次获得市级第一名；38人次获区级前8名，其中13人次获区级第1名。王红旭之所以能取得这些成绩，离不开他对工作，带孩子们的用心用情。

育才小学的余颖老师清楚地记得，有一天她下班回家，在校门口偶遇王红旭，见他两手提着的购物袋装满了小食品，就笑着问："买这么多吃的，干吗呢？"王红旭答道："娃儿们训练辛苦了，我答应过他们，训练刻苦有奖励，这不，奖励他们的。"那一刻她就在心里想，一个小年轻心里装有学生，一个月工资就那么点，还要用自己的钱给学生买奖励品，他定会是一个好老师。

余颖老师还清楚地记得，2015 年一个周末的傍晚，她正和家人一起吃晚饭，接到王红旭打来的电话。王红旭在电话中高兴地报喜："余老师，你班的赵睿灿同学，在重庆市田径比赛中取得了一个第六名、一个第八名的好成绩，为育才小学争得了荣誉，祝贺你呀！"

她在电话中当即对王红旭表达了谢意："感谢你对赵睿灿的培养，他才能取得这样的成绩。"王红旭却真挚地说："余老师，这也是你作为班主任老师支持、配合的结果呀！"电话交谈中，王红旭竟为赵睿灿取得的成绩几度哽咽，他知道孩子们风里雨里，在运动场上一路走来的艰辛和不易。

如今已退休的洪丽老师也还记得，在她当班主任的 2018 届毕业生里，有一个姓谭的小男孩，一二年级的时候，非常调皮好动，似乎一刻也停不下来。学习成绩比较差，和同学之间也不时闹矛盾，好几次还因为和同学打架，被请家长到校。可就是这样一个会让不少老师皱眉的"落后学生"，却也被王红旭看到了身上的优点："他运动天赋不错哦！洪老师，我们一起找他家长说说，让他参加田径队，好好开发一下他的运动潜力。这样，孩子未来也能有个特长。"

经过王红旭和洪丽几次找家长谈话，做工作。从三年级开始，小谭的父母同意了将孩子送进学校田径队跟王老师训练。果然，在王红旭的调教之下，小谭的田径水平进步惊人，还代表学校参加区运会并获得了不错的名次。更令人欣慰的是，在跟着王老师，不断在田径运动上获得成绩树立自信后，这个孩子整个发生了天翻地覆的变化，在老师面前变得更懂事、更有礼貌，和同学之间的关系也越来越好，就连之前一直处于垫底区的成绩，也逐渐跟上了大部队，跻身到了班级的中上水平。最后还以"体尖生"的身份，被重庆第 95 中学这样的好学校录取。孩子的妈妈提起王老师就赞不绝口，千恩万谢。

在育才小学第一届田径队队员罗晗的眼里，王红旭老师是她遇到的最难忘的老师。2021 年 6 月 2 日晚，当各方媒体都开始关注并报道王红旭老师勇救落水儿童而英勇牺牲的消息后，正在紧张准备参加高考、刚下晚自习坐车回家的罗晗得知这一噩耗，顿时如遭电击，在反复确认报道的主人公就是自己小学的恩师后，她不禁在公交车站就掩面痛哭起来。

整个一晚，罗晗热泪长流，辗转思量，无法入睡。

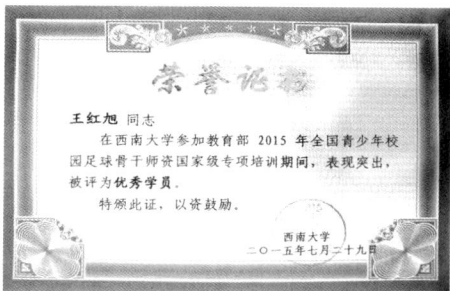

▲ 耕耘不辍再修专业

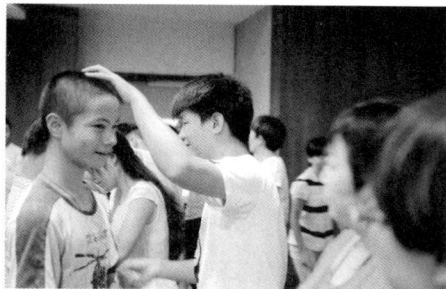

▲ 2015 届学生赵睿灿（左一）：老师轻轻抚摸，学生备受鼓舞（王红旭位于左二）

曾在王红旭班上当过体育委员的罗晗怎能不伤心？2010 年 9 月，她进入育才小学读一年级，那时候，王红旭就是他们班的体育老师。有一天，王老师笑着对她说，来参加田径队吧！罗晗犹豫着问，要钱吗？王老师却好像看穿她的心思，笑着说，不用交钱。等罗晗进了田径队后，才发现很多被王老师动员进去的同学，都没有交钱就进了田径队。

育才小学"安稳办"主任代宣，曾作为体育组的"师父"带过新入校的王红旭，他解释说："那时候，王红旭选进田径队训练的孩子，很多都出身于普通工薪家庭，王老师不忍心让他们缴纳训练费用，想方设法减免了不少孩子的费用，宁可让自己的工作变成'义务劳动'。他就是这样，很有善心。"

罗晗含泪回忆道："王老师上我们班的体育课，玩起都很有趣，但是训练起来还是很严厉，所以我们还是比较怕他收起笑容批评人的样子。后来，我参加田径队训练，觉得还是很辛苦，好几次想退出。但是王老师不同意，我逃一天训练，他就会在体育课罚我去长跑，跑完之后，他又给我们买水、买冰糕，还会把学校发给他的牛奶，分给我们吃。就这样'恩威并施'，让我不听他的都不好意思……"

罗晗还记得："有一年夏天，训练跳沙坑，班上一个女同学起跳时脚下打滑，把脚扭伤了，王老师立即把那个同学抱起来，跑到洗手池的水管下，用冷水给她应急消肿，然后马上给她包扎、固定受伤的脚踝。整个过程，就像是对待自己的孩子一样，焦急又专注。

"除了星期五，王老师基本上每天都尽职尽责地带着田径队训练。我们的寒暑假也要训练，每次参加比赛前，他都叮嘱我们一定要注意安全，避免受伤。"

在王红旭严格而科学的训练下，罗晗和田径的队员，每年参加大渡口区运动会，几乎都有数一数二的好成绩，尤其是在 2012 年的全区小学生运动会上，以远远高出第二名的成绩，一举打破了女子 4×200 米的接力赛记录。

得知王红旭老师舍身救人牺牲的消息后，2021 年 6 月 3 日，谢林巧、何米可等由王红旭培训过的田径队员，更是伤心不已，他们相约来到大渡口区宝山堂，拜祭自己的恩师。

何米可说："王老师，您一路走好！何米可永远记得您对我的夸奖：米可的绳跳得好棒！"

已经是重庆市巴蜀中学高二年级学生、学校田径队短跑队员的谢林巧，在王红旭遗像前热泪长流："王老师从小学一年级到六年级，基本上每天都带着我训练。我和王老师有个约定，今年还要一起吃火锅，如果明年考上了大学，首先要向他报喜，可是……王老师却没有了！王老师，我们不会辜负您的期望，最爱你的巧儿……"

谢林巧是王红旭老师从小学一年级开始，就悉心培养的优秀田径队员，在重庆市第五届运动会学生组丙组的女子 100 米、200 米短跑比赛中，谢林巧均获得冠军。

谢林巧回忆起一段难忘的往事："小学三年级时，我的学习成绩下滑，短跑也没有起色，妈妈建议我暂停田径训练。得知这个消息后，王老师多次找到我妈妈，说我是一个有前途的短跑苗子，有这特长，放弃了实在可惜，总算打消了妈妈的思想顾虑，我才得以继续训练。每当我达成训练目标，取得比赛新成绩时，王老师总是要奖励我。他奖励我的那个足球，现在都还放在家里。"

深受恩师王红旭平凡而伟大的人格精神影响，身为重庆市巴蜀中学高中体尖生的谢林巧，在由重庆电视电视台 2021 年 7 月 6 日晚举办的"感动重庆"现场表彰会上，坚定地表示，一定要报考体育院校，立志做一个像王红旭那样光荣的体育教师。

"王老师就像是我的一个好朋友。"育才小学六年级七班的彭政然说。因为偏胖，身体协调性欠佳，体育课上，老师带同学们跳台阶，彭政然曾好几次摔倒膝盖受伤，王红旭注意到了这个情况，就在其他同学进行跳台阶运动时，特别安排彭政然去跑步；全班同学 800 米测试，好几个孩子成绩没达标，都被王

▲ 2016 届学生谢林巧（右）接受重庆电视台采访

老师罚跑 1600 米，但同样没达标的彭政然和另外一名同学却被王老师免予处罚。王红旭对此的解释是，他们态度端正，已经竭尽了全力，成绩并不是衡量学生努力的唯一标准。

在彭政然看来，"王老师就是把学生放在心上的，最理想的那种老师"。

育才小学 2015 级的学生菲菲，是王红旭带过的第一批田径学生，她对王红旭充满了敬佩："上小学时，王老师觉得我是练田径的好苗子，一直抓我去练田径。我当时怕累，就一直躲，有几次偷偷跑了，还被他抓回来，继续练。有时候，我的动作没有到位，王老师也会变脸，但他还是会耐心地为我纠正动作。后来我离开了田径队，王老师也没有责怪过我，反而在体育课上，要我带着同学们集合、做操。小学里跟着王老师上体育课，是我最开心的体育课了。原本计划下周高考后，还能回学校和王老师聊聊天，没有想到，王老师为救他人，奋不顾身地一跃，让这个美丽的愿望成了永远的遗憾。"

"红旭是有一颗赤子之心。"代宣说，"其实，要做一名出色的体育教师，比专业知识更重要的，就是人的思想、立场，还有职业道德。红旭兼任学校人事工作后，没有放弃对体育教学的热爱，他在继续做好体育教育、运动队训练工作的同时，还带了新徒弟，确实做到了愿为'渡人梯'，甘当'铺路石'。"

在王红旭心中，校园的每一个生命都是珍贵而精彩的个体。每次体育比赛前，学校田径队都会进行赛前集训，王红旭总是全程陪伴，从不松懈。训练中他对学生要求严格，不允许有丝毫懈怠，但他疼在心里，每次训练间歇，都给学生们说说笑话，放松心情；结束后，又自费给学生们买水买零食"充电、加

油"，反复嘱咐学生们按时回家、注意安全，还要一一核实到家情况。

学高为师，身正为范。王红旭老师用自己深厚的理论知识、扎实的教学功底，征服了同事，得到学生的喜爱与敬重。他用自己的人格魅力，感染了学生，让学生主动学习、爱上学习，是学生学习知识的引导者！

如果你能够成为一道光，你就能照亮周边的人，周边的人被照亮，你自己也能被照亮。我们也许无法成为伟大的人，但是我们都可以像王红旭那样，立足于平凡的岗位，满怀对生命的热爱，用自己生命的光，点亮这个广袤的世界。

有个同事叫旭哥

在育才小学，喜欢王红旭的不仅是学生，领导和同事们也特别喜欢这个满脸带笑，充满阳光的年轻人。年长一点的领导或老教师，会亲热地叫他"旭旭"，但更多同龄人和更年轻的老师则称他为"旭哥"。"热情""细心""温暖"是大家提到他时，出现频率最多的"标签"词。

2015 年，学校缺少人事计财干部，育才小学副校长唐婕注意到了工作认真负责，办事踏实细心的王红旭，向校长推荐了这个人选。

面对完全陌生的工作领域，王红旭没有犹豫，也丝毫没有计较工作量的增加和个人待遇的得失，高高兴兴就接受了新任务，工作重心逐渐开始向人事计财方面倾斜，日常体育课时相应减少，但仍承担着学校田径队的训练工作。

"人事计财工作琐碎繁杂，你又不是学这个专业的，你做得下来吗？"面对同事和朋友的关心，王红旭笑眯着眼说，"这项工作安排我来做，是领导对我的信任。就算暂时不熟悉，我可以学着熟悉嘛！"

王红旭还很自信地表示："别以为我只会跑步、踢球，我小时候数学可好了。重庆市还没直辖的时候，我参加万县地区三区八县的小学奥数比赛，还得过二等奖的！"

事实证明，校领导没有选错人，王红旭也没有说大话。

王红旭接受新任务之初，学校的各项人事计财的表格，没有固定格式，有些混乱。唐婕希望他能将各种表格归一下类，做一套标准模板出来。原以为这琐碎的工作，兼职做人事计财工作的王红旭至少得忙活一周时间，没想到才过了两天，他就交出了一套规范的表格模板。一问才知道，他为此熬了两个通宵。

2018 年 6 月，大渡口育才幼儿教育集团成立后，王红旭又多了一个身份，作为前辈，他成为了育才幼儿园新到教师陈静的"师父"，负责在人事会计工作上，对陈静予以指导。

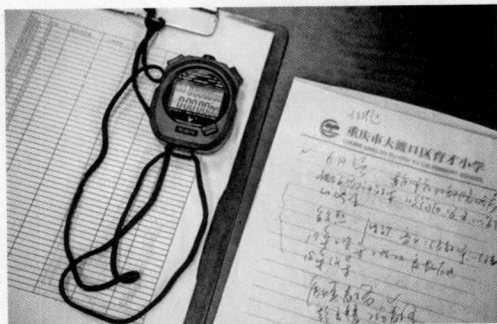

▲ 王红旭的工作台

20岁出头的陈静，面对繁复的人事财会工作，常常感觉"抓不到缰"，很有些焦虑感。有一次，陈静因为既要组织幼儿园环境创设，又面临园长评职，一时间千头万绪，急得焦头烂额。

此时的"师父"王红旭没有当旁观者，而是及时地化解陈静的焦虑感。王红旭故意拖着长长的腔调，笑着对陈静说："静儿听我讲，遇事你莫慌。越急越出错，从容才有方。有啥搞不定，为师来帮忙！"

刚才还愁容满面的陈静，一下就轻松地笑了起来，焦虑感一扫而光。她在王红旭的悉心帮助和指导下，迅速理清了工作思路，大大提升了工作效率。

陈静印象最深的是"师父"王红旭的心细如发，经常在没有想到的时候，他的帮助就送上门来了。有一次，陈静到大渡口区教委办一个手续，在区教委办公室里，与也是来办事的王红旭不期而遇。两人打过招呼，就分别在不同的办公桌前，忙起自己的事儿来。结果，陈静有一个材料表格忘带了，手续完不成，只好悻悻然准备打道回府，下次抽时间再来跑一趟。陈静想给"师父"打个招呼，转身却没见到王红旭。她以为"师父"又神速地办完了事儿先走了，于是就自己低头往回走。

陈静刚走到区教委办公楼门口，手机响了，一看是"师父"王红旭打来的。

王红旭问："静儿，你跑哪儿去了？"

陈静回答："我带漏了一个材料，今天办不成，正准备回去，下次再来办手续了。""莫慌、莫慌，你快回来。我听到你在那边说带漏了资料，突然想起你差的那份资料，我的U盘里好像有，就跑到楼上办公室帮你打出来了。"

那一刻，陈静真的感觉这个细心的"师父"，就像是神奇的哆啦A梦，总能带给人惊喜和帮助。

王红旭的细心和热心，不少同事都曾感受过。被全校同事尊称为"洪妈"的老教师洪丽，不会忘记她退休前的那个生日，即2019年1月7日，育才小学放寒假的前一天。原本2019年1月16日满55岁的洪丽，请了几位老师一起吃个饭，只说是放假前的小聚，并未提及生日的事儿。

王红旭的妻子陈璐希是洪丽老师同年级语文组的同事，王红旭也上过洪丽当班主任那个班的体育课，所以，小两口都是被洪丽邀的宾客。

晚上6时，王红旭准时赴宴，手捧着很大一束红色的康乃馨，人未进门声先到："亲爱的洪妈，祝您生日快乐！"

望着笑眯着眼的王红旭，洪丽又惊又喜，"你怎么知道我生日要到了？"

王红旭笑着指了指自己的脑袋说："别忘了，我是搞人事工作的。我记性好得很，全校老师的生日、学历、家庭简况，都装在我脑子里呢！"

"谢谢你，'旭哥'，这花太美了，我好开心！"平时就特别喜欢鲜花的洪丽，教师节里，孩子们送给她几枝鲜花，她都会欣然带回家插到花瓶里，但像这么大一束康乃馨，可不常见，以至于心花怒放之下，也乱了"辈分"，跟着年轻人对这个和自己儿子岁数差不多大的小伙子，叫起了"旭哥"。

2019年，全校包括王红旭在内，有十多位老师要评职称，由于所需材料和表格众多，手续繁杂，王红旭就特意安排放学后和周末，陪着十多位老师加班。他先是用投影仪示范，为大家细致讲解各个表格的填写注意事项，然后又对个别还不熟悉的老师，进行一对一指导，接连几天，都是加班到晚上九十点才回家。

十多位老师上报的材料都准备得非常完善，没有一份材料需要"返工"补充、修改。为了感谢王红旭的无私帮助，十多位老师一致商定，要请王红旭吃个晚饭，以表谢意。

"旭哥，忙了这么多天，今晚聚一聚，给我们一个表现的机会吧？"

没想到王红旭当即婉拒："聚会就算了吧，吃碗小面就好了，还要早点回家带娃娃呢！"原来，王红旭的爱子小团团才满一岁，他心里不光装下了十位老师需要填报的资料，还装着尚在吃奶的小团团。就连他自己那一套评职资料的填写，也是在所有同事的资料都完成后，才最后抽时间在家里加班完成的。

王红旭心里常装着同事，常把同事危难的事儿挂在心里，不经意间就"挂"出的温暖的故事还有很多。

2020年春节期间，因为防控新冠肺炎疫情的扩散，育才小学也准备了物资，安排老家不在重庆的教师，就在大渡口过一个"抗疫"年。于是，年轻的同事梁鑫因老家在山东，不能回家团年就成了定局。王红旭想到了小梁"独在异乡为异客"，冷冷清清的没个"年味儿"，便巴心巴肠地为梁鑫送去了"年货"，并热情地邀请梁鑫到家里来吃了"团年饭"。此事感动得梁鑫直呼"旭哥"好，"旭哥"把小弟的事考虑得真周到。

有一次，同校教师彭代琼上班时，不小心摔伤了腿，在医院治疗后回到家里，正准备到学校去找王红旭咨询工伤报销事宜，没料敲门声响了，王红旭已将工伤报销需要填报的表格，不误时机地送上了门。

"旭哥，劳你大驾奔波了！"彭代琼想站起身来致谢。

"快坐下，你的腿脚不便……"王红旭最终没有让彭代琼站起身来，还是那一句百听不厌的话："我腿脚灵便，没事儿！"

当王红旭不幸英勇牺牲的噩耗传来，全校同事们都悲痛欲绝，不愿相信。王红旭的"师父"代宣老师说的一句话，或许最能代表众多同事的心声："育才小学宁可少一个英雄，也不愿同事身边少一个'旭哥'！"

育才园喜结连理

王红旭以敬业精神，感恩着命运的安排，命运，也继续给予他厚爱。在被广大师生亲昵地称为"育才园"的这所学校里，王红旭遇到了许多关心他、培养他成长的前辈老师；结识了许多帮助他、激励他进步的同事；更遇到了让他一见钟情、不弃追求的人生伴侣——陈璐希。

1989 年 10 月，陈璐希出生于在重庆市一个普通工人的家庭里，从小天资聪明、活泼可爱，2012 年 6 月，陈璐希毕业于重庆师范大学汉语言文学专业，大学期间加入了中国共产党。2012 年 7 月，陈璐希进入大渡口区育才小学执教，先后担任了一年级语文教师、班主任，教研组长等职。

陈璐希爱岗敬业、为人师表，教育教学成果丰硕。她曾荣获大渡口区教委授予的优秀共产党员、优秀老师称号；两次被大渡口区教委评选为先进个人；先后三次参加大渡口区教学竞赛，获得一等奖一次，二等奖两次；在"一师一优课，一课一名师"活动中，被评选为"优课"教师；多次指导学生参加征文、演讲比赛，获得过国家级、市级奖励。

或许都是毕业于重庆师范大学的缘故，王红旭成了陈璐希的"校友"，当然，这是他们俩都进入育才小学执教之后，才相互知晓的。2012 年 9 月，陈璐希当上了一年级 2 班的班主任，正好王红旭负责一年级 2 班的体育课，王红旭和陈璐希这个"小师妹"之间，工作上就有了更多的接触，学习上就有了更多的交集。

缘分，就在工作的接触和学习的交集中，牵出了一根红线，生出了一种倾慕，于是，红线拴住了他们的心，倾慕套牢了他们的情，在王红旭大步流星的追赶下，陈璐希终于跑不动，她也不想再跑了。

在陈璐希的眼中，"师兄"王红旭是一个"非典型"的体育老师，他完全颠覆了一般体育教师"敏于行而讷于言"的固体形象，在扎实的专业技能之外，知识面也很广博，健谈且谈吐不俗，深奥的《易经》、典雅的国学，竟然都能侃侃而谈，尤其是王红旭的地理知识和"二战"历史知识，简直达到了"民间专家"的级别，显然是平时读过不少的书，让不少文科老师都自叹弗如，这不禁让陈璐希开始对王红旭另眼相看，而且还特别喜欢听王红旭讲故事。

在王红旭善意的眼光中，"小师妹"陈璐希不仅人长得漂亮，而且心地善良，和自己一样，特别喜欢小孩子。这也是陈璐希让王红旭另眼相看之处，一般来说，班主任老师都比较看重文化成绩，常常有"侵占"体艺课时间之举。而陈璐希就非常赞同王红旭的观点，对一些学习成绩一般，或者家庭条件一般的孩子，她坚定地支持王红旭的主张，让他们练好体育或艺术特长，这些孩子未来也可以多一条出路，这也是深刻应合育才小学因材施教的宗旨——"让校园里每一个生命都精彩"。

"师兄妹"的关系、共同语言的交流、天生性格的互补、思想亮点的辉映，使两个年轻人的心越靠越近。在陈璐希的班上，王红旭选出了好些个"体尖"苗子，吸纳入学校的田径队训练。这群孩子作为陈璐希带过的首批学生，跟着王老师从小学一年级一直训练到六年级，不少孩子最终都在"小升初"的时候，得到了"体尖生"的加分，李浩源、郑铭洋两名田径队员，更是直接被保送进了重点中学。这群孩子在打下扎实运动基础的同时，也见证了王红旭和陈璐希的感情，在一步步升华。

陈璐希班上有一个姓罗的小男孩，很小就没有了母亲，父亲又在外省打工，常年是和爷爷、奶奶，还有姑姑生活在一起，家庭经济条件也不太好。陈璐希在了解到这个孩子的具体情况后，为了确保孩子未来能"多一条出路"，便找到王红旭，下了一个艰巨的任务："旭哥，这个孩子很值得同情，你一定要想办法，尽可能地帮助他，让他对未来，产生一种希望。"

王红旭当然二话没说，将这个罗姓小朋友选进了田径训练队，从小学一年级开始六年级毕业，一直免费带着他训练。而陈璐希则经常抽出时间，义务为这个失去母爱的孩子补习功课。为了弥补小罗缺失的父爱和母爱，王红旭和陈璐希还经常在周末和节假日，带着他去逛逛公园、看看电影……在共同陪伴着小罗感受"家的温暖"的同时，一种温馨美满的奇妙感觉，也将王红旭和陈璐希的心，越拉越近，越系越紧……

▲ 王红旭陈璐希夫妇的校园合影

2013 年 12 月 31 日夜晚，是王红旭和陈璐希生命历程中，最浪漫的一个夜晚。前一天，王红旭就约了陈璐希，一起共度辞旧迎新的美好时刻。当时没有买车，他们俩就乘坐公交车，从大渡口区来到渝中区，共进完甜蜜的晚餐后，又来到了解放碑的露天广场上，在熙熙攘攘的人群中，他们紧紧依偎在一起，静静地等待着新年钟声的敲响。

"铛、铛、铛……"当见证着 2012 年已经成为历史，2013 年即将来到的钟声敲响时，"六、五、四、三、二、一……"解放碑露天广场上成千上万的年轻人，兴奋地听着敲响的钟声在计时，最后一声悠扬的钟声敲响了，王红旭和陈璐希像无数年轻恋人一样，深情拥抱在了一起，他们在心底默默许愿，希望明年，后年……以及风雨同舟的有生之年，心心相印的人们，都能像今晚一样，在一起聆听时光的脚步，在一起共度生命的朝夕……

追思绵长

做一个完美先生

对于王红旭和陈璐希的频繁交往、感情升温，陈璐希的父亲陈川林、母亲唐国信一开始是不大同意的。

在二老看来，王红旭的老家是在远离重庆主城 300 公里外的万州区，俗话说"十里不同乡，百里不同俗"，生活习惯也许都会存在差异。而且，两人同为大渡口区育才小学的老师，在学校传出"办公室恋情"，会不会有什么不好的影响？万一交往了一段时间后，发现不合适，没能走到一起，届时抬头不见低头见的，会不会有些尴尬呢？

但父母的担心并不能改变陈璐希认定的选择，在她看来，聪明、幽默、热情、细心、善良的王红旭，就是她最完美的灵魂伴侣。要是换一个人，肯定不会那么耐心地听自己讲班上那么多孩子的事儿，不会在自己面对压力和挑战的时候，细心地帮她排解焦虑情绪，更不会用贴心的关照，带给自己那么多幸福和感动。

事实证明陈璐希的眼光没有错。在陈璐希的记忆里，有太多让她泪眼婆婆的感动点滴。

还是在恋爱初期，有一次，因为感冒咳嗽，一个月不见好转，陈璐希的嗓子哑了，讲课都极其困难。这一切，王红旭看在眼里，疼在心里。

当时，陈璐希还在陈家坪与父母同住，没有买车，每天要坐 806 路公交车到大渡口育才小学上班。这天早晨，陈璐希像往常一样上了公交车，不一会，手机响了，是王红旭打来的。

王红旭问陈璐希："出门了吗？是不是坐的 806 路公交，现在到哪一站了？"

陈璐希简单地作答之后，只当是平常的早安问候，也没太在意。

公交车行驶到马王乡站，陈璐希突然看到一个熟悉的身影挤进了车门：茂密的黑直短发，眯缝带笑的眼睛，正是王红旭！他手里还捧着一个圆桶状的不锈钢饭盒，一上车就四下张望，显然是在找寻陈璐希。

当二人四目相对时，王红旭的笑意更浓了，他赶紧挤到陈璐希身边，把小心翼翼捧着的饭盒，双手递给陈璐希："你嗓子疼，少说话，赶紧把这个趁热吃了！"

陈璐希打开饭盒一看，里面装着的是切成一小块一小块去皮的梨肉，合着冰糖蒸好了，冰糖雪梨羹正温热，又不烫。

"快吃、快吃，这个方子止咳润肺特别好！"王红旭的眼睛都笑成了两道缝，一声接一声地催着陈璐希赶快吃，又变戏法似的递过来一把精致的不锈钢小叉子，"我起了大早，给你蒸的。梨肉也要吃哟！"

陈璐希感动地微笑着抿了一口，一股清甜在唇齿喉间弥漫开，一直沁透心底。她甜甜地笑着，又起一块梨肉，要喂给王红旭也品尝品尝，犒劳他的辛苦。王红旭的头却摇得像个拨浪鼓，"不、不、不，你都吃光，我才不要和你'分梨'呢！"

从那一天起，有近一个月的时间，每天早晨相同时间段，王红旭都会捧着蒸好的冰糖雪梨羹，守候在马王乡站，等待着陈璐希，一直到她的嗓子完全康复……

2017 年初夏，陈璐希要参加大渡区教委主办的示范课比赛，因为工作经历不算很丰富，陈璐希感觉心理压力特别大，有些沉不住气，但又必须作充分的准备。

那一天放学后，陈璐希在微信上告诉王红旭："我要加班备课、备赛，不能陪你了。"然后，就把自己关在教室里，一遍一遍地对着空无一人的课桌，练习要讲课程的内容。感觉到讲得比较熟练，心中有底的时候，一看手表，已经到了深夜 11 点。陈璐希收拾好东西，关了教室的灯，推门出来，门外走道站着一个人影，吓了她一跳，定睛一看，王红旭！她的心一下子变得安定、温暖了。

"你怎么来了？来了多久啦？怎么不进来呢？"陈璐希赶紧迎上去，挽着王红旭的胳膊，一个提问追着一个提问。

"我来了两个钟头了，看你练得投入，怕影响你，让你分心，就站在外边等你。这么晚了，不送你回家，我哪能安心呢？"王红旭又是笑眯着眼说。

到了正式比赛那一天，平时一有空隙时间就会给陈璐希打电话、发信息的王红旭，破天荒地保持了"安静"。陈璐希完美发挥，获得一等奖走下领奖台后，却被一同来参赛现场的同事取笑了："希希妹儿，你还是好生管一下你家旭哥吧，我今天手机都差点被他的信息塞满了！一大早起，不停地给我发消息问你的情况：'她心情怎么样啊？''状态如何啊？''有没有紧张？''最后成绩怎么样？'"同事还夸张地表演着对话，"我叫他直接问你嘛，你家旭哥却说，晓得你心理素质不够沉稳，怕直接问你影响到你的发挥……"

王红旭的一言一行，一举一动，被陈璐希的爸爸陈川林、妈妈唐国信，看在眼里，记在心里，加上陈璐希有意无意地表扬王红旭，他们对王红旭的态度发生了变化，也越来越喜欢和认可这个女婿了。

在陈川林的印象中，王红旭最大的特点是孝顺。不过，陈川林认为，普通人对长辈大多还是有孝心的，给长辈钱，给长辈买东西，其实都不难做到。最难做到的，还是孝顺里的顺！所谓的顺心，就是顺着长辈的心意，从不拂逆，不顶撞，舍得花时间陪伴。

陈川林的岳母，也就是陈璐希的外婆，年过九旬，对人和事经常健忘，常年是陈璐希的妈妈唐国信，照顾她的生活起居。陈川林曾开玩笑地问老人家："这屋里的人，你最喜欢哪一个？"没想到老人家的回答，不是常年照顾自己的唐国信，也不是曾特别疼爱的陈璐希，而是"小王"——王红旭。因为"小王"逢年过节都会来看望老人家，给她买好吃的，给她封红包，最重要的是，王红旭喜欢陪着她说话，愿意听老外婆反反复复地说那些鸡毛蒜皮的陈年往事，也愿意给老人讲外面的新鲜事，王红旭每次到来，都会让老人家乐呵呵地开心不已。

对外婆尚且如此，对岳父母，王红旭的表现，更是百里挑一，不可多遇。有一次，王红旭无意间听到陈川林抱怨手机的反应迟钝，第二天，一部新手机就送到了陈川林手中。他能不高兴吗！

每年春节，王红旭都会给岳父岳母买新衣服，每年假期，王红旭也会带上

岳父岳母去旅游，饱览祖国的
大好河山，壮丽风景……

在岳母唐国信的记忆中，
王红旭最大的特点就是善良。

2019 年 8 月，王红旭和陈
璐希带着幼子小团团，到重庆
市江津区东胜镇云岭翠湖小区
避暑房度假，小区坐落在海拔
1000 多米的山上。这天上午，

▲ 王红旭陪伴陈璐希的外祖母

王红旭正带着小团团在路边玩游戏，忽然看见一个老婆婆背着一个背篼，背篼
里装着一个头破血流，不到 3 岁的小男孩，一脸焦急地从身边走过。热心的王
红旭上前询问是怎么回事儿，原来，小孩子从高低床上摔了下来，摔破了头。
小孩子的父母在主城区上班，只有婆婆一个人在这里照看孙子，婆婆没有车，
山上一时看不见公交车和出租车，只好背着小孙子下山去治疗。

大热的天气，就算是年轻人，徒步下山也要走 40 多分钟的路程，更何况是
一个老婆婆，还背着一个摔伤了的小孙子。心肠特软的王红旭沉不住气了："老
人家，走不是个办法，孩子的伤情耽误不起，我有车，我送你们下山去！"

王红旭将小团团托付给一个熟人帮忙照看几分钟，随即打电话给岳母唐国
信，请她尽快赶来，接手陪护小团团。王红旭驾驶的小车飞速下山，受伤的小
孩子得到了及时救治……

不明缘由的岳母唐国信忪很快赶来了，发现王红旭托人照看小团团，自己离
开了，心里有些不快，但问清楚王红旭驾车下山的来龙去脉后，又忍不住为
王红旭的热心肠点赞。事后，唐国信还对王红旭的母亲李永兰说起这事，连声
夸赞，"亲家母呀，你这儿子真是好心善啊！"

王红旭舍身营救落水儿童牺牲后，岳父母犹如失去了亲生儿子一样悲痛，
就连几十年没有流过眼泪的陈川林，也陪着唐国信痛哭了好几场。他们哭诉白
发人送黑发人的不舍，他们疼惜失去了天下难找的好女婿！

心理师义助至亲

"吴老师，你看我的旭儿，好帅！"6月3日大渡口区宝山堂殡仪馆悼念堂，英雄王红旭的遗体静静躺在水晶棺内，在沙坪坝区应急救援协会心理总督导吴秀英的搀扶下，王红旭母亲李永兰上前轻轻揭开盖布，万般慈爱地细细端详着儿子的遗容，喃喃说道。

吴秀英强忍着热泪，两手有力地抚摸着这位已多次昏厥，却仍不失伟大而坚强的母亲，低声应答着。脑海中闪现出昨日打捞英雄遗体时，大渡口江滩上令人心痛的一幕——

在远离水面的江岸马路上，被阻拦下到江滩的母亲李永兰情绪完全崩溃，时而狂哭狂笑，时而瘫倒在地上，一直嘶哑地呼唤着："旭儿旭儿，我的旭儿，你回来呀！"面对这样的场面，心理督导实战经验丰富的吴秀英高度警觉，意识到英雄母亲心里难以承受突如其来的巨大打击，心理防线已经临近精神分裂前兆，情势非常危急。吴秀英立刻作出应急反应，组织周围的市民一齐安静下来。让她意想不到的是，无论是工作人员还是普通群众，当时在场的每个人都非常配合，不折不扣地听从现场指挥，关切而安静地等待着消息。

"只要我一招呼，大家就鸦雀无声，围观群众就围过来，整个场面让我很感动。"如此难得的感人情景，激发起吴秀英心中更大的力量来处理眼前的危机，她迅速地靠近李永兰，也躺在马路上，扮作红旭睡在李永兰身边，嘴里不停地喊着，"妈妈，妈妈，我是旭儿啊，我在，我就在您身边啊，我是您的旭儿啊！我在！"

这样一声声地呼唤，一点点地在英雄母亲意识中的绝望之地，升起生命的微光与温暖。李永兰的意识渐渐地复苏了。

而另一头，王红旭老师的妻子陈璐希也是悲痛欲绝，数度昏厥。醒来后无比虚脱的陈璐希几次想要冲向江中、追随心爱的丈夫而去。吴秀英倾力而为，不顾一切地趴在地上陪同陈璐希，一次次地将她唤醒。

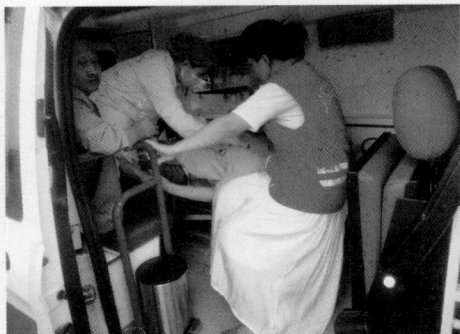
▲ 心理师吴秀英现场危机干预

"我在公路边抱着希希，所有围观群众都围过来坐在旁边。当时，我坚定地告诉她，不用怕，我们都是团团的爸爸妈妈，我们永远在一起。"在吴秀英坚定的干预下，陈璐希心中终于点燃对未来的展望——孩子怎么办？想到孩子，她终于找到了一丝重新站起来、勇敢活下去，帮助两边父母共渡难关的力量。

吴秀英引导希希老师抓住一个目标：要将孩子抚养长大，一点点地唤起她内在的勇气。让吴秀英没有想到的是，陈璐希在清醒过来的一瞬间，看到红旭母亲绝望崩溃的情状，全身无力的她从地上勉力支撑着，一下一下地爬了过去，趴在母亲李永兰跟前，哭喊着："妈妈，您的女儿永远在。我是您一辈子的女儿！"

在吴秀英及时而专业的抚慰与开导下，从万州连夜赶来、一直压抑着内心悲痛情绪的红旭父亲终于面对江水号啕哭出声来；李永兰和陈璐希久久地拥抱在一起……

到最后，亲人们终于同意了吴秀英提出的要永远留住英雄最好的印象，不去直接看望从水中打捞起来的英雄遗体的建议。

由此，才有了文章开始部分第二天出现的母亲凝视儿子遗容、平静夸赞儿子很帅的画面。

经历 6 月 2 日江滩上惊心动魄的危机干预过程，第二天从沙坪坝重庆大学校园再次赶到大渡口。吴秀英到达宝山堂殡仪馆的时候，看到英雄王红旭悼念堂外，很多自发前来送别红旭的学生和家长，还有远道而来的亲友都抱着哭成一团。而这些情绪失控的人，马上就要进入悼念堂祭奠，如果不能提前处理好他们的悲伤情绪，直接面对英雄王红旭老师的至亲家属，这场悲痛的"情流感"很可能导致难以控制的崩溃场面。

怀着对英雄王红旭老师深深的敬意，吴秀英以高度专业的负责态度，直接组织现场情绪失控人员马上做彻底情绪释放和呼吸调整，待心情平静以后再进去面对王红旭家属。吴秀英带领团队帮助现场人员心理重建起来后，郑重地请大家高度配合她开展后续工作。

由此安排妥当后，暮色已渐渐笼罩大地，赶来悼念英雄的人群越聚越多，殡仪馆外面手捧白菊等候祭奠的人们排起了长龙。

此时的吴秀英，已经历了工作量最大的艰辛一天。上午是倾心尽力地为英雄王老师的父母、妻子以及岳父岳母进行哀伤辅导，下午是为英雄王红旭老师的生前好友开展心理重建，然后非常谨慎地为英雄王红旭的三岁儿子团团做了重要而快速的心理辅导。

吴秀英振作精神，快步来到英雄红旭的母亲和妻子身边。凭借 20 多年的心理督导实战经验，她心里非常清楚，接下来又是一场艰难的硬仗。

走进庄严肃穆的悼念堂中，吴秀英看到王红旭的妻子陈璐希因悲伤过度，已体力不支，瘫倒在旁。她赶紧上前进行干预疏导，一次次地引导希希老师调整呼吸，又发出一篇《母亲是一种岁月》的诵读文章，进行情绪疏导转移。诵读后，稍作休息，陈璐希老师整理好脸上身上的泪水，调整呼吸勉强地支撑着，坚强地站起来，坚持亲自去答谢赶来参加悼念活动的人潮。

"这是我难忘的哀伤辅导经历，英雄很了不起，活着的母亲和妻子真的很不容易，她们真的很勇敢。为了安抚好英雄的亲属，我们的市民都非常配合，他们也很了不起！"吴秀英说。

在悼念堂里，前来向英雄红旭进行临终告别的"6·1"万发码头长江水域中见义勇为的英雄人链中的几位，也怀着深深的愧疚与自责，出现严重的心理问题，几度崩溃；还有出事小孩子的家人更是羞愧不已，难过地忏悔自己没有看顾好孩子，让这么大的事故发生……在英雄红旭的精神感召下，吴秀英以大爱之心，无私地向所有在场出现心理危机的人们伸出援助之手，在主要照顾好英雄母亲与妻子的同时，还帮助了育才小学的领导和老师们渡过情绪难关。

吴秀英的存在发挥了巨大的作用，让不少人得以走出痛苦的泥淖。更难能可贵的是，前前后后的心理干预，她都是义务付出、分文未取。这也是她这个"幕后英雄"对英雄的致敬。

6月2日上午，育才小学毛世伟校长找到重庆沙坪坝区应急救援协会帮助疏导英雄家属的悲痛心理。很快，沙区应急救援协会联系到协会的心理总督导吴秀英，请她马上赶到大渡口江滩出事现场，全程负责王红旭老师牺牲之后的亲属心理危机干预及安抚工作。

身为重庆大学心理危机干预中心专家组成员、重庆组织与员工促进专委会心理总督导的吴秀英，常年奋战在一线进行自杀自残干预、抗震救灾，具备丰富实战经验。她线上远程承接了海内外自杀自残案例上千例，挽救了青少年、孕产妇、老人、企业老板、员工等无数生命，为维护家庭稳定，社会长治久安做出了很大贡献。培养了一批骨干团队，也带队参加了汶川"5·12"抗震救灾、全球新冠疫情、原油宝事件、海外华人华侨、留学生、重庆市沙坪坝区磁器口抗洪救灾心理援助、危机干预、磁器口灾后心理重建等工作。

吴秀英接到电话之后，马不停蹄地赶到大渡口江岸，时间已是6月2日下午1时许。

当时江边和王老师一起下水的两位勇士还一直留在现场，但是他们情绪崩溃，因为他们看着王红旭被江水卷走却无能为力。他们激动的情绪特别强烈，满是自责愧疚，自我否定，为什么那么没有力气？为什么不能再坚持一下？

吴秀英意识到，要马上进行危机干预，把他们的心理重建起来。因为毕竟当时英雄红旭的父母和妻子还没有到场，而一旦亲属到场，后面的干预工作量必然非常艰巨。所以吴秀英决定先对现场红旭老师的同事进行危机干预。

"先让他们的心理恢复重建，学会在愧疚中接纳，接纳我们在拼尽全力后的无能为力。"吴秀英说，"因为他们都有游泳教练证，确实是专业施救，也是拼尽全力了。在慌乱中，他们发现王老师身影不在了，他们是非常愧疚难受的。我的经验本能地告诉我，必须让两位老师在现场号啕大哭，把所有堵住的情绪完全释放出来。"

"在现场，我们没有顾忌其他因素……我看到好友消失，我们是真正的有灵魂上的连接的，那一刻，真的是每个人都散发出人的光辉。"

"大家都是本能施救，全部下水救援。而且既要救援水下，还要保护'救命人链'的安全。"一句句抽丝剥茧般的分析、抚慰，让事发当天一起参与救人的英雄们，慢慢接受现实中的无能为力、认识到人力有限，情绪慢慢平稳下来。

江滩上进行着高智慧的疏导，江水中践行着专业的救援。时间一分一秒地飞逝，激流中终于传来消息，打捞队发现英雄红旭老师的遗体，学校马上通知家属。

英雄的家属到达后，早已准备就绪的吴秀英带领助手对亲属进行分开隔离——吴博士亲自上前去滨江马路上拦截，有序地把家属隔离在远离江水的一个安全地带，然后组织进行干预。

在这个艰难的干预过程中，吴秀英拼尽自己的全部能量，帮助几度昏厥的英雄亲属，他们已经出现很明显的幻听幻觉、语言失禁、狂笑狂哭，完全没有办法自我管理情绪。尤其是王红旭老师的父亲患有糖尿病、高血压，现场状况非常危险。吴秀英安排通知了120，并且带领专业人员在救护车上进行重点危机干预。

英雄遗体运上岸边，殡仪馆车接应处理后，工作人员前来征求心理总督导吴秀英的意见，要不要让亲属现场看。吴秀英果断地建议：不能看，最好是英雄在整理好遗容后再让家属见面。

于是，现场各个单位部门，协力配合，避开家属，运输处理。

"我的两个助手一直在打下手，全程配合，陪着擦汗……我当时也是全身湿透，因为要把他们从崩溃的边缘拉回来，很耗能量。但是，他们需要我，需要我的专业干预，才能面对这么大的冲击……"经过激烈振荡期后，在吴秀英全程陪同下，英雄王红旭的至亲渐渐平静下来，接受了第二天在殡仪馆见面的建议。

第二天，在宝山堂殡仪馆，考虑孩子对突发事件的接纳难度，吴秀英主持了全程最关键的哀伤辅导，重点部署辅导英雄红旭留下的三岁的儿子团团。

"婴童的哀伤辅导是最难的，所幸大家都希望深度保护好孩子。"在殡仪馆工作人员高度配合下，吴秀英首先组织清场，之后陪同团团讲述爸爸的英雄故事。

"整个过程中，团团都是骄傲的、开心的。他记住了：爸爸是英雄，为爸爸骄傲。"

"爸爸是大英雄，爸爸很了不起，团团为爸爸骄傲，整个过程向爸爸致敬。"吴秀英轻声而坚定地引导着，"爸爸是大英雄，所以调到国家保密局工作。现在不能与我们联系，只有完成工作后才能联系。"

英雄已逝，精神长存。

"我们要保护活着的人，要好好地活下去。"吴秀英深怀感佩之心，高度关切着陈璐希老师的心理重建，一直对她和孩子进行远程关怀，及时为希希老师予以生命能量补给。

"希希老师面临这样的人生重创，真的非常勇敢，很了不起。因为两人感情非常好。王老师是典型有担当的男人，一直呵护着希希。"在寂静的夜晚中，吴秀英密切关注着英雄妻子和团团的情绪动态，不时地予以引导和提醒——

"团团想爸爸的时候，可以讲自然界中植物动物的生命周期，让孩子理解生老病死。强大起来后，一点一点地接纳。"

王红旭的母亲李永兰拉着吴秀英的手，感激地说："如果不是你来支撑着我，我根本无法接受……我培养的这么优秀的孩子就这样没了。但我没有想到，我的旭儿走得这么光荣，我为我的儿子感到骄傲。"

最珍贵的兄弟情谊

其实，这个世界上并没有那么多如果，一瞬间失去的东西便是永恒。

在走向工作岗位多年以后，王红旭和高中同学李旭，仍然会在相聚时，提起那一次反败为胜的男子 4×100 米接力比赛的经历。

2001 年 7 月，王红旭初中毕业，告别了在余家镇小学执教的爸爸和妈妈，来到万州区分水中学读高中。在这个班上，他认识了一生的挚友李旭。

李旭性格内向，天生好静；王红旭性格外向，乐观豁达，两人的性格形成了明显的反差。然而，性格的反差没有成为两个少年一见如故的障碍，性格的反差反而促使两个少年，成了无话不谈的朋友。

王红旭肠胃不好，常拉肚子，李旭就带他去校外的饭馆打牙祭、改善伙食。因为当时学校宿舍的被子较薄，王红旭又一直怕冷，李旭就把红旭带回家中，与自己住在一起。

他们所在的 8 班，是语文、数学、英语等成绩，都普遍较好的尖子班，但在竞技运动方面，却显得力不从心，尖子欠缺。王红旭的加盟，被视为挽回尖子班荣誉的"救星"，于是，王红旭和李旭相互鼓劲，争取在全校举办的运动会上，在男子 4×100 米接力比赛这个集体项目中，为班级获取荣誉。

比赛是在发令枪鸣响那一瞬间，你追我赶地开始的。前两个 100 米，8 班参赛的同学，被体能占有优势的 10 班选手，抛下了近 10 米远。李旭跑的是第三棒，他在起跑线上接过第二棒同学递来的接力棒，迈开双脚，奋起直追，明显地缩短了与 10 班第三棒选手的距离。

李旭跑完了自己的 100 米，把接力棒交到王红旭手里时，看见王红旭如箭一般飞身冲了出去，飞身卷起的风声在李旭耳边呼呼作响，冲刺带来的掌声使李旭全身热血上涌。

环形跑道上，王红旭与 10 班跑第四棒选手的距离在迅速缩短，5 米、4 米、3 米、2 米……李旭清晰地听见了跑道旁边的啦啦队员，发出了惊讶的议论声："8 班是哪个哟？跑得好快呀！"

"王红旭，是王红旭！"8 班的啦啦队员的欢呼声，盖过了 10 班啦啦队员的议论声。于是，"王红旭""王红旭"……在有急促节奏的 8 班啦啦队员的欢呼声中，王红旭第一个冲线，第一个跑完终点。

"冠军"荣誉被 8 班获得了。当天晚上，王红旭已洗掉满脸的汗珠，已换下湿透的运动服，在学校食堂吃过晚饭，与李旭一起踏进教室外的走廊，走进教室上晚自习时，全班 50 余名同学竟整整齐齐地站起身来，向他们行"注目礼"，为他们鼓掌，给予了他们"王者凯旋"的荣光。

一晃二十年过去了，李旭每一次回想起王红旭接棒时的那个不服输的眼神，每一次回想起那个全班同学起立致敬的场景，都会心潮起伏，久久不能平静。特别是那一场比赛结束后，赛场上的广播宣布"高 2001 级 8 班，获得男子 4×100 米接力赛第一名"，全班同学举臂蹦跳、欢呼雀跃的场景，至今还使他泪湿眼眶、热血沸腾。

李旭坦诚地说："在那个年纪，能够得到全体同学的认可，特别激动人心、令人难忘。"

在同一条跑道上交传接力棒，在同一个教室里接受新知识，加深了王红旭和李旭的真挚友谊，或许两人的大名中都有一个"旭"字，更使得他们的关系亲如兄弟。

回忆起当年与王红旭并肩站在教室门口，接受全班同学们欢迎、祝贺的情景，李旭心中翻滚着更深的追思与痛惜："我们生长在上一个世纪八十年代，从小受到的教育，就是

▲ 难忘的兄弟情谊（王红旭位于右一）

以邱少云、黄继光，少年英雄赖宁为榜样，没有什么功利色彩，更多的是朴实和温暖。这样的教育在我们的心灵中，加注了更加深厚的家国情怀，当国家和人民需要的时候，我们这一代人中，就一定有人站出来，所以国家才有了今天这样的繁荣昌盛，当然，在我们这一代人中，也会出现许多顶天立地的英雄，不是邱少云、黄继光那样的战斗英雄，而是王红旭这样的平民英雄。"

参加了王红旭遗体的告别仪式，李旭陷入深深的悲痛之中，他逢人便讲："在我眼里，红旭是一个人民教师，也是一个普普通通的老百姓，为了集体的荣誉，他愿以一己之力去拼搏努力。从某些方面而言，红旭又是一个理想主义者，在他的潜意识里，他希望身边的每一个人，都善良、热血、温暖、正义，通过这些善良、热血、温暖、正义的付出，或多或少地能够影响、唤醒一些冷漠的个体，哪怕让冷漠的个体，产生一瞬间的感动。"

与王红旭有着最珍贵兄弟情谊的李旭，道出了王红旭还没来得及说出的临别赠言。

好老师学生爱戴

如果在育才小学的老师中，用学生的眼光搞一个排行榜的话，王红旭一定会名列前茅。原因大概有二：其一，在教室外能感受阳光、沐浴清风开展的体育课，本就是生性好动的孩子们最喜欢的科目；其二，总是笑眯着眼睛的王老师脾气好，不发火，还比其他体育老师更温柔。

以至于有些学生上体育课前，总会先窥探一番，今天上体育课是哪个老师？如果见到王红旭的身影出现在运动场，于是就会欢呼雀跃，一群快乐的小鸟赶紧飞身下楼，用比平时更快的速度奔向运动场。天长日久，相处熟悉了，一些高年级的男生，也会在下课后与王红旭勾肩搭背，胆大地叫一声"旭哥"。

"旭哥"待这帮小弟、小妹也特别好，还经常大方地自掏腰包，买来好吃的水果，男生们喜爱的足球……作为奖品，奖励给运动场上表现得亮眼的孩子们。但"旭哥"的好脾气，并不等于在课堂上是不讲原则的"好好先生"，在执教时，他的严厉，在育才校园也非常有名。

王红旭带过的学生都有清晰的记忆，王老师有一"小"、一"大"两个特点："小"特点是笑起来眼睛小；"大"特点是吼起嗓门大。只要有王红旭的体育课，整个操场都会回荡着他"大"嗓门吼出的声音，"快点，快点，再快点！""加油，加油，继续加油！"

学生们喜欢他、爱戴他，还因为他上课方式方法灵活，一方面善于把体育游戏带入课堂，使得教学内容生动有趣。另一方面，他也注重"因材施教"，看重学生纵向比较的进步，对于一些运动天赋欠佳的学生，他也从不放弃对他们的引导和鼓励。

只不过，深受学生们喜欢的王红旭，也遇到过学生和他赌气的事儿。

那是 2020 年下半学期的一次体育课，育才小学建设村校区五年级 2 班的几个女同学，在田径课 200 米跑训练时偷懒，尤其偷懒学生中，还有学校田径队的优秀苗子、曾在全区中小学生运动会上，获得过 100 米短跑第一名的田雨禾，这让一向很在意学生学习态度的王红旭很是失望。

于是，王红旭处罚了田雨禾、王姝雅等几个偷懒的女同学长跑，并且严肃地批评她们："今天不好好跑，以后就别来训练了！"

一向如春风般和煦的王红旭老师，竟然

▲ 上场就哭的小女生被"王爸爸"带上了领奖台

会板起脸来，教训了几个正处在青少年叛逆期的小姑娘，小姑娘们的玻璃心顿时碎了。小姑娘们嘀咕了几句，相互使了个眼色，于是形成了"统一战线"。王红旭喊快跑，她们故意慢跑；王老师喊停步，她们却多跑了一段路才停下来。接下来的好几天，田雨禾、王姝雅在学校见到了王红旭，也装作没看见，不像往常一样，热情地喊"王老师好"了。

然而，"统一战线"坚持了不到一周，就开始内部动摇了：原本那么期待的王红旭老师上体育课，怎么变得"不香"了！而且，不和王红旭说话，憋得更难受的好像还是自己。

"我们是不是做得有些不对呀？"王姝雅首先向田雨禾提出了心中的困惑，"要不，我们给王老师道个歉，跟他和好吧。"

小姑娘们的情绪天空，就是这么容易阴转晴。于是，下一次体育课时，王姝雅和田雨禾，扭扭捏捏地走到王红旭面前，像蚊子发出的"嗡嗡"声，对王红旭说道："王老师，对不起，我们错了，不该和你赌气……"

"啥呀，赌气？赌什么气？"王红旭的眼睛又笑成了一条缝，他理解两个小姑娘渴望运动的心情，用手指着跑道说，"跑，快认真去训练！"

"诶！"两个小姑娘对视了一眼，用食指和中指组成了一个"V"字形，伸到王红旭面前，洒下一串银铃般的笑声，欢快地踏上了运动场上的跑道……

2021 年 6 月 2 上午，当王红旭老师勇救落水儿童，至今下落不明的消息传到育才校园后。好几个田径队的队员，都不敢相信运动能力那么强的王老师，怎么会被江水吞没呢？在他们单纯的脑海里，"下落不明"就还存在着找到下落的可能。他们甚至乐观地开展想象：也许，王老师会被经过的船只救起；也许，他会漂到某个荒岛上，就像《鲁滨逊漂流记》那样，会出现一段奇遇……

6 月 2 日下午，当王红旭老师的遗体找到了，确认已经牺牲的消息传到育才校园，整个校园顿时笼罩在一片悲伤的阴云之中。王红旭老师教过的学生，包括那些被他罚过跑圈的学生，无一例外地都哭声不断。感性的王姝雅甚至抽泣着说：只要王老师能回来，哪怕接受比上次严厉 100 倍的批评和处罚，我也一定会哭着去跑，跑着就笑起来……

虽然王红旭老师已经永别了他深爱的校园和他深爱着也深爱他的学生们，但他又像从未曾离开。杨思凯是王红旭带过的 2012 级学生，如今在重庆警察学院读大三，得知王老师见义勇为英勇牺牲的消息后，6 月 2 日晚上，他就在手机微信的朋友圈里哭诉："旭哥，一路走好！感谢你将我领进了体育的大门，我今天参加的这场足球赛，取得了逆转，这场胜利是献给你的！"

原来，当天下午，已得知恩师牺牲的杨思凯强忍悲痛参加了学院的系际足球比赛，这是淘汰赛的第二轮交锋，首轮对决，他所在的球队以 0∶2 落后，已经毫无退路。杨思凯和队友们背水一战，顽强地在常规赛时间内还了对手一个

▲ 王红旭（最后一排左四）作为指导老师带领学生获佳绩

2：0，成功地将比赛拖入了加时赛。

　　进入加时赛后，拼满全场的杨思凯已经累到几乎跑不动了，双腿都有了要抽筋的前兆。但逆境之下，他想到自己是英雄王红旭带过的学生，王老师为他加油鼓劲的声音，仿佛又在耳畔响起。他咬紧牙关，和队友互相打气，在强大对手的强劲反扑之下，一直坚守到了点球大战。杨思凯第三个出场，成功打进锁定胜局的点球，将总比赛定格在5：4，终于赢得了这场来之不易的逆转！在振臂欢呼的那一刻，他仿佛又在场边看到了那个眯缝着笑眼，为他欣慰鼓掌的王老师……

小区畅谈育儿经

隶属于大渡口区江州社区管辖的"康田·栖樾"小区，是一个坐落在大渡口建桥工业园区内的新建小区，小区开发了楼盘 500 多户，目前入住业主仅 300 余户。2018 年 2 月，王红旭和陈璐希搬入这个小区的 6 栋居住，成为了"康田·栖樾"的业主。

入住"康田·栖樾"小区后不久，小团团出生了，以后的日子，由于下班后经常带着小团团在小区里玩耍，王红旭同许多邻居和业主，就成了友好交往的朋友。其中，家住 12 栋的曹型梅，就是同王红旭见面比较多，交往比较熟的一位。他们见面的机会，都是陪同孩子在小区里玩耍；他们交往的言谈，都是关于小学教育的许多话题。

曹型梅时年 39 岁，全职妈妈，十分健谈，她丈夫姓方名兵，曾经从事过"铁人三项"运动。曹型梅和方兵膝下有两个女儿，大女儿方田田，11 岁，就读于大渡口区实验小学五年级，小女儿方二妹，不到 3 岁，是家里的重点"保护"对象。

谈及对王红旭的印象，曹型梅顿时悲从心起，热泪长流：

"2021 年 6 月 1 日晚上 7 时 50 分左右，小区内就有了传言，说是在万发码头江边，有一对小兄妹被大浪卷入江中，后经很多人救起来，但是最先跳入江中救人那个勇敢的年轻人，却没有回到岸上，现在还不明下落。"

晚上 9 时左右，曹型梅从手机的微信群中，看到了朋友圈发来的更多信息：勇救落水小兄妹的那个年轻人，是一位老师，他的爱人也是一位老师，家住"康田·栖樾"小区，家里还有一个 3 岁的儿子。

曹型梅顿时有了一种不祥的预感，但是，她不愿意把朋友圈发来的信息，沿着最不愿看见的方向想下去。

直到 2021 年 6 月 2 日上午 10 时，曹型梅的手机微信中，出现了一个年轻人双手抱在胸前，眯着眼睛微笑的截图，定睛一看，忍不住惊叫起来："呀！小团团的爸爸，王红旭！"

这一天，曹型梅很多次拿起了手机，既想看，又害怕看，她甚至设想，微信上的那一幅年轻人的截图，应该一个被误传的信息。

得知确实不是被误传的信息后，曹型梅再一次流下了悲痛的泪水，泪水蒙

▲ "奶爸" 王红旭

住了她的眼睛，但在她眼前，仍然出现了王红旭在同她畅谈幼小儿童教育的方式时，那一张活泼可爱的笑脸，那一个印象很深的场景。

那一天是 2021 年 5 月 25 日，晚饭后的散步时间，王红旭带着小团团，曹型梅带着方二妹，在小区里的林荫道上不期而遇。

曹型梅问王红旭："你是育才小学的老师?"

王红旭点头回答："嗯，体育老师。"

或许是"体育"二字的缘由，一下子拉近了两位家长的心理距离。

曹型梅打开了话匣子："我大女儿在实验小学五年级读书，喜欢游泳，游蛙泳，两年前，还在大渡口区的小学生游泳比赛中，得了蛙泳第一名。"

"好呀，从小就进行体育锻炼，既是一门特长，还可以增强身体的协调能力，提升对疾病的预防能力。"

没料到曹型梅叹了一口气，继续说道："她好动，屁股跟板凳巴不到 10 分钟，做几分钟作业，就心不在焉了，就去跳绳、藏猫了……"

"好动的孩子聪明，真要是长时间坐着不动，你还会担心她坐出毛病来！"王红旭的回答让曹型梅既高兴，又不解。她用眼睛望着王红旭，那神态似乎在告诉王红旭，继续说下去。

王红旭接着解释说："现在的年轻父母中，不少人对小学教育有一个认识上的误区，认为只要完成了老师布置的作业，就是一个好学生。其实，小孩子的成长，都有一个从贪玩到认真的过程，小学教师的责任，就是促进小孩子德、智、体、美的全面发展，缺失了任何一个环节的教育，就叫'偏科'。"

就是这"偏科"的结论，让曹型梅真正认识了，眼前这个体育老师，怎么看也不像一个只教"体育"的老师，因而也对"偏科"的结论，感到口服心服。

他们的交谈，吸引好几个散步的业主，站在旁边静静倾听，从王红旭诚挚的话语中，他们感觉到，小区里这个平时不多见的王老师，才是真正的有学问。

于是，一位业主插话开始询问："王老师，我的孩子也在读小学，个子老长不高，你有没有长高的诀窍？"

王红旭的回答很巧妙："改革开放总设计师小平同志的个子也不高呀，他干的业绩，能用身高来衡量吗？"

"看来，身高身矮还真不是衡量一个人优秀与否的标准。"插话的业主，显然赞同王红旭的观点，对孩子的"长不高"也就释然了。

王红旭继续畅谈他的观点："人不在高矮，而在内心，只要内心世界充实，即便长得矮一点，他也能够登高望远。"

夜幕降临了，有关小孩子教育的畅谈也结束了，但是，没有结束的，是社区孩子们对王红旭的追思，没有结束的，是社区家长们对王红旭的怀念。

王红旭牺牲后，实验小学各班级都举行了主题班会，在五年级举行的主题班会上，方田田主动举手发言，讲述"小区里的王老师"的故事："我没想到，在我身边，就有一个这样的英雄，我很荣幸，成为英雄的邻居。从今以后，我会努力学习，全面发展，成为一个像他那样的人……"

王红旭牺牲的消息得到证实后，在"康田·栖樾"小区掀起了巨大的波澜，邻居和业主们都用不同寻常的方式，表达了共同的哀思。

曹型梅说：事发后的半个多月时间里，每一次看到有关王红旭的新闻，她都会伤心地哭一场，一整夜睡不着觉。

一个捐款关爱小团团成长的建议，在"康田·栖樾"小区业主群中，得到了热烈的响应。7栋一位女业主，主动挑起了"牵头人"的担子，短短一周时间，收到的捐款就有 7.8 万多元。为了确保捐款落在"实处"，"牵头人"打印了捐款人的姓名和金额，在小区内张榜公布。

居住在"康田·栖樾"小区的业主，以参加捐款活动表达着对英雄的敬意，

有居住在大渡口"佳兆业"小区的业主，参加了自愿捐款的活动；

有已经搬出"康田·栖樾"小区的业主，专程回到故地慷慨解囊；

也有拒绝留下姓名的业主，掏出人民币后，一个转身便悄然而去……

至今，王红旭在"康田·栖樾"小区畅谈小教工作的真知灼见，依旧被邻居和业主普遍认可，"康田·栖樾"小区也因为王红旭不朽师魂的感召，变得更加和谐、团结。

一首诗敬意无限

2021 年 6 月 24 日晚，大渡口区晋愉绿岛小区大门外广场人山人海，人头攒动。春晖路街道锦愉社区党委组织的"不忘初心跟党走，同心共筑中国梦——庆祝中国共产党成立 100 周年文艺演出"在此举行。

第三个登场的节目，是家住该社区的 5 名小学生佟若溪、杜林翰、周子恒、苏子心、陈相伊联袂带来的一首诗朗诵——《致敬英雄》，这是一首献给英雄王红旭的赞歌：

你跳水救人的身影

那些现场的视频

让我们

以令人痛心的方式

认识了你

救人英雄——王红旭

你和那些手拉着手的好人

竭尽全力，冒着危险

用大义和智慧

构筑起救人的通道

展现出

人世间的大爱和真情

生死关头，你奋力一推

▲ 学生诗朗诵《致敬英雄》

牺牲自己

救出了第二个孩子

彰显了

一介平民，高尚的灵魂

……

孩子们时而独诵，时而合诵，饱含深情，以较高的朗诵水准完美地演绎了这一首50行三百多字的长诗，赢得了台下观众热烈的掌声。

这是一首属于该社区的原创作品，作者李荣，现年66岁，是家住该社区的原重钢高级工程师，有着三十余年党龄的老党员。6月2日，在从媒体上看到王红旭老师见义勇为，舍生取义，因勇救两名落水儿童而光荣牺牲后，他被王老师的英雄义举深深感动，内心久久不能平息。6月3日，他就在社区文艺群里写下了一首七言短诗缅怀英雄。他还觉得意犹未尽，于是又在短诗的基础上丰满成了一首长诗，在6月7日，再次发到了社区文艺群里。

这一次，这篇情真意切的长诗引发了广泛的共鸣，不少群友噙泪看罢纷纷点赞。同在该群的锦愉社区党委副书记王泽容也被深深感动了。

王泽容想到社区党委正在筹备的庆祝中国共产党成立100周年文艺演出，这首诗，不正是讴歌的一位有着高尚党性的英雄吗？如果在社区里，找几位小学生来朗诵这首诗，缅怀英雄老师，宣扬见义勇为，岂不是一个非常棒的节目？

说干就干，王泽容立即开始联系社区里相熟的几位家长。

实际上，这个时间段，对于学生而言，也是非常紧张的——期末考试正迫在眉睫，要抽出时间来背诵、排练这首长诗，时间成本上，并不一定是每个家长都愿意支持配合。

但令人感动的是，王泽容询问到的一大半的家长，都毫不犹豫地选择了支持！在他们看来，能以此弘扬英雄精神，让孩子得到一次思想升华以及上台锻炼的机会，就很值得！

于是，育才小学五年级的佟若溪、二年级的苏子心、陈相伊三位女生先后加入朗诵组合，钰鑫小学六年级的杜林翰、四年级的周子恒两名男生也随后敲定。

五人组合中，尤其是杜林翰，正处在小升初的关键时期，毕业考试在即，他也不是育才小学的学生，此前都不认识王红旭老师。但当他家长问他愿不愿意抽出宝贵的复习时间来参加社区的这次演出排练时，他毫不犹豫地点头表态，愿意参加！

他对父母说，这几天学校也一直在大力宣传王红旭老师英勇救人的事迹，虽然不是自己学校的老师，但这种精神值得所有的人学习。会游泳的杜林翰也深知在长江乱流中游泳的难度和危险性，王红旭老师能不顾个人安危，置生死于度外，连救两名儿童，这份勇气也令他非常敬仰，所以本身就热爱朗诵的他很愿意参加这次有意义的演出。

为了确保孩子们的朗诵效果，王泽容又特意联系了五名朗诵者中陈相伊的爸爸、曾带全家人在重庆市家庭诵读大赛中获奖的陈先生，为孩子们指导排练。

在有限的三次排练中，另一位钰鑫小学的小男生周子恒的表现也令人感动。在参加朗诵的五名同学中，他的朗诵基本功是最弱的，几乎从没学过朗诵技巧，轮到他独诵时，就成了没有抑扬顿挫、高低快慢的平平淡淡"读课文"，而且背诵功夫也较弱，一组排比句，老是让他晕头转向……但在困难和差距面前，他没有打退堂鼓。在他看来，英雄王老师在生死关头都没有放弃救人的目标，自己作为一个小小男子汉，怎么能被这点儿困难压趴下？于是，他按照陈老师的指导，认真地在朗诵稿上做好笔记，哪里该断句、哪里该提速、哪里该高昂、哪里该低沉，都一一详细标注上。回到家中，还主动对着镜子加练肢体语言的配合，甚至放学回家的路上，也在口中念念有词地背着朗诵内容……

功夫不负有心人，经过认真苦练，正式朗诵那一天，事先最让大家担心的周子恒发挥得相当出色，没让自己成为"木桶的短板"，从而确保了整个朗诵演出的圆满成功！

经过这场难忘的朗诵，也让同学们对于王红旭的英雄精神有了更深刻的认知。二年级的陈相伊还写了一篇题为《送别英雄》的短文，她开头这样写道：

"小时候，我心中的英雄就是具有超能力的人，孙悟空、蜘蛛侠都是我心目中最威武的大英雄。

我以为平常是见不到英雄的，感觉英雄离我们很远，而这一次，我却看到了英雄就在我们身边……"

英雄感动一座城

2021年7月6日，晚7时30分，重庆广电大厦演播厅座无虚席，"感动重庆"特别奖发布会，在这里举行。

参加发布会的各界人士，欣慰地看见，手拉手接成"救命人链"的9位见义勇为者，来到了这里，他们当天下午刚刚受到了中共中央政治局委员、中共重庆市委书记陈敏尔的接见；在重庆市2016年9月举办的第五届运动会上，获得学生组丙组女子100米、200米短跑两项冠军的谢林巧，来到了这里，她将登台讲述一位体育老师培养她成长的故事；家住万州区余家镇，执教于铁炉学校的教师王平，也来到了这里，他将要代表已经牺牲的儿子，接受一枚镶嵌着镰刀和铁锤的徽章，发表埋藏在内心深处的感言……

全场的灯光都辉映着一个名字、全场的目光都关注着一个名字、全场的话题都谈论着一个名字：王红旭！

为一名用生命的最后托举，营救了两个落水儿童生还的体育老师，举办一场彰显师魂的特别发布会；为一个手拉手接成"救命人链"，展示了无畏气概的英雄群体，举办一场意义重大的特别发布会，在重庆电视台40年的建台史上，是第一次。

王红旭和手拉手组成"救命人链"的9位普通市民，被授予"2021'感动重庆'特别奖"。鲜花和奖杯，是表彰他们侠肝义胆、见义勇为最珍贵的奖品。

演播厅正向的大屏幕上，"感动重庆"组委会颁发给王红旭"师魂灿烂"的颁奖词，历历在目：这是你最后的一个百米冲刺，却是你一生中最永久的辉煌。平日里，你深爱每一个学生，才会在危难时，毫不犹豫冲向落水的孩童。你用忠诚铸造师魂，用一生的平凡酝酿伟大，不负新的时代。长江边、义渡口、激

▲ 授予王红旭及"救命人链"群体"感动重庆"特别奖

流险……壮士一去不复还，用赤诚书写党性，用生命践行初心。

演播厅正向的大屏幕上，"感动重庆"组委会颁发给"救命人链"的"城市英雄"颁奖词，朗朗生辉：面对生命这道良知与大爱的考题，你们用源自内心的品质作答。没有动员，义无反顾，知险而上，一条"生命人链"托举起生命的希望。没有犹豫，手拉手、心连心，众志成城，传承中华民族的善良天性，让英雄之城的精神熠熠闪光。你们平凡中的壮举，感天动地，你们是真正的城市英雄。

演播大厅正向的大屏幕上，王红旭工作、学习、生活、回乡的照片，一幅幅缓缓翻过，像翻阅一位平凡教师普通的影集；"救命人链"迎击风浪的视频画面，一次次重复播放，在播映一个群体永不褪色的血性。

"救命人链"的9个"链环"登台亮相了。主持人请他们分两批走上舞台中央，在摆成环形的沙发上落座，并请他们讲述当时惊心动魄的救援场景。

"当时，江水已经淹到了脖子，我也不会游泳，看见王老师第一个冲上去，跳进江水中，给了我一些勇气。"处于"救命人链"第4个"链环"位置，在重庆市九龙坡区从事汽车配件批发工作的马波回忆说："那种情况下，已经来不及害怕，没时间紧张了。是王老师的举动，给了我们团结的力量和无畏的勇气，大家的手都紧拉着，相互鼓励，心里就多了一份踏实！"

同样在九龙坡区从事汽车配件批发工作的夏欢，是马波的妻子，她说："听见'还有一个没有上来'的呼叫声，我和马波也顾不得孩子了，立马跑过去拉起陌生人的手，参加了'救命人链'的连接，第二个孩子被救起来了，才想起还在岸边玩耍的自己的女儿，一阵惊慌的寻找，直到看见女儿那一刻，才放下了心，说实话，现在想起来，还是有点后怕。"

回忆起当时的情景，身为长安汽车采购中心员工，处在"救命人链"第8个"链环"位置的张学锋，心情特别难受："看见王老师一直未能上岸，我就跑回沙滩拆了一个吊床，希望能用吊床的绳子去拉王老师，拿着绳子跑到江边，王老师已经沉了下去，我就站在江边等候，期待王老师能够露出头来，还有希望把他拉上岸，但最后没有，当时很沮丧，很有挫败感……"

在主持人的邀请下，就读于重庆市巴蜀中学高二年级的谢林巧，流着伤心的热泪，恳切地要求站着说话。她是王红旭在育才小学里，从一年级训练到六年级的体育尖子生，也是王红旭下功夫重点培养的田径运动员。

谢林巧说："读小学三年级时，因为成绩下滑得比较快，妈妈不同意我参加田径训练了，是王老师坚持作妈妈的思想工作，珍惜和爱护我的田径天赋，我才不断地提高短跑成绩，考上了重点初中和高中。"

主持人问谢林巧："有什么特别的话，想对王老师说吗？"

谢林巧泪如泉涌："王老师，您是我在田径跑道上的引路人，我们都很想念您，我会努力学习，以后考上好的大学，毕业后当一名和您一样优秀的体育老师！"

演播大厅内无一空闲的座位上，顿时响起了经久不息的掌声。经久不息的掌声中，主持人邀请王红旭的父亲王平，步履缓慢地走到了舞台中央。

这时候，全国优秀共产党员、重庆市人民小学党委书记、校长杨浪浪，把一枚装在精美盒子里的中国共产党党徽，双手捧付给王平，她希望同是人民老师的王平，代表儿子王红旭，把这枚凝聚着初心和使命的党徽，永远珍藏、永远保存。

演播大厅内，再一次响起了经久不息的掌声。

主持人询问王平："此时此刻，您有什么话要向在场的、全市的人民教师、学校学生、热情市民讲述吗？"

王平含泪说道："王红旭出生在一个教育世家，正是从小的耳濡目染，他立志要当一名教师。我曾经无数次看见，他在操场上给学生上课的神态，带领田径队训练的身影，是那么的快乐。回到家里，他从不抱怨辛苦和劳累，同我们聊的都是学生的趣事，哪一个学生又获得了冠军，哪一个学生又实现了突破。总之，他是打心眼里关心和爱护每一个学生。他当老师的志向和见义勇为的品行，都是发自内心的意愿，他践行了'爱生如子'的诺言，他的善良与勇敢，充满了青春的热血和激情……"

在与主持人交谈的过程中，王平的眼神始终很坚定，王平的话语始终很铿锵，但是，当王平再一次看到大屏幕上，播映出了王红旭的照片和视频时，他的泪水终于忍不住流了出来，身体微微地颤抖，双眼久久地向着大屏幕张望……

特别发布会即将结束，主持人邀请王平和"救命人链"上的9个"链环"合影留念。王平站立的位置在最中间。他们一起躬下身躯，向大厅里的观众致谢；他们一起挥舞鲜花，把内心的感激向全市人民表达。

是的，当善良成为一座城市的不变底色时，这座城市必将孕育出温暖；当

▲ 重庆市委批复同意追认王红旭为中共党员，全国优秀共产党员杨浪浪（左）为王红旭的父亲王平（右）递上党徽

英雄成为一座城市的精神标识时，这座城市必将爆发出力量。

是的，英雄王红旭的壮举，英雄"救命人链"的壮举，已经感动了一座城市，已经温暖了 3200 万市民！已经辐射了 960 万平方公里的神州大地！

阳光

诗文选

序

2021 年 6 月 1 日下午。

长江西岸，义渡古镇旁，万发码头边。一对幼小兄妹意外落水，陪着妻儿好友正在此地欢度"六·一"的王红旭见状，来不及脱衣，百米冲刺掠过沙滩，义无反顾地跳入大江，营救这对素不相识的小兄妹。他及时的挺身而出，还带动了身后十余名热心市民，手拉手组成了接应的"救命人链"。

初夏时节，江寒水急，这片水域，暗流汹涌。他在率先救起小女孩后，又毫不迟疑地向着更远处的落水小男孩游去，救到小男孩后，离岸边接应的人链还有四五米时，他已精疲力竭。最后他拼尽所有力气将小男孩推给了赶来接应的勇者，自己却在反作用力下被江水卷走。小兄妹双双获救，王红旭却魂融大江。

王红旭勇救落水儿童牺牲后，江河呜咽、万众齐悲。同事、同学、亲人、朋友，相识的、不相识的，数以千计的人从四面八方自发前往殡仪馆吊唁、哀悼。英雄遗体告别日，万千群众长街相送灵车，汽车自觉停让，鸣笛致哀，天地为之久低昂。

随着媒体的深入挖掘，王红旭更多温暖人心的故事为世人知晓。他不仅是一个见义勇为的勇士，也是一个爱生如子的好老师、深情体贴的好丈夫、父爱如山的好爸爸、孝顺懂事的好儿子、仗义热心的好朋友……正所谓，知之越深，痛之越切。

2021 年 9 月 16 日，中宣部授予王红旭同志"时代楷模"称号，褒扬他是"新时代'四有'好老师的典范"，号召全社会向楷模学习。人们以各种形式表达对英雄的不舍与敬意。诗人、作家、老师、学生等社会各界人士纷纷用诗句来表达至深的情感，以缅怀英雄、致敬英雄、讴歌英雄。

我们特收集整理出社会各界人士的 88 首诗作，谨以这些诗篇致敬成长于三代教师世家的王红旭——重庆市大渡口育才小学体育老师。

时光无言，岁月不忘。义渡清波，传颂救童故事，红旭壮举，又添上善高风！

壮举礼赞

劈波斩浪，义无反顾。
生命托举，魂融义渡。

生命，定格在最后的托举（外一首）

——献给勇救落水小兄妹的人民教师王红旭

◎ 余新庆（中国作协会员、诗人）

这是 2021 年的一个"六·一"，
江边沙滩，成了孩子们欢乐的天地。
没料到一艘轮船驶过，滔滔大浪扑来，
把一对小兄妹，卷进了冰冷的江水里。

江岸上响起"有人落水了"的呼喊声，
你如一道闪电，向着江边狂奔而去。
来不及脱掉衣裤，来不及告别妻子儿子，
跳入江中与死神展于了顽强的搏击。

第一个小女孩被你营救上岸了，
第二个小男孩还在江水中挣扎，
生命危急。你向江岸上投去了深情的望眼，
一转身，又向那个沉浮的小生命游了过去。

此时，江面上风浪很大，江水中漩涡四起，
你抓住小男孩手臂时，体力已严重透支。
你把头颅埋进江水中，护送小男孩踏上归途，
把自己的生命，定格在了最后的托举。

这是展示人世间真善美的托举啊！
真情、善良、美德，历历在目、一览无余；
这是凝固人生中精气神的托举啊！
精髓、气质、神韵，久久不散，震撼天地。

"救命人链"

手拉着手，心牵着心，
十多个男人和女人都有信念；
就以这种义无反顾的方式，
接成一条不屈不挠的"救命人链"。

"救命人链"的链尾定位在岸上，
"救命人链"的链头延伸到江面。
您还在江水中托举着小男孩啊，
"救命人链"的使命是接应你们生还！

大浪一层又一层卷过来，
"救命人链"好几次被拦腰截断；
激流一次又一次涌过来，
"救命人链"好几次被迎面冲散。

衣裤湿透了，秀发蓬乱了，
大浪盖过头顶，激流漫过双肩；
手拉着的手，紧扣成了指环，
心牵着的心，仍传递着温暖。

您用最后的悲壮托举，
把小男孩推向了"救命人链"，
"救命人链"最前端的链头，
却失去了最无畏的第一个链环。

拉手
——致王红旭

◎ 张远伦（重庆市作协会员、诗人）

我手拉你手，你手拉他手
江面上，手扣手
一串连环扣
从浅水延展到深水
生命接力一般，传递过去

那个跑第一棒的人
奋力送出自己身体的人
把溺水儿童从死亡边缘拽回的人
宛如最前面的一环

他潜入水中，大河上
像一串水漂中
最后消失的那一个
无声无息，而惊心勾魄的涟漪
还在人们心头荡漾
久久没有散开

这是一个"仁义"为名的渡口
他在用自己的身躯为舟
摆渡幼小的生命和灵魂
从讲台到江心
他既要托举孩子的心灵
又要托举孩子的身体

最后的告别竟是漩涡和涛声
他将一个孩子从绝境拉回
还要拉回另一个
"一个都不能少"，他用勇决
撑起了自己的信念
撑起了孩子的美丽生命

信仰为壮美之"红"
英灵为永生之"旭"
他像闪电救出自己的光
像浪头救出自己的花
而后隐身，浩荡的长江上
激荡着交响的礼赞

托起生命的彩虹（外二首）
——记王红旭老师

◎ 唐力（重庆市作协会员、诗人）

我看到了你，在波浪翻滚的
激流中之中
用一只手臂奋力托举
一个年轻的生命
就像一根负重的枝条
托举着花朵，一朵即将枯萎的花朵

这手臂的枝条，激流中的枝条
经受着恶浪、漩涡、潜流的冲击
就像树枝经受着
风、霜、雨、雪的煎熬
它有些弯曲、颤抖
但依然将生命的力量
源源不息地，向上传递

这躯体的树干，激流中的树干
在潜流中已变得沉重、僵硬
但一颗心依然在
强劲地跳动，这颗心
在与整个冰冷的、残酷的江水
拔河，他用自己躯体
与河流争夺，一个幼小的生命

这是一个胸怀大爱的人

在激流之中，在漩涡之中
用生命托举生命，用爱托举爱
用内心的坚韧和意志
用全部的信念
托起一道生命的彩虹

而他，也成为了彩虹的一部分
成为永恒的一部分
在时间无尽的绵延里
在每一个人的灵魂里，化为
永远的璀璨

这一刻

这一刻，风浪在前面
危险也在前面
危险如同恶魔，躲在漩涡里
躲在深水的黑暗里，虎视眈眈

但这一刻，你没有犹象
你飞奔向前
因为在波涛的中间
有生命在沉浮，有生命在呼喊

这一刻，妻子在身边
你来不及向她告别
这一刻，三岁的儿子在身边
你来不及向他投去最后的一眼

因为在远处，在漩涡的中间
有生命在盘旋
你心中充满了爱，爱妻儿，爱朋友
爱生命中每一个闪光点——

但这一刻，因为有远处的呼喊
你将爱化成了全部的勇敢
你的爱在瞬间扩展——
一种大爱，成为暮色中至亮的鲜艳

如果犹豫，退缩，这一刻将轻如鸿毛
但你飞奔，向前，让这一刻重于泰山
——生命，因你而伟大
——时间，因你而永远

生命之链

这一只手，拉着另一只手
一条条手臂，伸展、伸展，紧紧相连
在江水之中，用血肉之躯
组成了一条生命之链

这一只手：是一位体育老师的手
这一只手：是一位策划经理的手
这一只手：是一位销售员的手
这一只手：是社区街道网格员的手
这一只手：是一位护士的手……
这一只只手，互不相识的手，连接起来
组成了一道生命之链

无数的热忱、无数的勇敢和爱
通过这一只只手，在延伸，在传递
无数的善良、仁义
通过他们的血脉，在流动
——一道生命之链，伸向激流
而最远处，与波涛奋勇搏斗的红旭
就是看不见的链头
正是他，将两个幼小的生命，奋力
嵌进了这生命的链条……

波涛不息，呜咽不止

英雄虽然离去，但生命之链
因他而完整
因爱与牺牲，而永恒……

生命的托举（外一首）

◎ 吴沛（重庆市作协会员、诗人）

那一刻，两条江的波涛绞在一起
两道沉雄的力。狂野的浪潮
与血肉之躯绞在一起
大地震颤，血液沸腾了
血性和人性也沸腾了

那一刻，一条江踩着另一条江
血肉之躯正与一条大江殊死搏斗
他要用比一座泰山还重的重量
踩出一条鲜活的生命通道
而另一条江，则拼命向下钳住他
钳住，他身上四射的光芒

那一刻，一条江与另一条江
正反复争夺着一名幼童的生命
不，是两名。没有丝毫犹豫
当"还有一个"的呼叫声划过江面
他义无反顾，再次蹿身扑入江水中
这个数字，已超出了人体的极限

那一刻，他用血性里的信念
拼尽最后力气，将头埋入波浪中
屏住气，寻找另一条江的咽喉
他咬紧牙关，杀开一条血路

瞬间定格了生命中最后的托举

那一刻，他将手中的孩子
奋力举起，抛到"救命人链"手中
落水幼童终于得救了
但是，他已将体内的激流掏空
他从一条沸腾的大江
还原为一具平凡的血肉之躯

那一刻，万发码头，古义渡口
被育才小学一位普通的人民教师
再一次赋予了高度和灿烂
他叫王红旭，一轮殷红的旭日
35 岁生命绽放的悲壮和永恒
在家中，他的身份是
丈夫，父亲，儿子，孙子……
但他是这个时代
一条奔涌不息的浩荡江河。

英雄王红旭

重庆，万发码头，古义渡口
时间，被怒吼的江涛锁定
2021 年 6 月 1 日，下午 6 时许
这一天，是国际儿童节
天使们扇动着轻盈透明的翅膀
孩子们的笑容天真无邪
年轻父母眼中的"天使"
在花丛中飞，在幸福里飞

江水，草丛，沙滩
这里是孩子们的理想乐园
王红旭夫妇陪着儿子小团团
与另两个家庭结伴同行
他们也加入到拥挤的人群中
父母们静静地坐在一角
孩子们则尽情地嬉闹、奔跑
零乱的脚印随意洒在沙滩上

此时，王红旭还不是英雄
他是儿子团团眼中的好父亲
妻子陈璐希眼中的好丈夫
而朋友们则亲切地喊他旭哥
当然，他也是工作中的好同事
学生们眼中和蔼的好老师

更是他父母眼中的好儿子
他是一点一滴善行叠加的好人

"有人落水了"，人群突然惊呼
一艘货轮掀起了狂涛巨浪
沙滩上，两个小孩被瞬间吞没
王红旭像一道犀利的闪电
冲了出去，没有一丝迟疑
那一瞬间，陈璐希没来得及回头
朋友们没来得及回头
沙滩上，所有人也没来得及回头
玩耍的小团团，还沉浸在幸福中

冲出去，王红旭就再也没有回头
两个孩子终于得以生还
而他，从冲出去那一刻开始
就化为了闪电，他将自己的生命
永远定格在汹涌的江涛中
由好人王红旭到英雄王红旭
这个过程虽短暂却无比漫长
35 岁，是一座永远屹立的丰碑。

你的名字在华夏文明里奔涌
——缅怀时代楷模王红旭

◎ 泥文（重庆市作协会员、诗人）

题记：
你走了，用年轻的生命
铸就为人师表至高精神的抵达
你走了，用赤子跳动的脉搏
为时代编织了一个耀眼的光环

（一）

那昼夜如斯的长江水在呼喊
——亲爱的人们，记住这个名字
那万发码头沙滩上大大小小的脚印在呐喊
——亲爱的你啊，记住这个日子
记住这个事件
记住这个人——

（二）

是的，记住，一定要记住
一定会记住
2021 年 6 月 1 日，儿童节
两小孩掉入浊浪滔天的长江水

救人——是你大脑中枢发出的唯一指令
你以百米冲刺的速度奔跑
如出膛的炮弹
将自己投掷

扔下三岁的儿子
撇下同行的兄弟、同事和友人
那每一个踏响沙滩的脚印
都是一道光的折射

（三）

无数个浪头漩涡将你席卷
沉下去又冒出来

你知道面对奔涌的长江水自己的弱小
你知道面对落水小生命作为老师的使命

救人，救人——这是你唯一要走的路径
与翻腾的长江水搏击，与自己的体能抗衡

在江水里沉浮的小孩就在眼前
在江水里挣扎的小孩危在旦夕

（四）

来，小女孩，老师在这里
紧紧抓住我
我们这就上岸去
沙滩上，人们寻着你的脚印涌来
手指紧扣着手指，这人与人绾结的救援链条

从岸边伸向江心

（五）

还有一个！你深情地看了一眼人群
看了一眼岸边儿子所在的位置
你的体能已被江水洇耗殆尽
你在心里不停地对自己说，不能停止
不能放弃，不能抛弃——坚持，坚持——
你在江水里划动手臂
分明书写出——
你是老师，沉溺江水的孩子需要你

（六）

万家灯火次第亮起来的时候
你三岁的儿子在问，你怎么还没回来

你的亲人啊，看到一个似你的背影
听到如你的脚步声，随口喊出你的乳名

上课铃声响起的时候，你的学生说
这节课，是你的

你的朋友端起酒杯，喊你

来，干啦

听不到应答
你的名字已融合成万发码头的长江水

（七）

不会回来了。而你用另一种方式
回应千呼万唤你的名字的人

你的名字在华夏文明里奔涌
你用生命阐释为人师表的最高涵义

被你从滚滚长江水里打捞起来
小女孩和小男孩，与长天一起作证

（八）

一束白菊弹奏挽歌
你这英雄化身的平民
你用最后的托举完成教书育人的本心

江水滔滔，山河呜咽
你用逝去撰写存在的里程碑
活成你本我的样子——王红旭

致王红旭

◎ 程肖涵（大渡口区"百年华诞·大写风采"获奖作品）

（一）入党申请书

这是你诉说给伟大时代的铿锵誓言
这是你向百年大党袒露的赤子之心
当你慎重地落笔写下
"入党申请书"五个大字
你是多么渴盼早日成为
那光荣的九千一百万分之一呀

"我渴望成为党的大家庭中的一员
愿为各族人民的利益奋斗终生"
你是这样写的呀你更是这样做的
你用生命托举生命的雄姿
履行了对党和人民的庄严承诺
你终究没有辜负
"入党申请书"里涌动的初心

（二）"救人英雄"王红旭

百米冲刺
那是你与死神赛跑的矫健身姿
飞身入水
那是你对鲜活生命的真情拥抱
没有犹豫　没有迟疑
你留给世界的最后背影

定格成义渡口永恒的风景
你的眼中没有汹涌的浊浪
更无张牙舞爪的漩涡
因为那正在江水中沉浮的生命
将会是你操场上奔跑的孩子
也是你哨声里茁壮的生命

你在力竭时的奋力一推
让整座城市泪如雨下
你那"爱生如子"的家风
永远吹响在大德之城的上空
你不朽的名字
镌刻在百年义渡口上
熠熠生辉
你崇高的品德
矗立成上善之地鲜亮的路标

我们很遗憾
竟然以送别的方式与你认识
我们也很自豪
同为义渡传人的我们
把你记得很牢很牢
因为我们共同有一个
义渡传人的名字

义渡勇士

◎ 肖太平（大渡口区作家协会会员）

你才 35 岁，奔跑的速度
本来就快。当时，像百米跑健将
超过了学校的课堂

那一刻，容不得丝毫迟缓
你冲向呼救声和水中沉浮的兄妹俩
江水无情，人命关天，物我两忘

甩掉手机，抛下爱妻、幼儿
招呼都来不及，眼神
也没有斜旁

江水冰凉，波浪汹涌
两个小朋友越冲越远
你和衣跃入江中

憋足了劲，奋力地游啊
江边救援的人们，排成了"人链"
共同的焦急，救起我们的"天使"

终于抓住了小妹妹，往回游啊
每一米都是体力的拼耗
小姑娘得救了

衣裤笨拙，手脚僵硬，体力不支
转身，你游向远点的小哥哥
争分夺秒，与死神争抢

终于抓住了，你用最后的力量，托起了小哥哥
一个大浪袭来，你把小哥哥推向了"人链"
你却被卷入了江心

小哥哥得救了。终于
人们没有能救起你
人们开始哭泣

巍巍金鳌山啊
为何这般肃穆
他在向勇士敬礼

弯弯马桑溪啊
为何悲恸一片
他在向勇士致哀

密密聚集江岸的人们啊
为何久久不愿离去
他（她）们在传问勇士的英名

他们都为古镇出了舍己救人的勇士
他们都为大渡口有了一个好儿子
他们都为"授业"庙堂有了一个师德榜样自豪、惋惜

声名远播的古镇啊
向你致敬的游人中
我流下了滚滚的热泪

那是清末免费过渡惠泽四方的善举
和 2021 年儿童节舍己救人的壮举
在撞击我的心扉

没有命令，没有义务，默默牺牲
你平易近人，热爱学生。早年就有救人的义举
随处都是点赞和掌声

旧时舟楫便利百姓的"义渡"魂魄
续写了新的篇章。你的故事
正在传向远方

朋友，让我们记住他的名字吧
钢城育才小学体育教师
"重庆好人"——王红旭

六·一的记忆（外一首）
——写给英勇而去的王红旭

◎ 兰凤成（大渡口区育才小学教师）

前两个六·一，
你牵着妻子，扛着儿子，
玩耍、嬉戏、逗趣，
何等欢快，何等惬意。

今年的六·一，
同样的欢快，
却被一声呼救戛然终止。
你箭一般冲进江里，
救起一小女孩，
又毅然决然
转身去救更远的小男孩，
你奋力将小男孩推向同行的勇者后，
就再也没有回来，
因为你用尽了全身之力，
完成了壮烈的生命托举

往后的六·一，
儿子哭着要找爸爸，
妻子悲痛地想象着
一家子其乐融融的甜蜜，
同事们记起你
在育才园的热情与冷幽默，
被救起的两兄妹及家人会感恩你，

更多的人会想起你的勇敢和大爱。

因为你，

用生命托起生命

用大义续写大义

咏红旭

义渡古镇边，
大江东流去。
溺水兄妹被救起，
红旭沉江底。

教师世家生，
传承教育魂。
"红旭之光"生命托举铸大爱，
感动一座城。

力量

◎ 胡伶俐（大渡口区育才小学教师）

我们看着你，
看着你狂奔百米，
看着你纵身一跃，
看着你奋力一推，
看着你咬紧牙关，
看着你拼尽全力……

总有一种力量，
它让我们泪流满面，
总有一种力量，
它让我们抖擞精神，
总有一种力量，
它驱使我们不断寻求
"正义、爱心、良知"。

这种力量来自于你！

如此定格

◎ 陈波（重庆市大渡口区育才小学教师）

曾经百米冲刺
驰骋在赛场上，
而今毫不犹豫地冲向
将要吞噬两名孩童的大江；

曾经笑容洋溢
温暖育才园每个师生心房，
而今定格成
你奋不顾身大义托举的形象。

是你用生命的代价
诠释了什么是
爱生如子、大爱无疆！
是你用生命的代价
演绎和践行了
生命课堂！

英雄

◎ 梁勤光（重庆市商务学校教师）

薄暮冥冥

江水汤汤

朱颜已逝

泪目残阳

您纵身的一跃

托起的是明天太阳

落下的是满城悲伤

手挽手构建的长城

也没能留住您的过往

生命铸就的师魂哟

散发着义渡教育的力量

"人链"

◎ 王中平（大渡口区作协会员）

十几个人手挽手
在湍急的江水中
组成一条长长的"人链"
任江水淹过膝盖
没过胸膛
浸透危险

"人链"中有的是夫妻
还有的不会游泳
面对惊涛骇浪
一颗见义勇为的心
却没有丝毫的畏惧
这一切
只为江水中沉浮的两个小孩
两朵正盛开的花朵
两条鲜活的生命

你们都是平凡的人
你们是真正的英雄
十几双有力的大手
托起了两个孩子明天的太阳
筑起了一座城市的精神丰碑
江水无情　人间有爱
大爱无疆　精神永存

英雄之歌

◎ 李相颖（育才小学双山校区六年级2班学生）

火红的太阳升起

奔腾的长江不息

浪花淘尽千古英雄

何为英雄　英雄为何？

一代代华夏儿女

前仆后继、舍生忘死

用生命　用热血

为英雄的定义写下注脚

舍己为人的王老师呀！

低下头

耳畔响起悲伤

沉重的音乐

思绪回溯

那波涛汹涌的江水中

您忘记了安危

您忘记了疲累

您忘记了妻儿

以及老父、老母

六·一

是孩子们的节日

是您与孩子的美好时光

您在江边与孩子游玩时

听见有孩子落水的声讯
您以百米冲刺
飞奔入江

当你救出一个孩子准备上岸时
这时人群中传来："还有一个！"
您望着江中挣扎的孩子毫不犹豫
再次潜入湍急的江水
我想，教师的责任给了您力量！

孩子没事　而您的生命
却永远定格在了此刻
从此
您的孩子失去了爱他的父亲
您的妻子失去了心爱的丈夫
您的父母失去了孝顺的儿子

但您身上舍己为人的大爱精神
任日月更替　也未曾远去
它将如红旭照亮
育才学子奋发图强！

见证英雄
——深切怀念王红旭老师

◎ 冯馨怡（重庆市 94 中初一 13 班学生）

我是大渡口江边的一块青石，
一阵呼喊声打破了昔日的宁静。
两个小生命在汹涌的浪涛里挣扎，
无助，无奈……

只见他纵身一跃，
在激浪里起伏，
他抓住了她的手，
他抓住了他的手，
他将孩子送向岸边，
自己却被洪流吞噬了身躯。

而那浅浅的岸边，
一个孩子正在急切地呼喊：
"爸爸，快回来。"

无数人在那个夜里，
等啊等，找啊找，
却只等来不幸。

尔后的日子里，
好多的人拿着白菊放在我身上，
望着沉重的江水，
把英雄镌刻在心里。

他就是王红旭老师，
他既是一位英雄，
也是一位平凡的父亲，
他既是一个老师，
也是这个时代的楷模。

天使的陨落

◎ 裴李寅（大渡口小学五年级4班学生）

夏日的江边，
一个离弦的身影冲了出去，
扑向那两个小朋友，
他们涌向了美丽的江心。
您坚实的臂膀向上，
再向上，
奋力托举起那幼小的身躯。
浪花翻涌，
淹没了您疲惫的身体。
听，那是孩子在呼唤爸爸，
听，那是母亲在呼唤儿子，
听，那是学生们在声声呼唤，
王老师一路走好，
但你已经去往那个熟悉又陌生的他乡。

长江之畔
——纪念王红旭老师

◎ 刘林宇（重庆市 94 中初一 9 班学生）

王红旭老师
您的名字永远镌刻在
重庆大渡口万发码头长江段
奔腾的母亲河
滋养着您这善良的儿子
一路激流一路欢歌 一路悲悯
可我们不得不说
再见了王老师，
愿有来世可相见

七尺男儿之肉身
托举出了两个年幼的生命
此消彼存是他义无反顾的抉择
可是你怎舍得放下
放下你那——年迈的爹娘
还有那盼夫归来的爱妻，
还有你那待养育的幼儿
可终还是放下了
就在那长江之畔

铮铮七尺男儿啊
你的筋骨永远留给了长江母亲河
灵魂也在磅礴长江之中永生
天上来的长江水

浸染着你的血脉的风采

一路长江之歌呀

那就是你一路的爱

大爱无疆，红心向党

◎ 黄熙然（重庆市商务学校学生）

一片操场，几度春秋。
你用那最温暖的笑容，
点燃每个孩子希望。
穿越暑热的迷茫，重回育才园，
愿拾起一份与您最美的时光。
可世事两茫茫。

这年盛夏，
您的奋不顾身与果断，
救起两个祖国的花朵。
这年六·一，
您的舍己为人与善良，
铸就育才园丁的大爱。
可江水滔滔无情。

您是一朵鲜花，
发出醉人的清香。
您是一汪清泉，
沁润燥热的心脾。
您的自豪是桃李芬芳！

外面的世界繁华依旧，
而您，仍独守那一份质朴与本心。
您用青春搭建生命之梯，

您用行动书写中华美德，

王老师，

您是英雄！青春心向党，

您的信仰万丈光芒！

初衷

——悼念王红旭老师

◎ 任祖国（滑石滩冬泳队队员）

以百米速度冲过江滩

心里只有一个念头

救那两个溺水的小朋友

来不及计较生死

并不是想当英雄

让每个孩子都健康成长

那是一名教师的

初衷

为英雄老师点赞

◎ 王太龄（滑石滩冬泳队队员）

有人活着，
我们讨厌！
那是肮脏的明星。
有人逝去，
我们怀念！
那是英雄的老师。

从此被救的两个小孩子，
生命中增添了爱的深迹。
这位年轻的英雄，
告诉了我们
正确的师风！
这位年轻的老师，
证明了我们真正的英雄！

风，从哪里来？
风，唱什么歌？
风，往哪里去？
这份用生命写就的赞歌，
将留给世人的意义是什么？

我们一直以为人的脑袋埋在了钱里。
英雄，却向我们诉说，
社会的本质价值在哪里？

难道是一两个"明星"一切是戏？
英雄，永远定恒在了三十五岁，
人类社会永远在追求爱的定义。

就让我这个老兵，
给英雄敬一个永远怀念之礼！

千悲万赞王红旭

◎ 刘瑛（重庆市 95 中教师）

两所校园，一墙的距离，
你我却素不相知。
你英勇辞世，
我才知道，这世上有你。
可我才刚知晓你的名字，
江水已残忍将你吞噬。
痛失！

情形险，波浪急，
挡不住你当机立断，健步如飞。
无论你心底是否掂量过值与不值，
不会改变的是：
这，只是你千百次先人后己之中，
某一次不二选择的毫不犹豫！

哪怕，还有机会重来一次。
别的父母抱回了孩子，
你的父母平添了孤寂，
别的孩子终与家人团聚，
你的孩子只能望江哭泣。
别的家庭完整如一，
你的家庭破碎支离。

王红旭，好老师，

你不能就这样匆匆、匆匆撒手而去，
今天，你欠家人太多太多的对不起！
在你生死一线之际，
你有没有怀疑壮举的意义？
你有没有听见你的幼儿奋力哭喊，
力竭声嘶：爸爸，你去了哪里？
从此，他的每一个"六·一"，
都是哀嚎的追忆。

在你阴阳交接之时，
你有没有瞬间懊悔？
你有没有看到，父亲纵横着老泪：
"他才正当青春活力！"
你有没有看到，母亲回顾场景，
呼天抢地，诉说你的故事，
留住你，留住你，留住你……
存活的希望瞬间燃又熄，
你有没有蓦然眷念，
短短三十五年的点点滴滴？

你会不会想到，
伴侣的晴空现霹雳？
从此寒来与暑去，
徒留誓词"我愿意"，

再无你耳畔"我爱你"。
往后无缘"在一起"……
深爱你及你深爱的家人，
余生哪还有那么多的温暖和甜蜜？

岁月静好，一定有豪杰
在负重，在竭力，
可这重，不是所有人能举、愿举、甘心企及，
而你，王红旭，育才好老师，
固执地义不容辞。你的英魂，
永远留在了马桑溪，
义渡精神，
在演绎，在沿袭。

如果没有这个不堪回首的六月一日，
你会一如既往澎湃积极，
跟周围的老师们一起，
关注家事、国事、天下事，
早出晚归，奉献精力，挥洒汗水，
也共享繁华盛世的常人兴致。
如果你的生命没有戛然而止，
你依然会是烧尽自己的蜡炬，
托高他人的云梯，
依然是一批批懵懂少年的技术指引，

心灵导师。
默默耕耘在，你深爱着的这方土地。

你的人生品格，同样崇高，巍然屹立。
你选择为人舍己，可歌可泣，
你宁可世间无你，可叹可惜。
诗词歌赋再度盛赞教师群体，
因为你的果敢，因为你的勇气，
因为世间博爱依然有你。
永远有你的丰功和伟绩！

江风呜咽，山雨悲涕，
滑石滩上，
将永远镌刻着你的名字，
无情的江水，
将深情颂扬着你的事迹！
须臾便永恒，苍穹也凄凄。
江风呜咽，山雨悲涕，
肃立，鞠躬，敬礼！
英雄，安息。
壮士，安息。
安息，兄弟！

悲痛泪别

长街相送，天地含悲。
英灵远去，已留丰碑。

义渡丰碑（外一首）

◎ 陈一水（重庆市诗词研究院副院长兼秘书长）

辛丑初夏六·一节，红旭救溺水兄妹，不幸力竭而牺牲，谨以此长歌痛挽。

悠悠义渡风猎猎，如泣如诉咏豪杰。
似向江头悼王郎，旗幡舒卷共击节。
王郎年方三十五，世家为范勤授业。
红旭为名性情暖，古道热肠如侠客。
年少曾立救人功，壮岁以身树师德。
是日天青沙亦白，江滩戏水多欢谑。
流波忽卷两童去，尖叫惊呼何凄切！
不及脱衣如电奔，红旭劈浪最矫捷。
身后众人手相挽，结作人链以应接。
初夏流急水犹寒，人在大江如飘叶。
辗转奋尽洪荒力，连救两童逃死劫。
观者正欲额手庆，孰知英雄力已竭。
咫尺之遥再难返，一浪便成阴阳隔。
何忍不辞别高堂，何意辜负百年约。
滩头幼儿犹唤爹，老母娇妻数昏厥。
勇士义举动神州，英雄下落苦寻得。
感君英勇皆痛惋，泪飞倾城天变色。
万众噙悲来相送，白花皑皑堆若雪。
翌日灵车过长街，师生路人夹道列。
一路走好齐声呼，车声人声俱哽咽。
斯人虽去英灵在，义渡遗风何曾绝？
滚滚逝水淘不尽，已留丰碑若山岳！

思念无期

思浓最怕对江州，
念念如波日夜流。
无限青山留不住，
期归无计泪难收。

作别英雄

◎ 陈长青（大渡口区作协副主席兼秘书长）

面对两个溺水儿童的呼救，
他一马当先跑在前头，
一头扎进汛期的大江，
把自家幼子的呼唤留在身后。
当两个孩子接连被救起，
人们却遗憾地抓不到他精疲力竭的手。
勇士的身影就此消失在滚滚江流，
留下英雄大爱
哽咽传说在大义渡口……

他是同事们眼中爱岗敬业的楷模；
是亲友们心中豪爽义气的旭哥；
他是父母心中孝顺懂事的儿子；
是周围人备感温暖的一团火；
他是妻子心中深情脉脉的丈夫；
是儿子心中高大万能的角色；
他是教师世家绽放的光荣花一朵，
读大学时就曾留下
英雄救人的传说……

云幕低垂，草木含悲。
天亦有情，泪雨纷飞。
这一晚，我们与
英雄作别，痛彻心扉；

这一晚，我们将义字大写，感其可贵；
斯人虽逐长江去，浩气长存义渡隈！
英雄魂兮归来！
看万众俯首低眉，合十相送，
人人心头都树立了一座丰碑……

念王红旭老师

◎ 恭州子野（大渡口区作协会员）

滚滚长江淘不尽浪花
你绽放的那一朵叫大义
漩涡无情地吞噬你的身体
可你的高风却从漩涡中升起

你从未离开
你的形象如高大松柏屹立
一代代莘莘学子理应铭记
我们想你
因你思想的伟岸和笑容的暖意

你的母亲晕厥了
你的妻子泪目了
你的孩子盼望着
我们感到了痛苦的锋利

你的学生们默送你离去
但他们从你的身上
学到了敢为人先的豪迈
和见义勇为的勇气

你是谁？我们反复谈起
你是谁？我们再三唏嘘
义渡遗风有了新注脚

这感人的一行
写着七个大字——
救人英雄王红旭

写你的名字

◎ 周茂萍（大渡口区作协会员、词作家）

一笔一画
写你的名字
王红旭
三个字十六画
怎么也无法完整地完成
笔重　心重　眼朦胧

2021 年 6 月 1 日
黄昏那一幕
栩栩如生历历在目
一个天真活泼的日子
在你跃出的那一瞬
迅速
立体饱满
生动形象
阳光温暖
让世人仰望

滚滚江水好凶
悠悠义渡情浓
义渡口
一条真汉子
在眼前
一个真英雄

就这样
义无反顾
气贯长虹
天地动容

雨 缓缓
风 缓缓
成千上万颗雨点
成千上万颗泪点
齐刷刷
在这一分这一秒
停顿
无声
还是无声招手
使劲招手
成千上万束目光
成千上万束鲜花
静静地
在这一分
这一秒聚集　绽放
迎接你
归来
……

英雄，一路走好
——悼王红旭

◎ 王中平（大渡口区作协会员）

六·一　本该是
你陪孩子一起欢笑的节日
长江里落水的孩子
让你顾不得家人
展开百米冲刺

纵身一跃
奋力一推
托起了两个鲜活的生命
挽救了一个家庭的破碎
而你自己
却被寒冷刺骨的滔滔江水吞噬

你是父母的骄傲
是我们的楷模
你为世人诠释了
什么是见义勇为
什么叫大爱无私

6月3日　天阴沉
淅淅沥沥的小雨是在为你悲泣
你静静地躺在花丛里
再也听不见亲人唤你的名字
你的同学、同事、朋友

及所有被你感动的人
为你送上最后一程
一路走好
声声呼喊
刺痛这座
有爱的城市

辛丑端午祭英雄红旭

◎ 李德强（重庆报业集团记者）

佳节又端午。
龙舟奋楫为争渡。
感时怀古源荆楚，
离骚章句。
屈原歌赋几人读。

玉粽伴菖蒲。
义渡水边青烟舞。
凭吊祭江为谁故？
英雄红旭！
舍生取义师魂铸。

送别

◎ 陈艳（大渡口区育才小学教师）

该送别了，
却不愿送别，不忍送别。
没有送别，就感觉没有离开。

恍惚中喟叹世事无常太难料，
英雄二字每一笔都过于沉重，
因为它承载了太多悲哀。

家人的悲痛像一条河，
有人陪护也难以渡过。
人群散尽，世界随时间静默，
除了悲痛、泪水，
还有漫漫的长夜、无尽的孤单、
深深的思念，无处诉说……

愿那眼睛眯成一条缝的笑脸，
和阳光一起，划破夜空，
照进亲人的心田，
愿这暖意终能驱散轻寒。

于我而言，
太多的不忍、不舍、不愿，
想象你会以另一种方式在我们身边。

因为育才园里，你的身影随回忆随处可见，
好想再说声：嗨，旭哥，你好啊！
别来无恙，又见面！

悼王红旭老师

◎ 谭宏（重庆市钢城实验学校教师）

墙上英雄愿不真，
江童溺水救呼频。
幼吾幼及他之幼，
仁勇仁怀天下仁。
笔添家训几许泪，
贞度年华三十春。
雏鸟会当长护翼，
挽歌红旭每轮新。

感王红旭老师救落水儿童事

◎ 罗海鸥（重庆市商务学校教师）

六月尚微凉，风云起大江。
驰援惊水祸，搭救挽人墙。
阿母哭声远，娇儿望眼长。
白鸥逐日落，天地久回翔。

送别·次海鸥兄韵

◎ 谭宏（重庆市钢城实验学校教师）

笛鸣催梦醒，勇士逝湍江。
熠熠恩师路，依依学子墙。
人潮沿路远，别恨共天长。
走好齐声唤，随风十里翔。

似曾相识的画面

◎ 文昕明（大渡口区育才小学教师）

师生和自发前来的市民，
人挨人、肩并肩，
立于校门前的路边。

一篇课文中的情和景，
刹那间，鲜活在眼前。
相映、叠加的画面，
无数长街相送的人，
同样婆娑的泪眼。

再见英雄，
英雄再见！

旭日英雄

◎ 李军（大渡口区公民小学教师）

大江东去师魂逝，
浩气长存旭日红。
天亦泪飞悲壮举，
长风义渡送英雄。

永生

◎ 刘畅（重庆市 94 中教师）

六·一长江边
蓝天，白云，阳光，沙滩
孩子们的欢笑乘着气球飞上了天……
现世安稳生欢颜
岁月静好且浅笑

救命啊，救命——
江边玩耍的孩子落水！
只见百米冲刺的身影
"噗通"扎进江流

四岁小女孩获救！
转身再次奋力游回暗流
你，拼尽全力
将六岁小男孩推给救援接应的朋友
"人链"顺利救起男孩！

可你
却在众人焦灼的目光中渐渐远离
一点点一点点沉下去
沉下去……

英勇的你
在生命的最后一刻

将生——留给了素昧平生的孩子
将死却留给了自己

年轻的生命就此
定格——35岁！
该有多少幸福美好
未及品尝

入水的那一刻
你可曾听到　三岁小儿
急切呼喊：
爸爸，爸爸　回——来——

沉没的那一刻你可曾听到
挚爱妻子　肝肠寸断：
眼前人
怎么能说不见就不见了

冥冥中
你可曾看见白发老母
摩挲你照片上的笑脸：儿啊，儿啊
你咋不给妈再笑一个

你可又曾看见：

一张张陌生面孔沉痛哀思
一支支长长的队伍驻足送别
一排排稚嫩的小脸写满悲戚

你可又曾听到：汽笛长鸣
"王老师，一路走好！"
"英雄，一路走好！"
"好人，一路走好！"
山川回荡：走好……走好……

那一刻　暮霭沉沉山城恸
闻者心碎长江呜咽天地泪垂
那一刻
我们更加确信：
有的人死了可他还活着永远——
活在我们的心中

山城重庆千年渡口汩汩江流
把英雄的名字亘古传扬：
王——红——旭！

亦梦亦真

◎ 刘潞（大渡口区育才小学教师）

直到现在，
都恍若一场梦。
从没想过，
会以如此悲壮的方式
与你道别。

不知在生命的最后，
看到晕厥的母亲和妻子，
听到孩子声声的呼唤，
你可曾有丝毫的后悔与内疚。
因为一个家庭，
不能没有儿子、丈夫、父亲。
家庭，不需要英雄。

虽心中充满了对你的可惜，
但更多的，
却是敬仰与崇拜。
因为你用生命履行了
一位人民教师的担当。
在你的身上，
我看到了一个时代
应该有的气节与热血。

你是真的男儿，

你是真的英雄，
你是至高无上的人格之光！
时代，需要英雄！

从此，
六·一不再只有纯真与快乐，
还有了一份哀思和敬仰！
英雄旭哥，旭哥英雄！

永远不会忘记

◎ 姚林君（大渡口区育才小学教师）

永远不会忘记，
是你飞速冲刺，
为救人拼尽全力。
永远不会忘记，
是你力战江水，
将两个幼小的生命高高托举。
永远不会忘记，
"红旭之光"是你大爱无疆，
用自己的行动将爱满满书写。
英雄王红旭，一路走好！

临江仙·惜送英雄王红旭老师

◎ 彭熙媛（育才小学建设村校区五年级 6 班学生）

滚滚长江东逝水，如今惜叹英雄。
纵身一跃救双童。舍生有大爱，难颂育才红。

白发雏子沿路泪，长街相送匆匆。
一杯别酒敬尊崇，浩然留义渡，正气耀长空。

追忆

◎ 王姝雅（大渡口区育才小学 2021 届学生、王红旭事迹宣讲团成员）

望着江水远去，我追忆着您……
滚滚江水，绵绵波涛，
吞没了您搏浪救人的英勇身影，
只留下无尽哀思，汹涌如潮。

望着校园跑道，我追忆着您……
物是人非，备感寂寥，
耳边仿佛还回荡着你加油的声音，
眼前却再也不见，你眯眼的笑。

望着校外长街，我追忆着您……
灵车驶过，万人夹道，
那一声声悲痛齐呼的'一路走好'，
阖目长眠的您，是否能听到？

对着台下观众，我追忆着您……
多少温暖，回忆闪耀，
我的老师是英雄，怎不让人自豪？
可止不住的眼泪，却不停地掉……

多么想

◎ 贾邺童（大渡口区育才小学六年级 2 班）

白色的菊花瓣散落在江面
仿佛一只只小船
带着我们的思念
随着江波
飘向遥远的天边

多么想
您那爽朗的笑声还在耳旁响起
多么想
您那关爱的"小眼睛"还满含笑意
可江水无情啊
霎时就吞噬了英勇的您
年轻的生命多么脆弱
分别　来得措手不及

哀乐声中　灵车驶过
碾痛我们关于您的思绪？
我们声声的呼唤都浸透了泪滴
多么想？多么想
再见到您
您那灿烂的笑容
印刻在我的心头
挥之不去

也许　时间会淡化一切
直到变成海上的泡沫
消逝天际
可我不想让您消失在我的脑海里
我想　我一定不会忘记
因为您是旭日上采下的红啊
您人性的光辉温暖如许
这最后一堂课的感动
一定像这奔涌的大江
千古不息

多么想
您的身影不曾远离
多么想
还能和您在校园相遇
不　您本来就还活着
您的身影一直就在
我们温暖的回忆
世人　感动的心底

英雄归去

◎ 陈相伊（育才小学三年级 6 班学生）

小时候
我最喜欢的偶像
是齐天大圣孙悟空
他神通广大
力量无穷
总能凯旋
特别威风

这一次
我见到了真正的英雄
我身边的王老师
危急关头救儿童
奋不顾身好英勇
可惜结局
却令人心痛

那一天
他的灵车经过校园
我们列队相送
我看见
阴沉的天空里
有 一束光
穿透了云缝

那一刻
只有短暂的几秒钟
我却一直在想
这应该就是天梯吧
一定是来接王老师
善良的灵魂
去到天宫

三分钟

◎ 游荞与（育才小学双山校区六年级 2 班学生）

三分钟。
低头、低头……
灵车经过，
天地为之悲痛。

三小时。
笑容、笑容……
江边沙滩，
亲子其乐融融。

三十秒。
惊恐、惊恐……
挺身而出，
勇士冲刺如风。

三十人。
出动、出动……
救命人链，
接到溺水儿童。

三秒钟。
匆匆、匆匆……
江中勇士，
浪底力竭失踪。

三天。
沉重、沉重……
大义渡口，
都为烈士哀恸。

三分钟。
相送、相送……
一路走好，
我们铭记英雄！

王老师，您一路走好！

◎ 陈俊熹（重庆市 94 中学初一 5 班学生）

您是一位平凡的老师，
用生命托起师魂，
为挽救两个弱小的生命，
您牺牲自己。
离开了自己的学生，
离开了心爱的校园，
离开了自己的亲人。
但您知道吗？
您是我们所有人的榜样。

您纵身跳入河中时，
画出了人生最壮丽的弧线；
奋力将孩子举起时，
绽放出生命最高尚的光芒。
用青春书写了舍己救人，
用无畏谱写了一曲英雄的赞歌。
王老师，您一路走好！

致王红旭老师

◎ 李康仔（重庆市 94 中学初一 12 班学生）

奔腾的长江在哭泣，
坚强的钢城在呜咽。
你是倒下的山，
也是挺拔的峰；

你是远去的身影，
也是走来的英雄。
无论多久，你的名字，
永远铭记在世人的心中。

你的亲人，学生，
无时不在思念你。
你像无畏的士兵，守护我们
就像旭日永远不会停止升起！
悲痛心情送勇士，
英雄浩气贯长空。

旭日不落

◎ 官昕霓（重庆市 94 中初一 11 班学生）

你是夜空中那颗闪耀的星，
你是寒冬里那团温暖的火。
你在江边送给小孩生的希望，
做出自己直面死神的选择。
你用行动诠释了无私奉献，
重情重义的"义渡精神"，
你用生命谱写了一曲感人肺腑，
可歌可泣的英雄赞歌。
王红旭——
一颗红心暖人间，
一轮旭日永不落！

愿您安息

◎ 向唯语（重庆市 9ㄥ 中初一 14 班学生）

那天，

天降雨，

山河同悲戚。

有人落泪，

有人掩息。

我怀着悲伤的心情，

写下这些诗句：

亲爱的王老师，

您拯救了他们，

牺牲了自己；

您的躯体已经逝去，

但您的精神，

我们将会永远铭记。

亲爱的王老师，

我们会珍惜生命，

不辜负您的期许，

我们会在朝阳里成长，

长成您的样子，

愿您　安息。

英魂不灭

◎ 孙浩恺（大渡口小学五年级 4 班学生）

当孩子陷入绝境，
是你，
不顾自己的安危，
随天使之光百米冲刺。
奋身跳入江水，
以生命为代价，
救回两名儿童的生命。
你虽肉身不在，
但你的英魂将永生。
江水无情，人有情！

红烛燃尽，山城泪别

◎ 重庆钢城实验幼教集团教师集体创作

您的名字，
犹如东升的旭日；
您的故事，
在平凡中闪着耀眼的光。

您用自己的生命，
诠释着老师的含义；
您用自己的身躯，
燃起了民族的希望！

在危险降临的瞬间，
是您，
把生的希望留给了学生！
在生死攸关的时刻，
是您，
奋不顾身跳进刺骨的江中！
在求救和呼喊中。
是您，
谱写出一曲教师的华章！

那一刻，江水无情，人有情，
那一刻，浊浪翻涌，爱无边！

您就像天使一样，勇敢一推，

挽救了别人的生命和家庭，
但您却被折断了翅膀，
带着遍体鳞伤，沉入江中。

王老师啊！
你英雄般的壮举，
却付出了宝贵的生命，
那一声声寻找与呐喊，
始终回荡在渡口码头！

您不曾向我们索取什么，
但您却为我们付出了
人生仅有一次的生命！
这种用爱搭建的生命之梯，
将永远留存，
让我们为之歌颂！

您是我们每个人心中的楷模，
我们为您而感到无比的自豪！
一切伤感的词语，
都无法表达对您的惋惜；
一切难过的文字，
无法悼念对您的追念。

但请您放心，
您未完成的事业，
我们还将继续，
教育的这片蓝天，
我们终将守护！！
我们愿永随您的精神，
诠释大爱无疆；
我们愿用行动，
致敬您的不朽灵魂！

王老师啊！
您是人民教师中的楷模，
让我们在此致敬，
献上最崇高的敬意，
师爱如红烛般燃烧，
今日泪别山城教师！

温情寄语

大义渡口，情深意长。
暖心片言，聊慰悲伤。

江水中永生

◎ 吴沛（重庆市作协会员、诗人）

这么久，旭哥，你去了哪里？
育才小学的操场上
那矫健的身影，是你吗？
那不断为孩子们鼓气的人
是你吗？旭哥！在你眼中
他们就是一株株幼苗啊
你弯下腰，为孩子们系上鞋带
弓着身，给扭伤脚踝的同学消肿
你抱起那爱哭的小女孩时
招牌式的微笑特别灿烂迷人
他们，仿佛都是你的孩子
这点点滴滴，一幕幕往事
谢林巧记得，何米可也记得……

此时，旭哥好像睡着了
轻些，请再轻些
硝水村的乡亲们正踮起脚尖
山腰上，那蹦跳着跑上山的孩子
是你吗，红旭？垭口上
奶奶范信秀不停地呼唤着你的乳名
"腊敏""腊敏"……
这声音凄凉，山风也吹不散啊
妈妈李永兰已没有哭的力气
嘶哑的嗓音模糊不清

"旭儿，旭儿"，你是好样的⋯⋯
父亲王平的喉管哽了许久
挤出一句，"我的儿 35 岁"
但想到那两个生还的孩子
他强咽下了这悲痛
妻子陈璐希泪流满面
"我想他回来"，回来吧，回来！
这一刻，旭哥好像真的睡着了

人们呼喊着你的名字
那闪电般冲出去的人是你吗？
或许只是体育课的一次常规示范
那踊身跃入乱流中的人是你吗？
人们还来不及转过头去
你拼尽最后的力气
将被激流卷走的幼童举出水面时
我们看见了，所有人都看见了啊
你却把自己永远留在了江水中
亲人、同学在流泪
你帮助过的所有人都在哽咽
同事们希望再叫一声"旭哥"
孩子们也还想再叫一声"老师"
儿子小团团只有 3 岁
他多想再叫一声"爸爸"呀！

你听见了吗？没有任何回音
但是旭哥，我们相信
你只是暂时在江水中
眯缝着眼睛，静静地睡着了——

爸爸去哪儿了

◎ 兰凤成（大渡口区育才小学教师）

三岁小团团问妈妈，
爸爸去哪儿了？
妈妈说，
爸爸游泳去了。

小团团问奶奶，
爸爸去哪儿了？
奶奶说，
爸爸救人去了。

小团团问老师，
爸爸去哪儿了？
老师说，
爸爸当英雄去了。

小团团问爷爷，
爸爸去哪儿了？
爷爷说，
爸爸领奖状去了。

小团团缠着妈妈问，
爸爸到底去哪儿了？
妈妈捂着眼睛说，
爸爸在和我们捉迷藏，

快去屋里找一找。

小团团对着屋里喊，
爸爸快出来，
我和妈妈认输了，
我们不玩捉迷藏了。

爸爸一直陪着你

◎ 李金妹（大渡口区育才小学教师）

爸爸，爸爸，你怎么还不下班呢？
爸爸，爸爸，你怎么还不回家啊？
爸爸，爸爸，你去哪里了？

团团，团团，
爸爸去了很远很远的地方……
天空就是爸爸的心情，
今天天是蓝的，爸爸很开心，
我们陪着爸爸一起开开心心的呢。
今天天是灰的，爸爸心情不太好，
我们给爸爸画一幅画，
送给爸爸，让爸爸快快乐乐的吧。

今天，天在下雨，
爸爸看到团团的小手没洗干净，
给团团洗洗小手哟。
今天天空在下雪，
爸爸说陪团团一起堆雪人呢。

团团，团团，我的小宝贝哟，
爸爸不在你身边的日子，
蓝天，白云，是爸爸给你画的画，
微风，雨滴，是爸爸在拥抱，亲吻着你，
飞舞的雪花，是爸爸写给妈妈的信，

你陪着妈妈看爸爸寄来的信，
信里都是爸爸对妈妈的爱，
团团，你是勇敢的男子汉，
帮爸爸照顾好妈妈，好吗？

儿啊，你听我说

◎ 熊鑫（重庆市 94 中教师）

（一）

儿啊，你听我说！
不要担心爸爸妈妈，
我们很好。
纵使不舍沾湿了枕巾，
纵使回忆漫延了黑夜，
相信爸妈，我们可以！
因为，你并未远去。

滚滚江水是你入党时的铮铮誓言，
朵朵浪花是你托举时的深深见证，
孩子们的欢歌笑语是你生命的延续，
陌生人的眼神也在为你点赞……

儿啊，你听我说！
他们都说你是英雄，
可爸妈知道，
你只是做了一个党员、
一个教师应该做的事！
你是个听话的好孩子，
善良正直，勇敢坚毅！

儿啊，爸妈多想

再像你小时候一样
抱抱你，亲亲你啊！
答应爸妈，
来生还来我们家，好吗？

（二）

儿啊，你听我说！
对不起，儿子。
爸爸还没有跟你好好告别，
就要离开你。
爸爸记得，
要带你动物园看大熊猫，

要带你去游乐场玩摩天轮，
要教你骑车，要教你打球……
对不起，爸爸可能要食言了！

儿啊，你听我说！
爸爸这样做，
是因为爸爸希望，
每个孩子都能平安长大，
每朵小花都能迎风绽放，
每个家庭都能完整幸福，
每个六·一都能听到你们银铃般的欢笑……

爸爸相信，你长大了，
会明白爸爸的选择的。

儿啊，你听我说！
从现在起，你就是一个男子汉了。
在家里，要照顾好妈妈。
在学校，要多帮助同学，
听老师的话。
记住，做一个善良正直的人，
做一个对社会有贡献的人！

儿啊，爸爸走了！
想爸爸的时候就在心里唤一声，
爸爸能听见，
或者看看夜空里的明星，
那是爸爸在看着你，
抑或是和妈妈来江边坐坐，
滔滔江水声是爸爸在说爱你！

别哭 我最爱的人

◎ 梁健峰（重庆市 37 中教师）

别哭 我最爱的人
今夜我如昙花绽放
在最美的一刹那凋落
你的泪也挽不回地枯萎

别哭 我最爱的人
可知我将不会再醒
在最美的夜空中眨眼
我的眸是最闪亮的星光

是否记得我骄傲地说
这世界我曾经来过
不要告诉我永恒是什么
我在最美的一刹那凋落

化

◎ 陈艳（大渡口区育才小学教师）

某一天
你在世间留下的痕迹
或许会浅浅淡淡褪去
灵魂化作
春风、夏雨、秋霜、冬雪

想念的你家人
伸手便可拥抱
仰脸就能亲吻
一路从不缺席
在身边，在心里，在脑海
因为——爱

不，不止，
还将化作——光
被这束光指引的人，
在黑夜里照亮
在冰冷中温暖
让生命也闪亮
因为——你

你是一道光

◎ 陈奕妃（大渡口区育才小学幼教集团教师）

那一刻，
您仿佛变成了一道光。
光芒照亮了孩子、照亮了校园，
更照进了人们的心房。
人们流下了心痛的泪水，
眼神中流露出惋惜和悲伤，
但是这道光让两个孩子看到了希望。
愿这道光让家人坚强，
愿孩子们能在这光芒照耀下
善良而勇敢地茁壮成长。

地心引力（外一首）

◎ 倪文品（大渡口区作协会员）

因为地心引力的缘故
一条条河流
一点一点地，壮大着
江河的格局
一条条鱼儿
一点一点地，丰富着
江河的内涵。那一日
当大江浩荡地经过这个渡口
它的水里又多了一条勇敢的鱼
而这个码头，码头后的山城
城外的每一座崇山，崇山上每一轮旭日
都因为你永远的微笑
有了新的格局。百米冲刺的你
和死神赛跑，你托起了两朵蓓蕾
中流击水的你，在对抗潮流中成为潮流
我们都是追随你的鱼，因为地心引力
因为星空的引力，因为你

平凡的亲人

在一颗星星被认出以前
在一份信仰被染红以前
在一个微笑被定格以前
我们曾见过，我们也曾错过

百米冲刺以后，还是冲刺
生死折返以后，就是生死
你救起了别人的儿子，告别了自己的儿子
你抚慰了别人的父母，伤害了自己的父母

你微笑着说，没有时间考虑这些
你的妻子说，她怨你，更敬爱你
你的儿子说，他想你时，就抬头看星星
你的父母说，他们理解你，那就是你啊

在一颗星星被认出以前
在一份信仰被染红以前
在一个微笑被定格以前
我们曾错过，我们也都已得

孩子，请你一定要铭记

◎ 熊梅（大渡口区作协会员）

糖果与蛋糕无味
气球与鲜花也悄然失色
2021 年的儿童节
对两个孩子，
不，应该是对三个孩子来说
或许都同样刻骨铭心

那个人　那个父亲
伸长手臂用勇敢和大义
抢回两个陌生孩子的节日
而他的孩子
漫漫成长的路
缺失一个很重要的角色

沙滩无语，涛浪哽咽
重生，死别这样的词语
对年幼的他们都过于沉重
只愿他给予的感动照亮星辰
就像他为他们不同的血缘
赋予过生命

孩子　请相信
这世界有光
那光束就是你的父亲

孩子们啊请铭记

你们的英雄爸爸

一直都在守护着你们

只是换了个地方而已

像妈妈一样看看窗外

◎ 周茂萍（大渡口区作协会员、词作家）

想起那一天
爸爸，妈妈带着我
一家人去江边玩
我和爸爸用河沙
堆了一个小城堡，三个小人
一个是爸爸，一个是妈妈
还有一个是小小的我
城堡中，笑声乱串
爸爸，妈妈和我
我们快乐地生活着……

爸爸，昨晚
我做了一个梦
我梦见你啦
早上醒来，发现
你，不在我身边
我哭着闹着，问妈妈
爸爸，爸爸去哪儿啦
爸爸去哪儿啦……
怎不带上我，一块去玩
妈妈，看了看窗外
对我说，你爸爸
去了哪儿呢？他
去了……

很远很远的地方
需要很长很长的时间
将来，等你
长高了，长大了
长成了，你爸爸的模样
你的爸爸就回来了

深信，妈妈
是不会骗我的
爸爸，也是爱我的
永远都是爱我的
所以，每天早上
醒来，我都会
像妈妈一样，看看
窗外……

致敬英雄

◎ 李荣（重钢退休老党员）

你跳水救人的身影
那些现场的视频
让我们
以令人痛心的方式认识了你

救人英雄——王红旭
你和那些手拉着手的好人
竭尽全力
冒着危险
用大义和智慧
构筑起救人的通道
展现出
人世间的大爱和真情

生死关头
你奋力一推
牺牲自己
救出了第二个孩子
彰显了
一介平民
高尚的灵魂

是什么
让你挺身而出，毫不犹豫

是公民的良知
父亲的责任
还是青年的担当
教师的素养
党员的标准

我知道
是所有的这些构成了
你的人生追求
家国情怀
厚德笃行　乐于助人
善良之心　烛炬之魂
一个大写的好人

英雄的牺牲警醒着我们
管好孩子　珍爱生命
江滩多风险　亲水须慎行
保护好自己
也是在保护施救者
多么希望英雄能活着

英雄王红旭
一路走好
你用生命

救回了溺水的孩子
家乡人民也会用爱
为你的孩子
遮风挡雨

你是时代的英雄
山城的骄傲
春风化雨育才人
危急时刻见精神
舍己救人展大爱
虽死犹荣浩气存

珍惜生命

◎ 雪荷（滑石滩冬泳队队员）

这次落水太重
没能挽救波心的惊恐
三十五岁的健壮生命
沉痛的置换人生
代价是　一颗温暖心
不再跳动

抚摸今天的伤口
与生死相较太轻
惨痛的教训需要铭刻
珍惜生命
爱是掀不开的疼痛

无数种可能
意外与明天哪儿会相逢
危险与灾难何时敲警钟

梦里见
——纪念王红旭老师

◎ 王巧露、熊小涵、谢彦（重庆师范大学附属科学城第二小学校教师）

有一天
我做了一个梦

梦里啊　我变成了一条小鱼
慢慢地在水里游啊游
咦　红旭叔叔
你怎么在这里？
你也是一条鱼吗？

梦里啊　我又变成了一条水草
轻轻地在水里摇啊摇
咦　红旭叔叔
你怎么在这里？
你也想跟我一起跳摇摆舞吗？

梦里啊　我接着变成了湍急的河水
飞快地跑啊跑啊
咦　红旭叔叔
你怎么在这里？
你也在奔跑
你也想跟我比个赛？

梦里啊　我后来变成了一块礁石
不声不响地躺在泥沙里

嘿　是谁踩着我了？
哦　是红旭叔叔呀
你怎么在这里
我知道了
你是想跟我并排躺下
一起去数满天的星星

梦里啊　我再后来变成了一双筷子
默默地趴在饭桌上
哎　红旭叔叔
我都等了好几个小时了
你怎么还不把我拿起来
哦，我知道了
你一定是忙着上课　忘了回家
忘记饿了

梦里啊　我最后变成了一台电视机
精神抖擞地播放着体育新闻
咦　红旭叔叔
你怎么在这里？
我知道了
你一定是游泳获得了金牌
站在了高高的领奖台

可是　叔叔
你在哪里？
你的妈妈找不到你吃饭
叔叔
你在哪里？
你的爸爸找不到你下棋
叔叔 叔叔
你在哪里 你在哪里
希希阿姨也找不到你了
她想和你像从前一样
一起散步、聊天、看电视剧

叔叔　叔叔
他们怎么也找不到你了

哦　我知道了
一定是天气太热
你去乘凉了
所以躺在水里闭上眼睛休息

哦　我知道了
一定是游泳太累
你去偷懒了
所以藏在小朋友的梦里

那下次　还可以在梦里见到你吗?

哈哈，你同意啦

谢谢叔叔

拉钩　上吊

一百年不许变

一百年不许变（声音渐强）

变了就是小狗

不对不对

变了就是猪！八！戒！

红旭叔叔　下次见！

红旭叔叔　下次再见！

红旭叔叔　下次梦里再相见！

深切缅怀

音容笑貌，宛在眼前。

江流不绝，一如思念。

英雄老师
——追忆王红旭老师

◎ 王耀民（自由撰稿人）

望着东逝的江水，我追忆着你
望着天真的小脸，我追忆着你
望着母亲的泪水，我追忆着你
你把生的希望留给了幼小的孩子
把危难留给了自己

啊……英雄的老师，你在哪里？
在红岩精神的光芒里；
啊……时代的楷模，你在哪里？
在中华儿女的红色基因里；

虽然你已离去；
你的孝心永远藏在妈妈骄傲的泪水里；
虽然你已离去；
你的初心永远镶印在鲜红的党旗里！
百年华诞的丰碑里一定会有你！
啊……英雄的老师，
我们怀念你……怀念你……怀念你

人民不会忘记

◎ 徐鹏（大渡口区作协主席、青年作家）

奔腾长江的岸边看不见你，
父老乡亲等不到你，
你把生命给了两位孩子，
把自己定格在了江水里，
阳光笑容我们怎能忘记，
义渡英雄你从未离去，
红旗下有你的名字，
山河不会忘记，
人民不会忘记。

巴山渝水的土地又想起你，
课堂的孩子在等你，
你把生命给了两个孩子，
把自己化作灿烂的四季，
你的事迹激励着前行，
旭日里有你的呼吸，
山河不会忘记，
人民不会忘记。

大义之光

◎ 陈长青（大渡口区作协副主席兼秘书长）

多么想　你笑容如常
继续温暖　周围人的心房
多么想　你归来无恙
不曾失落　亲人们的守望
多么想　你重回课堂
还能呵护　学生们的成长

可你终究
还是化作了那道光
百米冲刺掠过古渡沙滩
义无反顾扑进汹涌大江
深水冰冷　爱心滚烫
两个陌生的孩童生命延续
一个高尚的灵魂奏响绝唱

啊　你从未曾远去
看　你一直在身旁
你的义举　已带动一群人跟上
救命的人链　凝聚起英雄群像
你的名字　正散发大爱的能量
红色的旭日　能驱散世间寒凉

啊　你从未曾离开
看　你温暖着胸腔

你的故事　正在悠悠义渡传扬
上善与大德　有你在续写华章
你的精神　将在华夏大地流芳
教师的荣誉　因你而分外闪亮

无疆大爱

◎ 毛世伟（大渡口区育才小学教师）

一个时代，
只有英雄横空，
才能奏响划时代的共鸣。
英雄事迹为人所敬仰，
英雄精神为人所效仿。
红旭老师以无疆大爱，
大义生动地诠释了

红旭之光
"爱满天下"的真谛和内涵，
让 2021 "六·一壮举"里的，
每一个生命都无限精彩。
他是家人的骄傲、育才的骄傲、
新时代人民教师的骄傲，
他永远在我们心中！

你的姓名
——为王红旭烈士而歌

◎ 郑刚（重庆市 94 中教师）

（一）

我曾不知道你的姓名

我当然也不知道

在那一片绿茵的场地上

你放飞着一群

快乐的雏鹰

我曾不知道你的姓名

我当然也不知道

你如我二十年前那样年轻

你沐浴着青春

芳华该是你的别名

我曾不知道你的姓名

我当然也不知道

你环抱双臂笑容洋溢如阳光一般

骄傲与自信

（二）

我已经听见你的姓名

我当然也听见了

你一路走来的轶闻

是否？你大学时曾救起的落水孩子

今天已经长大成人

我已经听见你的姓名
我当然也听见了
在你幸福的家庭里父母望穿的期待
孩子稚声的呼唤
妻子似水的柔情

我已经听见你的姓名
我当然也听见了
六·一那天你一声大喊
百米冲刺投入滔滔江心
托起两个蒙昧天真的生命
江水却吞噬了你的青春

（三）

我已经知道
你的姓名
我当然也知道爱生如子
你把作为老师的母亲的"家训"
传承是悲壮　挚爱　惨痛　温情

我已经知道你的姓名
你为学生加油你为学生鼓劲

你为学生疗伤你带学生看病——
你用义无反顾的飞奔
诠释了职业的大爱与使命

我已经知道你的姓名
——老师
你是那样的默默无名
你的心地却是那样的干净
许多人或许都有过那样的默默
风不能平浪不能静

（四）

我们都知道了你的姓名
我们注目
长江卷起的每一朵浪
天边飘过的每一朵云
向那个光辉的姓名
——致敬

你的名字

◎ 熊梅（大渡口区作协会员）

很痛心，
以这样的方式
知道你的名字

红旭初升，云兴霞蔚
你的名字是滚滚江流激起的浪花
是卵石细沙堆砌的岸堤
是妻儿老母声声切切的呼唤
是众人千辛万苦的找寻

皆因由你的名字
生命与生命在交叠
英勇与无畏感动着一座城

你伟岸的身躯
如羽毛般卷入洪流
你的名字
被那片水域打捞起
我在一本诗集里誊写
谨以这样的方式致敬

作为一个文字的搬运工
这何尝不是一种使命
只是你的名字
所有的撇捺横折都重如千斤

六月的阳光

——致救人英雄王红旭老师

◎ 冯春华（重庆市作协会员、诗人）

辛丑年的六月一日
注定是个耀眼的时刻

（一）

风和日丽，孩子在渡口
劈波斩浪，惊飞沙砾，清风
欢闹逐涛，你陪孩子垒座城堡
拍着他的头，触摸稚嫩的小苗
你笑起来
为这小脑袋里装着天南地北的幻想
你扶植树木般捋顺小苗的衣角袖口
又造一座城池，让鸟儿巢居树林里
侧身听见孩子细问：天空为何深蓝

（二）

多少次
你用轻风细雨
为孩子们缔造幸福花园
在宽敞的操场浇灌树木
引蜂着巢，欢歌笑语
在你的栽培下，桃李满天

（三）

谁也不承想你离去了
多少人试问天问地
山川河流依然如故
它的胸怀宽广里
承载着许多的英魂

（四）

这是六月的晴天
与孩子放牧童谣
叽叽喳喳把沙子扬过小手臂
惊飞一地阳光，鸥鸟，燕子

也是这一刻
一声惊呼宛若暴风骤雨
呼啸而来，从波澜起伏的江畔
突袭垒起的城门
小鸟被击倒

你
闪电般扑入长江
拨开澎湃的浪逐一只鸟上岸

奇迹舞动
又一只欢乐的小鸟推出水面

这时你已竭尽了三十五岁
热情洋溢，青春永驻在渡口
温暖冰冷的江水，平息恶浪

（五）

你无言以对父母妻儿
羞愧难当是无以为报
问
天地知道
江河知道
孩子知道你留下的浩然正气
仁爱、慈悲、悯怜……勇敢的人

（六）

大写在义渡的滩头
摆渡了多少尘世无情

六月的怀念

◎ 栩栩（重庆市作协会员、诗人）

整个六月
都在怀念一个素未谋面的人

那一天
长江水一如往常
体量巨大的货轮
给江岸留下喘息
女人和孩子们的笑声
随男人手中的石子
轻快划过江面

六月的第一天
阳光充足

两个孩子被江水吞没
他倾尽一生的力量
把他们推回岸边
最后消失在江面
一瞬间
长江被庞大的黑暗笼盖

从此时间的兽
注定要把一种痛
强行加给仍然在阳光下的

热爱他的人们

大家都说他是英雄其实
他是一个学生们都喜欢的
年轻体育老师
孩子们总爱在操场上
笑着一遍又一遍呼唤他
王～老～师～

写给王红旭老师

◎ 王中平（大渡口区作协会员）

6月1日
你的生命定格在35岁
而你见义勇为舍己救人的精神
已深深地感动一座城

数以万计的网友为你留言
认识的　不认识的
都为你痛哭流泪
师者仁心　胸怀大爱
一腔赤诚

作为老师
你爱党爱教爱学生
你为我们树立了榜样
为孩子们播下了爱的种子
你用无私的奉献
铸就了师爱永恒的精神丰碑

这座丰碑　高大巍峨
将永远矗立在我们的心中
激励我们　将你的精神
永远传承

他被定格在了三十五岁
——悼念牺牲的老师

◎ 袁卫东（滑石滩冬泳队队友）

多好的华年啊
他就这样去了远方
寻找未知的世界

远离了血脉亲人
远离了亲密朋友
远离了渴望师生

三十五岁的韶华
随流水没有留下一点痕迹
走得那么洁净
但三十五岁的他
却犹如一道彩虹
印在了每个孩子心中

闭眼与睁眼

◎ 马锐（大渡口区育才小学教师）

闭眼，
是你眯着眼的笑脸；
是你亲切幽默的语言；
是你能帮就帮的行动；
是你拯救生命的最后画面。

睁眼，
是感动的泪水，
原来，英雄已逝。
你用生命诠释了"大爱无疆"，
用行动告诉了我们
什么是真正的党员。

致敬英雄王红旭老师，
你是我们的骄傲，
是我们的榜样！
也是我们不尽的思念。

怎样的一个你

◎ 陈雨烟（大渡口区育才小学教师）

你永远离开了我们，
却留下无尽的思念。
想念，
你质朴暖心的问候，
你阳光灿烂的笑脸，
你耐心教导的身影，
你相伴妻儿的蜜甜……

你的英勇壮举，
久久震荡人们的心田；
你的温暖力量，
点点浸润教育的沃土；
你的大爱精神，
代代相传英雄的家园。

怀念

◎ 王亚陵（大渡口区育才小学教师）

你
天地间
奔跑的那道光融入星河
点亮星星

义无反顾跃进
冰凉与浩瀚的沉浮
闭合的小眼睛
温柔一江清水

一河
星光牵手人链荡漾
抚摸
合臂安然的微笑

只有大爱才懂得舍弃与置换
是——
生命中最博大的厚重如山

我们还在想你

◎ 于婷玉（大渡口区育才小学教师）

你的足迹
在春暖花开的育才园
在烈日炎炎的育才园
在秋意渐浓的育才园
在岁暮天寒的育才园

你的样子
在加班到深夜的寒窗前
在对学生鼓励的呐喊间
是眯成一条细缝的笑眼
是驱散同事烦愁的温暖

你的身影
在训练场上
是阳光辉映汗水的闪光
在出差路上
是不辞辛劳的往返奔忙

你的师魂
融入行知大爱的校园里
融入义渡精神的传说里
也在我们无尽的思念里

真想能将六月一日重启

你还在
育才园依然有你的笑语
儿子还坐在你肩头嬉戏
接妻下班的你满眼甜蜜

只是，这一切已成回忆
只是，我们总还在想你

请你听

◎ 冉娟（大渡口区育才小学教师）

孩子说，
王老师是真英雄，
我要好好学习，
长大后也做一个真英雄。

家长说，
能被这样的老师教育，
我们家长放一百个心。

我说，
旭哥你是我们育才的骄傲，
你的光辉形象，
将永远清晰刻在我们的心中。
我们以你为榜样，
以做一个好老师为荣。

定会想起你

◎ 许丽佳（大渡口区育才小学教师）

定会时常想起，
无法将你忘记，
熟悉你往日的平凡，
更感怀你英勇的事迹！
追忆，追忆！
义渡铭刻了你生命的托举，
"义渡赤子"
长江咏叹着你献给人间的爱意！
英雄不会逝去，
永在你我心里！

难以忘怀
——致敬平凡英雄王红旭老师

◎ 朱正玲（大渡口区育才小学教师）

难以忘怀，

您冲刺入江，背影矫健；

难以忘怀，

您把小小生命，高高托举；

难以忘怀，

您冲向第二个男孩，义无反顾；

难以忘怀，

您在江水中挣扎着呼喊：拉我一把！

浩浩江水向东流，历历往事在眼前。

难以忘怀，

你见人就笑，笑眯了缝的双眼；

难以忘怀，

足球场上，你肆意奔跑的无畏勇敢；

难以忘怀，

教学楼里，你忙前忙后，尽职尽责；

难以忘怀，

朋友圈里，你陪伴儿子，嬉笑打闹。

平凡的世界，感动常在，

英雄的故事，代代相传。

殡仪馆里，上千市民络绎不绝；

出殡路上，昔日师生夹道相送。

你用生命感动山城，你用青春书写 "大义"。

你如天上的 "虹"，闪烁着七彩的光芒；

亦愿你化作初升的 "旭"，继续照耀四方。

红旭，一路走好！

您知道吗？

◎ 何彦立（育才小学建设村校区六年级 7 班学生）

您知道吗？夏天来了，
我们也要毕业了。

您知道吗？
我们健康快乐地成长着，
体育成绩可一点没有落下。

您化作了星星吧？
看着我们甜蜜地入睡。
您化作了旭日吧？
看着我们开心地上学。
您化作校园的一草一木吧，
看着我们茁壮成长。

"有的人死了他还活着。"
王老师，
虽然您离开了我们，
但您永远活在我们心中。

忘不了您

◎ 张瑾怡（育才小学建设村校区六年级 7 班学生）

亲爱的王老师，
我永远都忘不了您。
忘不了您那慈祥的面孔，
和那颗热爱生活，关心同学的心。

您为了救那两个幼小的生命，
舍掉了自己，
只给我们留下了冲刺的背影。

你如同那太阳，
有一颗火热的心。可是，
江水冰冷无情，吞没了您。

虽然您为了那两个幼小的孩子，
光荣牺牲，但我相信，
您会一直活在我们心中！
这个城市，不仅需要童话，
还需要一位
伟大的英雄啊！

悼念王红旭老师

◎ 张春洪（滑石滩冬泳队队员）

天空作证
我们终将老去
江水为凭
红旭永远年轻
缘何禾苗茁壮长
皆因雨露浇灌之
千古英雄浩气存
皆因义举留美名

"王者"归来
——祭大渡口育才小学王红旭老师

◎ 向铁生（自由撰稿人）

三横一竖
你用最简单的笔画
书写站立的王字
滚滚长江
日夜涌动
为年轻生命悲泣

两个起死回生的小生命
瑟瑟发抖
无数双合十的手
伸向上苍
所有祈求
没能换回强健的你
英雄三十五岁
今日魂归故里

站立
你是一面旗
在新时期优秀教师队伍中
躺下
你是一座碑
在新中国伟大复兴史册里

王者归来
你没有远去
永远在重庆
永远在这片英雄的土地
伟大师者
无限美丽

王红旭烈士颂

◎ 熊　笃（重庆工商大学文学与新闻学院教授）

时惟辛丑，六·一儿童节昼；大渡口区，长江万发码头。几对夫妻携幼，临江聚友；若干童叟玩沙，戏水喧浮。山水天人同乐，日斜意兴未休。忽听"小孩落水"，吼声呼救；见人闪电冲锋，跳水击流。复有两人跳水，紧随其后；众人蜂聚，襄义绸缪。联手比肩相扣，长蛇组阵连钩。水齐胸项，脚挂牢稠。彼前锋龙泳负童，劈波回走；二传手蛟腾接力，传递链俦。前锋转向，猛若貔貅。救男童于旦夕，争分秒于浮沤。眼见二传接手，功成一瞬可酬。岂料透支疲惫，洄浪覆瓯，惊涛掠过，踪影无留。顿时风云变色，群鸟哀啾。悲啸男丁扼腕，哭殇妇幼哽喉。英雄沉溺，地惨天愁！

两幼死而逢生，英雄援而见背——王公红旭，育才体育教师；万州人氏，韶华而立伟姿。毕业于重师体院，陶甄于世代教资。三代祖孙伉俪，悉从教职；一门如子爱生，奉献传奇。祖父村庠校长，二十五载任期；祖母亦司小教，雨天背幼过溪。党员连理，身教成蹊。父母身兼留守，收生免费住吃。幼旭耳濡目染，爱心萌发葳蕤。市区校三优多奖，德才功一路恒持。多次救人义举，几回献血无私。大爱无疆，爱生如子；爱岗敬业，诚信不移；见义勇为，舍生忘死。平凡而伟大，赤胆若朝晖。盖仁义消溶血液，家风灌注心肌，五德充盈头脑，三观主导行知。英雄成就，积淀久滋。岂是偶然冲动？原必深厚根基。

事闻于上，国部表彰：全国优师称号，时代楷模流芳；市府追颁评定，英雄烈士荣光。感动十人特奖，劳模五一奖章；好人、优师双项，大功追记堂皇。报刊网络，媒体八方传广；微信电波，神州四海名扬。烈士英魂不朽，苍生世代难忘！遗孤三岁，童言高亢："我要学通游泳，长成救父出江！"被救二童，铭心效仿；诸幼在场，榜样恢张。市长官会见，家属救援乡党；崇高评价：党史教育贤良。用生命高擎希望，践行入党忠肠。城市英雄本色，助人浩气逢逢。

　　钢花路灵车，千人夹道送行；满会场默哀，一片哭泣失声。无尽轸怀悼念，一腔伟谊浓情。育才校新区，以"红旭"命名。上善之地，大德之城：接英雄之未竟，传教改之心灯，铸"四有"之师魂，化萤火至万星。俾神州更璀璨，宇宙愈光明！